拒日图存

中国对日『二十一条』交涉及其影响

李斌 著

社会科学文献出版社
SOCIAL SCIENCES ACADEMIC PRESS (CHINA)

目　录

绪　论

一　研究缘起

中日"二十一条"交涉，是中国近代史和中国外交史上重要而屈辱的一页。"二十一条"，原指日本于 1915 年 1 月向中国提出的侵略文书内容和要求，即"五号问题"，共二十一条要求。双方历经近 4 个月的交涉，最后签订中日"民四条约"。中日"民四条约"的内容与"二十一条"要求有所不同。但随着中日对"二十一条"要求的交涉及中国人民的抵制、反抗，"二十一条"成为民国时期中国朝野对日本对华提出的"二十一条"要求、中日"二十一条"交涉内容、中日"民四条约"的通称。因在中日"二十一条"交涉中未能满足其全部目的和野心，1918 年日本又引诱胁迫中国签订了中日军事协议。因此，中国民众甚至外交人员将收回德国原在山东的主权，要求废止上述与"二十一条"相关的不平等条约、条款等，通称为废除"二十一条"。

近代中国是在列强的侵凌和国人的不断反抗中行进的。武昌起义爆发后，帝国主义乘机在中国边疆地区大肆活动，沙俄觊觎新疆和外蒙，英国企图分裂西藏，他们引诱和扶植北部、西部和西南边疆地区一小撮反动的王公贵族发动叛乱，妄图分裂中国，继续扩张其殖民主义统治。中华民国的成立，被列强视为攫取在华利益的大好时机，可事实上，举国上下一致外抗强权，列强所获无几。这与袁世凯坚持的外交原则是息息相关的。刚刚成立的民国政府比较明智地处理了这些边疆危机，使帝国主义吞并中国边疆的迷梦彻底破灭。然而，多灾多难的中国，面临的棘手外交问题一波未平一波又起。日本提出"二十一条"要求，使中国外交又一次陷入困境。自民国时期以来，有关"二十一条"交涉过程的研究成果和资料比较丰富。今天，随着国际形势日趋复杂，我们有必要进一步了解日本帝国主义提出"二十一条"的阴谋，揭示日本帝国主义的侵华野心，探析"二十一条"交涉对中国内政外交的影响。

1. 日本对华提出"二十一条"要求是其长期侵华阴谋的一部分内容，是其侵华进程中的重要步骤。日本为提出这些苛刻条件并迫使中国接受，向中国布下了精心编织的天罗地网：在日本对华提出"二十一条"要求前后，日本先后提出《对外方针政策决定》《对华外交政策纲领》《日中交涉事项觉书》《中国问题处理纲要》《对支那问题意见书》等文稿，最后形成《对支那政策文件》，具体筹划了在中国进一步推进或巩固其侵略势力的方针，并一步一步地付诸实施。1914年8月23日，日本以对德宣战为借口，出兵中国山东。紧接着，又展开了更为强劲的对华侵略攻势。1914年11月3日，日本驻华公使日置益奉急召回国述职，与外相商讨对华政策。经过熟商和密谋，12月3日，日本外相加藤高明训令日置益，火速向中国提出"五号问题"，即"二十一条"。1915年1月18日下午，日本驻华公使日置益在怀仁堂面见袁世凯，强行递交臭名昭著的"二十一条"文书，要求袁世凯政府"绝对保密，尽速答复"。文书纸上赫然印有无畏舰及机关枪水印，表明日本对华的军事威胁态度。

2. 日本为提出"二十一条"做足外交攻势和铺垫。日本不仅内部精心策划，而且在中国毫不知情的情况下，与英国等国就中国问题达成所谓的谅解。交涉过程中，日本始终强迫中国进行秘密谈判，不得向外泄露任何相关内容。此外，日本还采取种种不可告人的手段，对中国和英、美、法、俄等国进行威逼利诱，实施"大棒"加"胡萝卜"的政策。在中国力争废止"二十一条"的巴黎和会和华盛顿会议上，日本又与英国等国达成秘密协议，阻止中国废约。

3. 中国政府对"二十一条"做了最大可能的抵制。面对日本的无理要求，愤慨和震惊之余，中国政府开始了艰难的对日交涉。交涉期间，双方在秘密谈判桌上唇枪舌剑，进行了大小30多次正式或非正式谈判。由于中国坚持自己的最低让步限度，日本未能完全如愿以偿，遂向中国发出最后通牒。在日本的威逼之下，中国不得不委曲求全，接受日本的要求。国力和军事实力是一个国家的外交后盾。还未恢复元气的民国政府，军事力量的薄弱是不言而喻的，"弱国外交"的艰难由此可见一斑。

4. 中日"二十一条"交涉激发了中国人民的民族复兴意识和爱国情感。在反对"二十一条"交涉和废止"二十一条"过程中，中国人民的民族情感得到升华，日益觉醒的广大中国人民掀起了反对"二十一条"的浪潮。在反对"二十一条"的过程中，知识分子的民族复兴意识被激发，民众的爱国主义情感不断高涨，从而助推了新文化运动及五四爱国运动。

5. 中日"二十一条"交涉，既使中国增加一新的不平等条约，又打开了中国强烈要求废除不平等条约愿望的闸门。历经"二十一条"交涉中的抗争，中国在巴黎和会上提出包括废除"二十一条"在内的废除不平等条约要求；1922年华盛顿会议废除部分条款。随后经中日谈判交涉，条约内容不断被改写，直至1945年日本在第二次世界大战中战败后被彻底废除，为废除帝国主义强加给中国的不平等条约体系打开了重要的缺口。

6. 中日"二十一条"深刻影响其后的中日关系。一方面，自日本提出对华"二十一条"要求后，看清日本侵华真面目的中国人民对日本的憎恨就未曾消减过。另一方面，日本因未能通过"二十一条"交涉完全达到其侵华目的而不满，暗度陈仓，国民革命开始后，进一步谋划侵华方略，不断以各种理由干涉中国内政，进而发动全面侵华战争。

7. 中日"二十一条"交涉及废除"二十一条"的诉求和努力，开启了中国在"弱国"环境中外抗强权、力争国权的折冲历程，也因此对民国政局和政治产生了重要的影响。废除"二十一条"交涉中的不同主张成为各派纷争的重要借口，在一定程度上影响了北洋政府的内争。"五七""九五"国耻纪念日活动进一步激发了民众的爱国热情，进一步警醒了民众，增加了民众对日本侵华的反抗与憎恨，从而有助于北京政府废除"二十一条"的外交努力。随着国民党参与甚至主导国耻纪念日活动，这一活动增强了民众的反帝反封建意识，助推了国民革命的发展，进而对全面抗战产生了深刻的思想影响。

中日"二十一条"交涉，给当时的中国社会和国民带来极大的震撼，引起全社会的关注，激起社会各界的愤慨，并引发国人奋发图强的各种社会思潮，在中国近代史和外交史上有着重要的影响。深入了解中日"二十一条"交涉的历史及其影响，有利于我们进一步看清近代以来帝国主义侵略中国的野心，有助于我们在国际社会中时刻保持危机意识，奋发图强，努力建设新时代中国特色社会主义现代化强国，跳出近代以来的"弱国外交"怪圈和陷阱。

二　研究现状

早在民国时期，即有诸多关于中日"二十一条"交涉的史料及研究成果。20 世纪 80 年代后，学界对中日"二十一条"交涉研究更为具体和细化，拓展到对一些细节问题的探讨。

（一）相关资料

一是中国近代外交史资料和一些民国史资料有关于中日"二十一条"交涉过程的资料。如《中日关系史料·二十一条交涉》、章伯锋与李宗一主编《北洋军阀（1912～1928）》、中国第二历史档案馆编《中华民国史档案资料汇编》、陈志奇编《中华民国外交史料汇编（民国元年—五年）》、复旦大学历史系中国近代史教研组编《中国近代对外关系史资料选辑（1840～1949）》、黄纪莲编《中日"二十一条"交涉史料全编（1915～1923）》等。

二是关于"二十一条"交涉的书信和回忆录性质的著作资料。书信主要有骆惠敏编《清末民初政情内幕——〈泰晤士报〉驻北京记者袁世凯政治顾问莫理循书信集》。回忆录主要有袁世凯秘书曾彝进《我所经手"二十一条"的内幕》、顾维钧《顾维钧回忆录》（第 1 册）、曹汝霖《一生之回忆》、沈云龙《徐世昌评传》、刘成禺《世载堂杂忆》、芮恩施《一个美国外交官使华记》等。

三是民国学者所著外交史有较为丰富的"二十一条"交涉史料。如王芸生编著《六十年来中国与日本》（第 6 卷、第 7 卷）、李毓澍《中日二十一条交涉》[①]、刘彦《最近三十年中国外交史》、蒋恭晟《国耻史》、华善学《中华民族解放运动史》、夏天《中国外交史及外交问题》、刘彦《帝国主义压迫中国史》、张忠绂《中华民国外交史》、曾友豪《中国外交史》、钱亦石《中国外交史》、怀德《中国外交关系略史》、洪钧培《国民政府外交史》等。其中，王芸生编著的《六十年来中国与日本》是一部研究日本侵华史的重要著作，书中大量运用档案、原始文献详细记述了中日"二十一条"交涉经过。

（二）研究状况

除前述民国学者所编辑的外交史资料及所著的外交史对中日"二十一条"交涉过程有详细的介绍和较丰富的研究，还有当代学者从不同视角论及"二十一条"的相关研究内容。其中，除各种外交史料，关于"二十一条"的研究成果主要有以下几方面。

一是关于"二十一条"交涉过程、政策等的研究。当代学者对中日"二十一条"交涉的研究，主要侧重于个案研究或某方面的研究。如李毓澍《中日二十一条交涉》、尚小明《"二十一条"交涉的另一条管道——总统府相关活动透视》[②] 认为，中日"二十

---

① 李毓澍：《中日二十一条交涉》，中研院近代史研究所，1982。
② 尚小明：《"二十一条"交涉的另一条管道——总统府相关活动透视》，《安徽史学》2017 年第 2 期。

一条"交涉实际上有外交部和总统府明暗两条渠道。金光耀《顾维钧与中美关于"二十一条"的外交活动》[1] 认为，顾维钧在对美外交中尤其在向美国透露"二十一条"这件事上起了主导作用，这使得这一时期北京政府的外交具有明显的联美制日的特征。吕慎华《袁世凯的外交策略》[2] 以中日"二十一条"交涉为中心，考察了袁世凯以拖延战术为主的谈判策略，以及撤换外交总长、与英美等密切关系国保持联系、运用新闻政策、鼓动反日风潮、利用日本内部矛盾等数项辅助策略。王海晨《张作霖与"二十一条"交涉》[3] 根据 1916 年至 1918 年张作霖与北洋政府的往来电文，认为时任二十七师师长的张作霖对日本提出的"二十一条"坚决反对，任奉天督军兼省长后，对日本要求在东北履行"民四条约"进行了抵制。王秀华《张作霖与二十一条交涉》[4] 分析了张作霖抵制日本侵略要求的原因，一方面是由于维护其统治权威，摆脱日本控制的自主欲；另一方面是由于人民反日声势的影响与震慑。赵毓坤《简析中日关于〈二十一条〉中的铁路交涉》[5] 就"二十一条"中日本提出的烟潍路和扬子江铁路网建筑权的要求进行了分析，认为北京政府迫于自身的弱国地位及一战所造成的国际形势变动，接受

---

① 金光耀：《顾维钧与中美关于"二十一条"的外交活动》，《复旦学报》（社会科学版）1996 年第 5 期。

② 吕慎华：《袁世凯的外交策略》，金光耀、王建朗主编《北洋时期的中国外交》，复旦大学出版社，2006。

③ 王海晨：《张作霖与"二十一条"交涉》，《历史研究》2002 年第 2 期。

④ 王秀华：《张作霖与二十一条交涉》，《社会科学辑刊》1995 年第 4 期。

⑤ 赵毓坤：《简析中日关于〈二十一条〉中的铁路交涉》，《民国档案》1999 年第 3 期。

了经过修订的"二十一条",但是就铁路交涉来看,北京政府也绝非百分之百的失败。李永春《中日"二十一条"交涉与袁世凯政府的新闻策略》《"二十一条"交涉期间的政府外交与社会舆论》①认为,袁世凯政府想借助社会舆论透露条约内容,使之成为政府外交后援。但是,面对社会各界排日舆论及国际舆论对政府的干预与批评,袁世凯已经陷入日本逼迫与民众反对的夹缝中。黄嘉谟《中国对欧战的初步反应》②比较详细地论述了中日"二十一条"交涉的过程。

二是关于袁世凯政府在"二十一条"交涉中的作为的评价。民国时期的外交家和一些学者认为,中国政府和外交部对中日"二十一条"交涉已尽力而为,外交努力值得肯定。王芸生认为:"综观二十一条交涉之始末经过,今以事后之明论之,中国方面可谓错误甚少。若袁世凯之果决,陆征祥之磋磨,曹汝霖陆宗舆之机变,蔡廷干顾维钧等之活动,皆前此历次对外交涉所少见者。""及二十一条要求提出,中国政府乃聚精会神以应付。自兹以往,中国外交政策颇为正确,在技术上亦多可取之处。"③"二十一条交涉结束之后,加藤高明狼狈下台,石井菊次郎继任外相;惟外相虽

① 李永春:《中日"二十一条"交涉与袁世凯政府的新闻策略》,《江西社会科学》2006 年第 9 期;《"二十一条"交涉期间的政府外交与社会舆论》,《求索》2007 年第 9 期。
② 黄嘉谟:《中国对欧战的初步反应》,台湾商务印书馆,1986。
③ 王芸生编著《六十年来中国与日本》第 6 卷,大公报社,1933,第 398 ~ 400 页。

易人，政府未倒，仍为大隈内阁。"① 蒋廷黻认为："关于二十一条的交涉，袁世凯、曹汝霖、陆宗舆诸人都是爱国者，并且在当时形势之下，他们的外交已做到尽头。"② 唐启华认为，袁世凯的声望相当大部分来自他在"二十一条"交涉中凝聚全国军民意志成功对抗日本压力。袁世凯在对日交涉过程中，始终坚持国家尊严及主权，力争与日本分庭抗礼。③ 苏全有《袁世凯与〈二十一条〉新论》④ 根据天津档案馆所藏袁世凯对于"二十一条"原件朱批撰文指出：袁世凯对于"二十一条"说帖总体上认为不能接受，进行了相当的抵抗，并希望"西人掣制日本"，但由于一战期间列强无暇东顾，最终只能接受修改后的"二十一条"。总的看来，研究者切入角度多着重于该事件本身，较倾向于就档案文献内容探讨"二十一条"交涉为何发生、当时事件的发展轨迹、中外各界的反应等。

　　三是关于袁世凯复辟帝制与"二十一条"关系的研究。一种观点认为，"二十一条"交涉与洪宪帝制无关。唐启华《洪宪帝制外交》、米庆余《对〈袁世凯的帝制计划与二十一条〉一文的质疑》⑤、

①　王芸生编著《六十年来中国与日本》第7卷，大公报社，1934，第1～2页。
②　蒋廷黻：《民国初年之中日关系——〈六十年来中国与日本〉第六卷》，《大公报》1933年9月18日。
③　唐启华：《洪宪帝制外交》，社会科学文献出版社，2017，第351页。
④　苏全有：《袁世凯与〈二十一条〉新论》，《船山学刊》2005年第4期。
⑤　米庆余：《对〈袁世凯的帝制计划与二十一条〉一文的质疑》，《近代史研究》1983年第1期。

宋开友《袁世凯与日本对华"二十一条"谈判》①、郭玉富与张根生《也谈中日二十一条交涉与袁世凯帝制的关系》②、张国平与吴佩林《重论中日"二十一条"交涉与袁世凯帝制野心的关系》③等成果认为，袁世凯最终接受经过修改的"二十一条"，主要原因是中国的积贫积弱，是日本政府侵华政策发展的必然结果，是袁世凯在痛苦的两难选择中做出的理性抉择，与袁世凯的帝制野心无关。另一种观点认为，"二十一条"交涉与袁世凯帝制有关。黄毅在1917年著的《袁氏盗国记》中认为："比时虽盛传袁氏因盗国自帝起见，惹起此种交涉，又为日本所挟制，乃留悬案为帝制现实时之余地。"④白蕉在1936年著的《袁世凯与中华民国》中认为："时袁阴谋称帝，专力对内，无力御外，且愿联日以为援。日本早觊得其隐，有以助成帝制为承认之交换条件之说。袁既屈于武力，乃不顾民意，于九日答复。既未经国会通过，我国誓不承认也。"⑤白蕉引述刘彦编著《欧战期间中日外交史》："民国三年，德国将与俄法宣战，为维持中德和平关系，青岛总督有秘密承认袁氏帝制之文件，青岛被日攻克后，此项文件落于日本之手，日本始悉袁氏称帝之决心，视为奇货可居。"⑥

---

① 宋开友：《袁世凯与日本对华"二十一条"谈判》，《广西社会科学》2005年第3期。

② 郭玉富、张根生：《也谈中日二十一条交涉与袁世凯帝制的关系》，《云南民族大学学报》（哲学社会科学版）2006年第6期。

③ 张国平、吴佩林：《重论中日"二十一条"交涉与袁世凯帝制野心的关系》，《长春师范学院学报》2003年第2期。

④ 黄毅：《袁氏盗国记》上篇，台北：文星书店，1962，第123~124页。

⑤ 白蕉：《袁世凯与中华民国》，人文月刊社，1936，第152~153页。

⑥ 白蕉：《袁世凯与中华民国》，第304页。

四是关于国民对"二十一条"交涉的反应研究。陈廷湘《民众情绪变化与抗议二十一条运动》① 对"二十一条"公布后民众反抗运动走向平静的原因做了分析。左双文、陈伟《朦胧的、不确定的救国理念——"二十一条"交涉期间新式知识精英的初步反应》② 以中国的新式知识精英陈独秀、李大钊、蔡元培、胡适等人为对象，探讨了他们当时较为含糊、朦胧的救国主张，认为其为以后五四新文化运动的发展做了准备。罗志田《救国抑救民？——"二十一条"时期的反日运动与辛亥五四期间的社会思潮》③ 重点考察了中日交涉期间国内舆论反应以及这一事件对中国社会及民众的思想到底产生了什么样的影响。赵纯清《留日学生反对"二十一条"斗争述论》④ 认为留日学生向政府通电、请愿，策划、组织国民大会，支持和参加当时因势而起的"劝用国货、抵制日货"运动、储金救国运动，既推动了运动的开展，还激起了强烈的民族情感与反日情绪。

五是关于西方列强与中日"二十一条"交涉关系的研究。侯

---

① 陈廷湘：《民众情绪变化与抗议二十一条运动》，《社会科学研究》2005 年第 4 期。

② 左双文、陈伟：《朦胧的、不确定的救国理念——"二十一条"交涉期间新式知识精英的初步反应》，《南京大学学报》（哲学·人文科学·社会科学）2007 年第 3 期。

③ 罗志田：《救国抑救民？——"二十一条"时期的反日运动与辛亥五四期间的社会思潮》，《乱世潜流：民族主义与民国政治》，上海古籍出版社，2001。

④ 赵纯清：《留日学生反对"二十一条"斗争述论》，《徐州师范大学学报》（哲学社会科学版）2007 年第 1 期。

中军《英国与中日"二十一条"交涉》① 指出，日本向中国提出最后通牒后，英国一方面说服日本不要诉诸武力，一方面力劝中国接受最后通牒。维护英国在华利益，是英国斡旋中日"二十一条"交涉的根本目的。平间洋一《对华二十一条与日英关系》② 指出，英国在这场中日交涉中始终采取妥协的、被动的姿态，是亲日的。黄文治《美国在中日"二十一条"交涉中态度的历史考察》③ 认为，美国的目的是不想与日本关系决绝，促使日本回归"门户开放"政策上来。但是随着交涉的持续，特别是日本提出第五号条款，促使美日矛盾激化，美国态度转向以牵制和抵抗为主。黄纪莲《沙俄在日本对华"二十一条"交涉中的态度》④ 认为，沙俄在中日"二十一条"交涉中起了帮凶作用，确定了牺牲中国、讨好日本的立场。

六是关于"二十一条"国耻纪念日的研究。对"二十一条"国耻纪念日的研究，苏全有、邹宝刚认为，民国时期中国对"五九国耻日"的纪念大致可分为三个阶段：兴起阶段（1915～1918年）、高涨阶段（1919～1931年）、衰退阶段（1932～1949年）。兴起阶段，学界的纪念超过政界、商界；高涨阶段，随着1919年《凡尔赛和约》的签订，1923年日本租借旅顺、大连到期却拒绝归

---

① 侯中军：《英国与中日"二十一条"交涉》，《历史研究》2016年第6期。
② 平间洋一：《对华二十一条与日英关系》，纪罘、以明译，《民国档案》1995年第2期。
③ 黄文治：《美国在中日"二十一条"交涉中态度的历史考察》，《安徽广播电视大学学报》2006年第4期。
④ 黄纪莲：《沙俄在日本对华"二十一条"交涉中的态度》，《近代史研究》1982年第1期。

还，1928 年 5 月 3 日的济南惨案而形成三个小高潮，主要是国民党中央党部及各地方党部、工商界、各社会团体、学界等多方力量积极参加；九一八事变和七七事变后，国民党政府设 7 月 7 日为国耻纪念日，"五九国耻纪念日"活动逐渐衰退。① 温智认为，国耻纪念日的雪耻，成为当时舆论所关注的重点，直接影响了中国革命的取向，是北伐和抗战取得胜利的一个重要因素。②

综上所述，关于中日"二十一条"交涉的相关研究成果丰富，但总体而言，有的成果侧重"二十一条"交涉过程的研究，有的侧重交涉策略、影响的研究，有的侧重列强对中日"二十一条"交涉态度的研究，有的着重于袁世凯与"二十一条"、"二十一条"与袁世凯帝制关系的研究。相对而言，关于中日"二十一条"交涉对中国内政外交影响的研究较为薄弱，且无专题研究。笔者硕士学位论文《试析北洋政府修约外交》及专著《废约运动与民国政治（1919～1931）》有相关内容涉及废除"二十一条"的外交努力及政治影响。总体上看，"二十一条"提出背景及中日交涉主要策略、过程、影响有待进一步系统梳理，特别是中日"二十一条"交涉对中国内政外交产生的重要影响有待深入研究。

三　研究思路

本书在借鉴已有研究成果的基础上，对日本向中国提出二十一

---

① 苏全有、邹宝刚：《从〈申报〉的报道看"五九国耻纪念日"的兴衰》，《开封大学学报》2011 年第 3 期。
② 温智：《国耻：一个时代话语的缘起及影响》，《学术论坛》2011 年第 1 期。

条要求的预谋、背景、过程从不同层面进行分析，论述双方总的对策、策略、结果，并阐释"二十一条"主要内容的交涉过程，试图较为全面地梳理与探讨中日"二十一条"交涉对中国内政外交产生的影响，从而揭示民国时期中国社会政局变化的深层民族主义因素。

本书除绪论外，共分五个部分。

第一部分，分析日本的长期侵华阴谋及袁世凯政府的应对策略。袁世凯早在驻朝鲜时期就与日本结下恩怨，随着袁世凯的得势，日本始终视袁世凯为侵略中国的绊脚石，精心策划侵华政策和方略。袁世凯也非常清楚日本的侵华野心及阴谋，他对日本存有戒心，但在应对日本侵华阴谋和行动方面却感到焦虑而无力。

第二部分，论述中日关于"二十一条"展开的初步交锋。对华提出"二十一条"只是日本长期谋划侵华和反袁政策的一部分内容及一个插曲。日本对华提出"二十一条"后，即威胁中国要从速答复，尽速解决各项问题。袁世凯政府通过商议，采取拖延策略。

第三部分，分析中日"二十一条"交涉的主要策略、主要内容及结果等。日本为逼迫中国尽快接受"二十一条"要求，采取种种催促和威胁手段，直至增兵中国。中国方面拒绝一开始就逐条答复，而是总体表示不能接受，再在各次会议上讨论各号各条款。中日双方就山东问题、南满东蒙优越地位问题、内地杂居问题等条款反复折冲樽俎，最后中国做出重大让步，但始终拒绝商议侵吞中国主权最甚的第五号要求。

第四部分，揭示中日双方在谈判桌外展开的较量。日本方面千方百计掩盖事实真相，威胁中国不得透露谈判内容和细节；中国方面则通过媒体及相关外国顾问透露日本提出的种种要求和胁迫。袁世凯政府还试图通过有贺长雄的活动争取日本元老的支持，但并无成效。英、美等国虽然都曾对日本提出抗议，但所述内容都是与其自身利益相关的条款，最终因其自身利益而向日本妥协。中国虽然在争取国内舆论和民众支持上做了努力，也尝试努力争取列强的支持，但除第五号外，最终被迫接受日本的最后通牒。

第五部分，分析中日"二十一条"交涉对中国内政外交的影响。尽管没有档案史料证明袁世凯以接受"二十一条"作为称帝的条件，但日本无疑同时利用了欧战之机及袁世凯欲谋帝制的心理与时机，乘机干涉中国内政，并支持中国革命党反对袁世凯，使袁世凯称帝最终归于流产；国内民众掀起反日运动，海外华侨也反对签订"二十一条"，由此激发了民族主义的高涨，是引发新文化运动及五四爱国运动的重要原因；第一次世界大战后，废止"二十一条"外交引发了中国政局的纷争；关于"二十一条"的"国耻"纪念与活动体现了中国人民对日本侵华行径的抗拒，随着中国民众国权意识的增强，更由于国民党参与并主导国耻纪念日活动，由要求废除"二十一条"与废除不平等条约到要求反帝反封建，推动了国民革命的进行。与此同时，中国开展了废除"二十一条"相关内容的外交努力，无论是政府还是民众，都不断增强维护国权的意识，通过巴黎和会、华盛顿会议及其后中日谈判交涉，最终收回德国原在山东的主权，逐步废止"二十一条"。

总而言之，日本对中国提出"二十一条"要求，是其长期侵

华政策的结果。不管袁世凯之前是否与日本达成某种协议，在中日
"二十一条"交涉谈判中，他还是尽力争取权益。在中国民族主义
意识、废除不平等条约和收回国权的愿望日益强烈的形势下，日本
提出"二十一条"要求，无疑加深了民众对其的反感心理和抵抗
情绪。由此，引发了第一次世界大战后中国废除不平等条约的强烈
诉求，使中国开始了坚忍不拔的废除不平等条约的外交努力。

第一章　日本长期策划的侵华阴谋
与中国的应对

日本帝国主义独霸中国的野心由来已久。早在清光绪三十四年 (1908)，日本政府在《对外方针政策决定》中就确定了日本应在满洲享有"特殊地位"。辛亥革命爆发后，日本朝野上下的反华势力无不精心谋划，加快侵华步伐，并不断将其阴谋付诸实施。1913 年，日本外务省在《对华外交政策纲领》文稿中又具体筹划了在中国满蒙、华中、华南、福建、台湾等地区进一步推进或巩固其侵略势力的方针。第一次世界大战的爆发为日本侵华提供了有利时机。"二十一条"的提出在中国引起了轩然大波，外交部一时成为最为忙碌和紧张的部门。

第一节　日本反袁意在反华

中日甲午战争前，日本就蓄意攫取在华利益，割占中国领土。不管是清政府时期还是中华民国时期，日本国内无论是支持维新派的还是支持革命党的，无论是支持或是反对北洋政府的，无论是支持或是反对国民政府的，最终目的只有一个，那就是扰乱中国社会，制造中国的混乱、分裂局面，乘机侵略中国。

一 袁世凯与日本的恩怨

1915 年 1 月 18 日，日本驻华公使直接面见袁世凯，递交"二十一条"文书。拿着日置益强行递交的"二十一条"文书，想到近邻日本这一"蕞尔小国"，袁世凯心中涌上一股说不清道不明的情愫。他不禁想起了自己人生中与日本有关的点点滴滴、恩恩怨怨。

袁世凯与日本的关系由来已久，早在驻朝鲜期间，他就与日本结下恩怨。在袁世凯的生命中，朝鲜与他有着不解之缘——既成就了他，又成为他与日本矛盾的导火线。

河南项城是旱涝不断、土地贫瘠、物产不丰的落后之地。在这个贫困地区，却有一巨族望门，即袁氏官宦家族。1859 年 9 月 16 日，袁世凯就出生在这个大家族。袁世凯，字慰亭，又作慰廷或尉亭，号容庵。其曾祖父袁耀东为庠生；祖父袁树三为廪贡生，候选训导，署陈留县训导兼摄教谕事。其父袁保中为副贡，捐得同知，以办团练著名，是项城赫赫有名的地主豪绅。其胞叔袁保庆是举人，也是以办团练起家，后升为道员，官至江宁盐法道，膝下无子女，将袁世凯过继为嗣子。青年袁世凯放荡不羁，不学无术，屡试不中。1881 年 5 月，袁世凯前往山东投奔嗣父袁保庆的密友吴长庆，吴长庆将他留在营中读书。袁世凯一改往日的骄横，谦抑自下，常做激昂慷慨之谈，很快取得吴长庆等人的好感，不久就受到提拔，踏上了仕途。他一生风雨沉浮，但总体而言是官运亨通，青云直上。

1882 年 7 月，朝鲜发生兵变，日本乘机派兵侵朝。朝鲜官员金允植呼吁中国派兵干涉。驻日公使张树声奏派丁汝昌、吴长庆率海陆军赴朝，以阻止日本借机生事。袁世凯随吴长庆赶赴朝鲜，在"前敌营务处"负责军需供应、勘察行军路线等。他积极帮助镇压兵变，备受朝鲜国王的赏识。其时，由于日本的多方煽动搬弄，朝鲜内部分为开化、保守两派。保守派亲近中国，开化派企图依靠日本推翻保守派的统治。1884 年 4 月，李鸿章命令吴长庆率三营庆军回驻金州，留三营驻汉城，由记名提督吴兆有、张光前统带，并奏举袁世凯总理营务处，会办朝鲜防务，袁世凯一跃成为驻朝淮军的重要人物。

中法战争爆发后，朝鲜开化派首领金玉均等认为中国自顾不暇，于是寻机刺杀保守派首领。日本公使率日军 100 余人支持开化派，冲入朝鲜王宫，捕杀保守派。这就是朝鲜历史上的"甲申政变"。保守派首领金允植等请求清军援助。袁世凯认为，假若日兵挟持国王，又另立一新王，那我国在此保护弹压，既失一国，又失一君，自己将罪不容赦；而且如果朝鲜归顺于日本，其乱党必断我归路，合兵攻我，又将无法回国。于是，他背水一战，自行派兵入宫，在朝鲜人民的支援下，攻入日军占领的朝鲜王宫。被击败的日军自焚使馆，狼狈逃走。

日本侵朝阴谋未遂，从此以驻朝清军为巨大障碍，以袁世凯为眼中钉，欲除之而后快。日本采取恶人先告状的卑劣手段，向清政府指责袁世凯妄起衅端，要求严加惩罚，企图以此挑起中日冲突。清政府没有盲目听信日本的一面之词，经过派员调查，李鸿章等人听到了称袁世凯为"奇才"的盛赞之声。李鸿章认为他有才干，上奏疏称："袁世凯胆略兼优，能知大体。前随吴长庆带兵东渡，久驻王京，壬午、甲申两次定乱，情况最为熟悉，朝鲜新旧党人咸相敬重。""似宜优其事权，作为驻扎朝鲜总理交涉通商事宜，略示豫闻外交之意，并请超擢衔阶，以重体制而资镇慑。"①

1885 年 10 月，清政府正式任命袁世凯为"驻扎朝鲜总理交涉通商事宜"全权代表。李鸿章嘱咐朝鲜国王，有事可向袁世凯寻求帮助，他在致李熙的密函中说：以后贵国内治外交紧要事宜，望随时开诚布公，与之商榷，必于大局有裨益。日本侵略朝鲜的野心昭然若揭，袁世凯为增强对付日本的实力，致力于发展商务，招集商民，盘根固植。此外，他极力打击朝鲜亲日派，派人刺杀亲日派头子金玉均，以防止日本势力的渗透。1890 年 2 月，袁世凯成为监司大员。1891 年，李鸿章再次为袁世凯奏请："朝鲜每遇交涉事件，在廷群小，多嗾西人从旁谗越，巧为挟制，唆使该国自主。经袁世凯等扼定朝鲜系中国属藩，每暗为筹画，设法骄正，以存体制。袁世凯血性忠诚，才识英敏，力持大局，独为其难。拟请旨免补知府以道员分省归候补班尽先补用，并加二品衔。"②

日本自明治维新后，确定了侵略朝鲜和中国的大陆政策，积极扩军备战，不断寻找发动战争的借口。1894 年 4 月 26 日，朝鲜爆发东学党起义后，野心膨胀的日本希望中国出兵朝鲜，以便制造战争借口，于是千方百计怂恿袁世凯出兵。

袁世凯邀功心切，极力建议李鸿章派兵。在他极力保证"日本必无他意"后，清政府最终决定出兵，而日本也立即出兵。日

① 杜春和等编《北洋军阀史料选辑》（上），中国社会科学出版社，1981，第 8~9 页。
② 杜春和等编《北洋军阀史料选辑》（上），第 9 页。

本出兵后，他觉察情况不妙，请西方驻朝公使调停，提出中日同时撤兵方案。日本非但不撤兵，反而提出将朝鲜变为其保护国的条件，并进一步增派重兵。7月2日，袁世凯向李鸿章告急说：有一万日本兵分守汉城四路各要害及我军陆兵路，都置炮埋雷，观其举动，不但没有撤兵息事的意思，还有大兵续至的征兆。他还强调说，日本蓄谋已久，其志甚奢。3日，日本驻朝公使大鸟圭介向朝鲜政府提出关于制度、财政、法律、兵备、教育等方面的内政改革方案。清政府急电袁世凯不要轻举妄动。

形势一天比一天紧张，曾经大言不惭的袁世凯迫不及待地想脱离朝鲜这一险境。19日，他改装易服，狼狈不堪地逃回天津。

7月25日，日本海军在牙山口外丰岛海面袭击中国军舰。8月1日，清政府被迫对日宣战。回到天津的袁世凯毫无战胜的信心，一再向李鸿章吹风，说中国目前不是日本的对手，应退守鸭绿江边。11月，日军攻入东北地区，他进而主张：事势至此，惟停战议和，徐图报复，较合算。战争结果，中国惨败，被迫与日本签订丧权辱国的《马关条约》，条约要求中国承认日本对朝鲜的控制权。

自此，袁世凯对日本的惧怕与日俱增，但他又自称受到伊藤博文的称赞。他在给其兄袁世敦的信中说："弟昨日晋谒爵帅，渥受奖励，并云：'伊藤博文亦称老弟为中国有数人物，劝我爱汝则重用之，不爱汝则杀之，彼欲我以商鞅待老弟者忌才也。当专折奏保朝廷破格录用。'弟即离座叩谢。退而自思，凡官途中人都喜标榜声华，此之谓虚名，无足轻重，惟得仇人片语褒奖，声价顿增十倍。弟自韩归国，除二三挚友外，余都白眼相加。自中外报纸记载伊藤与爵帅一席谈，一般大人先生见之，咸以青眼相加"。① 尽管袁世凯以伊藤博文之言标榜自己受到称赞，事实上，伊藤博文劝李鸿章对袁世凯"爱汝则重用之，不爱汝则杀之"，正说明日本方面是忌惮袁世凯的，希望借李鸿章之手除掉袁世凯这一后患。

二 日本挟革命党以制袁，加快反华阴谋

中日《马关条约》签订后，袁世凯受命训练新军，很快成为北洋军首领，从此官运亨通。1907 年 9 月，任军机大臣兼外务部尚书；因其势力强大，遭到各方疑忌，1909 年"开缺回籍养疴"。

1911 年武昌起义爆发后，在西方各国舆论的煽动下，清政府被迫起用一度被罢免的北洋军首领袁世凯。他手握大权，借机迫使清帝退位，并篡取了革命的果实，顺利成为中华民国大总统。执掌泱泱大国政权后的袁世凯虽然如愿以偿，但也如坐针毡，对周围的一切保持着高度的警惕。

西方各国无不看好精明强干的袁世凯。曾于 1913～1919 年任驻华公使的美国外交官保罗·S. 芮恩施，后来生动地描写任大总统后的袁世凯：他身材矮胖，但脸部表情丰富，举止敏捷，粗脖子，圆脑袋，看起来精力非常充沛。他的两只眼睛长得优雅而明亮，敏感而灵活，经常带着机警的神情。他锐利地盯着来访的客人，但并不显露敌意，而老是那样充满着强烈的兴趣。他的两只眼睛显示他多么敏捷地领悟（或者通常是料到）谈话的趋向，他总是聚精会神地听着，似乎对每一个新的细节都能做出判断。法国人

----

① 杜春和等编《北洋军阀史料选辑》（上），第 11 页。

可以看出他很像克莱蒙梭；这从中国银圆上袁世凯的肖像可以得到证明。他的身材、面部表情、头部的外形、面貌的轮廓以及胡须的式样确实与老虎总理克莱蒙梭非常相像。

日本却对袁世凯耿耿于怀，强烈地感觉到他潜在的威胁，立即建议列强共同干涉，企图维持中国混乱、分裂的现状。1912 年 2 月 23 日，日本照会美国，要求美国拒绝承认中国新政府。

同时，日本将此时视为攫夺中国权益的大好时机，以支持孙中山革命势力为要挟，一面"支持"鼓惑革命党人，一面又泄露革命党的情报以卖好于袁世凯，采取首鼠两端之策，取渔利之便，企图从袁手中换取大量权益，以达到分裂中国的目的。

正如曾任《大公报》总编辑的王芸生所言，"此时之日本对华外交，大体言之，为宰割中国，局部言之，亦为反袁"。他一针见血地揭示出袁世凯与日本的恩怨纠葛："袁世凯之结纳日本，固已低首下心，满其诛求，然日人终嫌礼物轻微，不当所欲。且日本之传统政策，在使中国分裂自杀，彼得居间渔利。辛亥革命为其理想之机会，然竟毫无所得，而徒见中华民国之诞生。二次革命又其理想之机会，所获亦寡。且二次革命失败之后，国民党势力大伤，袁世凯俨然已统一中国，政府亦似强固，此为日人尤所不喜者，故每思予袁政府以打击。"①

为解开中日矛盾的死结，二次革命后，老练的袁世凯亮出了"拿手锏"，那就是派孙宝琦、李盛铎前往日本活动，提出三个"愿望"：一是希望日本承认中华民国，二是请日本取缔国民党在

---

① 王芸生编著《六十年来中国与日本》第 6 卷，生活·读书·新知三联书店，1980，第 69 页。

日本之活动，三是表示愿意为前二者的实现付出相当的报酬。

但日本始终视袁世凯为眼中钉。日本外相加藤指责袁世凯对日本"不义"，他认为："欧美在中国的侨民，除少数例外，来中国是为了赚钱，这是他们的主要动机。他们的道德标准都留在国内了。在欧洲或美洲，象袁世凯那样行事的统治者是不能得到宽容的，在日本定会丧命。然而美国人和欧洲人对他的所作所为无动于衷。他们争论说，他是个中国人，因此不能用他们的标准衡量他。日本人却不这样看，他们认为他奸诈不忠，不守信义，反复无常。他们坚持用日本人的标准衡量他。在报刊上猛烈攻击他。袁世凯自然恼火这些攻击，因而对于日本人，凡是他能够拒绝的都一概拒绝。"[1]

日本搅乱中国的阴谋一刻未停，在日本本土，他们对中国留学生洗脑，煽动留日学生以各种形势反对政府当局。当时中国有句流行语，那就是：中国送去英国和美国受教育的学生，回来时比出去时更爱国；而中国送去日本的学生，绝大多数回来的时候成了革命者。且不评论这句话正确与否，但它至少说明日本所谓的"支持"中国革命者，只不过是为了在中国引起动乱。

为了达到分裂中国的目的，日本用尽一切办法陷中国于混乱状态，譬如：制造并支持动乱；支持并资助最该反对的分子，特别是一群贪污、罪恶的督军，其行为与土匪无异；雇用煽动制造动乱的人；保护土匪；输入吗啡和鸦片；用借款、贿赂和威胁等方法使官吏腐败堕落；破坏中国的银行、钱庄和地方货币；非法输出中国的

---

[1] 骆惠敏编《清末民初政情内幕——〈泰晤士报〉驻北京记者袁世凯政治顾问莫理循书信集》下卷，刘桂梁等译，知识出版社（上海），1986，第585页。

铜圆；企图破坏地方上的盐政管理；极力阻止中国参战，后来又努力使中国尽可能少地对欧战给予力所能及的援助；最后，利用大战和协约国的自顾不暇，使中国落入与它缔结秘密军事同盟的圈套。

曾任《泰晤士报》驻华记者，后受聘于袁世凯为其政治顾问的莫理循在1915年致《泰晤士报》外事编辑亨·威·斯蒂德的函中指出，日本在强迫中国接受"二十一条"要求的前言部分为自己树碑立传，美其名曰"为切实保全中国领土完整之目的"。对此，他揭露说，日本人过去肯定在煽动与助长中国的内乱中起过非常活跃的作用，而中国一旦签署了这个前言，日本就具有了保护者的种种权力。日本能制造叛乱，然后利用这一条款，进入中国镇压叛乱。在那种情况下，就以往朝鲜的历史来看，日本在施行镇压之后，肯定会留驻下来，据有土地。

面对日本赤裸裸的威胁，如何处理与日本的关系，避免中国重蹈朝鲜覆辙，成为袁世凯的一块心病。甲午之战造成的畏日心理尚未消除，而今又面临日本的各种威胁和阴谋，使他视日本为猛虎，欲拒之而不能，只能诚惶诚恐地与之周旋。

在这种情形下，日本不但没有满足袁世凯的愿望，反而更加肆无忌惮地将魔爪伸向中国。

三 日本各方提出反袁侵华策略

1914年10月29日，日本右翼浪人团体黑龙会等十二个团体组成"对华联合会"，提出解决中国问题的意见书——《对支那问题意见书》，这便是以后"二十一条"的雏形。《意见书》认为日本能不能解决远东问题以扩张势力，完全在于能不能利用当前的局势。《意见书》露骨地表示：日本政府是否顺从其神圣的使命，以英雄的气概解决中国问题，使中国自动地依赖日本，这是一个极其重要的政策问题。对日本帝国政府来说，强迫中国处于这一地位，除了利用目前机会取得政治及财政权力以及用一切方法建立包含秘密条款的防御同盟以外，没有其他的办法。

日本黑龙会等团体在《对支那问题意见书》中，充分预测使袁世凯政府垮台的种种手段和可能性。要求政府与中国建立包括系列秘密条款的防御同盟，这一系列条款与"二十一条"大致相同。同时，《意见书》还指出，日本必须充分分析袁世凯的态度，因为袁世凯不一定会答应日本的各种要求，袁世凯实际上还依靠不同的列强势力牵制日本，"在考虑它对中国政府的影响时，日本政府必须力图预知中国现时统治者袁世凯的地位是否稳固；现政府的政策是否得到大部分中国人的信任；袁世凯是否会迅速同意日本政府的建议而与我们订立同盟条约。这些问题必须加以彻底的考虑。从袁世凯迄今为止的态度来判断，我们知道他在外交交涉方面往往采取权宜的策略。虽然在外表上可能对我们表示友善，实际上他将依靠不同列强的势力作为对我们最方便的牵制而拒绝我们的要求。单举他从帝国政府对德宣战以来对我们的行为作为例证，大家对他将来的行动就会了然了。我们能否依靠普通友好的外交方法达到我们的目的，无需多大的智慧便能决定"①。

但另一方面，黑龙会的《意见书》又指出，欧洲巨大的斗争结

---

① 复旦大学历史系中国近代史教研组编《中国近代对外关系史资料选辑（1840~1949）》上卷第二分册，上海人民出版社，1977，第358页。

束后，除了并不急求取得利益的美国以外，中国是不能从其他列强处取得任何贷款的。在这种情况下，如果设法使中国社会混乱，日本即可乘机而入，"在国库空虚、官吏和军队的薪饷无法支付、土匪煽动穷困人民闹事、革命党待机起义的条件下，一旦内乱果真发生而没有外力帮助镇压，我们相信袁世凯决不可能以单独的力量恢复和平与统一全国。其结果国家将成为四分五裂而无法收拾。这种情势将会到来，这是不难预见的"。黑龙会认为，当在日本的搅动下，中国发生内乱时，日本政府不应该选择支持袁世凯，"当这样的情势发生，我们究竟是在确保能够影响袁世凯同意我们的要求的条件下，支持袁政府并帮助他镇压内乱呢？还是我们帮助革命党人获得成功，因而通过他们实现我们的目的呢？我们此刻必须确切决定这一问题，以便将它付诸实行。如果我们不去洞察中国的未来命运而盲目支持袁政府，与中国订立防御同盟，希望用帮助他镇压革命党人来充分实现我们的目的，这显然是一种错误的政策。为什么？因为大多数中国人民对声名狼藉、地位不稳的袁世凯已经丧失全部信任，全国攻击他出卖祖国。如果日本给袁世凯以支持，他的政府虽处于不稳的状态，但可能免于毁灭"。黑龙会以为，袁世凯属于喜欢玩弄权术的那一类政客，他一时可以对日本表示友好，但当欧战将结束时他一定会抛弃日本而与其他列强友善了。"从他的过去来判断，将来他会搞些什么，我们是一点怀疑也没有的。对日本来说，不顾中国人民的普遍意见而支持袁世凯，希望能与他解决中国问题，当然是一个错误。"①

①　复旦大学历史系中国近代史教研组编《中国近代对外关系史资料选辑（1840~1949）》上卷第二分册，第358~359页。

黑龙会经过分析认为，袁世凯善于运用"以夷制夷"手段，在欧战结束后，会依靠美国等国发展中国。因此，日本政府不仅不应该支持袁世凯，而且要乘机支持革命党及各种反对政府的力量，以引发中国全国骚乱，从而使袁世凯政府垮台，"日本帝国政府既然认为支持中国人是无可推诿的，那末我们应该使中国革命党人、宗社党人以及其他失意分子在全国范围内引起骚动。整个国家将陷于混乱，袁政府将因之垮台"[①]。

黑龙会在日本政府正式向中国提出"二十一条"前，就公开指出：目前是日本唆使中国革命党人及失意分子起事的最适当的时机。这些人目前之所以不能进行积极的行动，是由于他们没有足够的资金。如果日本帝国政府能利用这一事实，给他们以贷款，并教唆他们同时起事，极大的骚动和混乱，必将普及全中国，日本就能出来干涉并轻易地调整关系。

日本元老历来觊觎在华利益。1914 年 10 月，日本元老井上馨向大隈内阁提出意见书，指出大战"对日本国运发展乃大正年代之天保"，主张必须乘机"确立日本对东洋之利权"。元老们主张选派有适当地位和手腕高强的人笼络袁世凯，消除他对日本的不信任感，并以归还胶州湾为交换条件签订条约，确立日本在关内政治、经济上的地位。这个方针是 1914 年 9 月在内田山井上馨家里商定的，因而被称为"内田山文书"。

日本财阀与军部及内阁当权者关系密切，是另一支可怕的侵华

---

① 复旦大学历史系中国近代史教研组编《中国近代对外关系史资料选辑（1840～1949）》上卷第二分册，第 359 页。

势力。军部、财阀、浪人三者关系密切。三井是陆军的后台,三菱是海军的后台。资本不足的日本财阀仰赖军部替他们在中国攫取政治经济特权并加以保护,否则就无法和欧美资本竞争;而政治浪人一向是财阀和军部的理论家、代言人。三位一体,是内阁当权者不能不重视的力量。大隈出任首相出于井上馨的保荐,得到松方正义、山县有朋等元老的支持。松方是有名的三菱王国台柱,井上号称三井王国最高顾问、摄政太傅,山县是陆军领袖人物,大隈本人同三菱老板岩崎家族也有密切关系。至于外相加藤,原是三菱出身,当过三菱公司的副总经理,又是三菱创始人岩崎弥太郎的女婿,关系更不寻常。长期以来,他是以"永久确立日本帝国在满蒙地位的大功业"为抱负的。所以,大隈内阁的对华政策,在上述几种人那里都有思想渊源。

日本政府通过综合各方面的情报分析,没有采纳元老派提出的笼络袁世凯的意见,而是进一步认定袁世凯为日本的敌人,是日本实现抱负的主要障碍。显然,日本各方面认为,袁世凯权力的最后崩溃,无疑有助于日本实现在中国取得统治地位的计划。

第二节 日本政府的侵华阴谋与行动

中英鸦片战争后,西方列强通过炮舰打开中国大门,强迫中国签订一系列不平等条约,疯狂攫取在华利益。日本更是继英国之后,充当侵华急先锋。中日甲午战争后,日本尝到了侵华的甜头,进一步加快侵华步伐。日本对华提出"二十一条"要求,严格地说,并不仅仅是因第一次世界大战爆发"趁火打劫",而是经过日本朝野上下长期酝酿精心策划的，是日本长期谋划侵华和反袁政策的一部分内容。随着侵华野心的不断加大，日本在外交、内政、军事等方面做好了充分的准备。

一　日本军政界积极谋划侵华阴谋和策略

自辛亥革命时期开始，中国内政不稳定，日本帝国主义即视之为推行"大陆政策"、独占中国的天赐良机，自觉大肆侵夺中国权益之机会已到，张牙舞爪，嚣张相待。

首先是谋划外交攻略，拉拢英国，为日后侵略中国取得英国的"谅解"。

早在第一次世界大战前，日本就实施侵略中国的外交策略。1912年12月，日本驻英大使加藤高明受命为外务大臣。1913年1月6日，加藤在回国前，会见英国外交大臣格雷，特意就中国满洲问题寻求英国的谅解，为避免英国日后干涉"二十一条"交涉埋下伏笔。

加藤高明（1860~1926），毕业于东京大学法科，在商界和政界历练时久。1881年进入三菱本社工作，1883年留学英国，1885年回国后，任三菱本社副总经理。1888年转入政界，任外相大隈重信的秘书官，后任外务省政务局长。1894年至1899年任驻英公使，主张日英同盟。1900年至1915年历任伊藤、西园寺、大隈等内阁的外务大臣。1913年加入立宪同志会，主张参加第一次世界大战。历来以"永久确立日本帝国在满蒙地位的大功业"为抱负。

有着如此丰富阅历的加藤深谙外交手腕，更懂得如何在对外交涉中步步为"赢"。加藤在与格雷的会谈中反复强调日本在中国的利益。他举例说："如关东州旅顺大连者，乃日本因中日战争结果，曾使清国割让，嗣以三国之不当干涉，不得已而交还，卒赌国运而与俄战，始得收归日本手中者。日本对是等地方之关系，非以利害之考虑所能律，而实有历史的感情的因缘者也。因而日本具有决心永远占据旅顺大连及包含其背后地之关东州。现在政府固抱此方针，将来不论如何之政府亦不变更，究为日本国民之决意。现我国民在关东州植树，即可视为决意之表征。"①

加藤对格雷明确表示，日本将与中国"交涉"，希望得到英国的支持，"日本为继续占有此等地方计，自应努力设立适当名义，务令中国不致难于承认日本之占有。究竟在如何时机，想出如何名义，而与中国交涉，现虽难预料，然日本国民之决心则断然在此点"。狡猾的加藤随即提出，将来中日交涉这一问题，希望英国予以"谅解"，"今日距租借期限满期尚有十年，提出此问题固有时机尚早之嫌，彼时予亦不必仍占外交当局之地位，惟因欲将日本国民之决意预告同盟国当局，请为谅解，故此陈述此事"。②为了进一步使格雷相信日本不会损害英国在华利益，加藤又假惺惺地强调，对中国的门户开放机会均等主义，日本"必严守不渝，始终一贯"。

对日本的侵华阴谋，英国有意放纵。格雷表示对日本的要求"予颇谅解"，同意日本窃取原俄国在华租借地。他表示："关于租借地之历史上之过程，谓该地于中日战争终结时已归日本，日俄战争之结果不过恢复其一旦获得之物而已，诚乃颇为有力之论据。因

---

① 王芸生编著《六十年来中国与日本》第 6 卷，第 70～71 页。
② 王芸生编著《六十年来中国与日本》第 6 卷，第 71 页。

此日本国民对于领有之决心亦决非无理由，贵使言日本人植树，实则曾植骨于该地，毕竟此问题应由贵国与中国解决，他国不宜容喙。"①

格雷所言，代表了英国政府的态度。加藤深感成就显著，但为了防止日后英国反悔，马上提出将谈话作为君子协定记录在双方外交部公文书中。

1913 年 1 月 10 日，加藤再次会见格雷，要求英国对南满铁路及安奉铁路问题予以谅解。得到英国的谅解和支持，使日本获得侵华外交攻势的重大胜利，日本政府加紧侵略中国的步伐。

其次是日本军部方面提出具体的侵华计划。

军部的侵华势力主要是以田中义一为核心的参谋本部。属于上原派的陆军中坚层侵华野心非常激烈。田中提出"要有不惜以匕首加诸袁世凯的决心"。参谋本部第二部部长福田雅太郎则明确提出实现满蒙自治。陆军次官大岛健一主张以合并满蒙作为归还胶州的条件。陆相冈市之助的《日中交涉事项觉书》和参谋本部的《中国问题处理纲要》提出延长关东州租借期限，日本人在南满、东蒙享有自由居住和土地所有权，中国政治、军事接受日本领导等侵略要求。

1914 年 8 月 7 日，时任日本参谋本部第二部部长福田雅太郎代表参谋本部，提出对华侵略要求的《中日协约案要纲》，其中有要求中国承认南满洲与内蒙古自治；中国承认各缔约国所享有之既得权利；中国将军政事宜及币制改革事宜委于日本；中国如向外国割

---

① 王芸生编著《六十年来中国与日本》第 6 卷，第 71 页。

让利权或借取外债时须事先知照日本，征得日本之同意等内容。《要纲》还强调，日本"为强硬贯彻上列各项谈判，可派临时特使前往中国，同时将华北驻屯军恢复到裁减以前的兵力，并派出强力舰队游弋于渤海湾"①。

8 月 24 日，日本陆军省次官大岛健一代表陆军省分析欧战的趋势并提出对华意见书，其中的"我国对华政策要纲"部分与日本对华"二十一条"要求及其他侵华活动密切相关。意见书指出："长期处于腐败政治之下，丧失忠爱之心，不解经国大义，而徒以利己为能事，愚昧无知，妄自尊大，不知醒觉，此乃中国朝野上下之通病。如欲加以扶持诱导，必须恩威兼施、宽严并济，始可制御。当今阶段，以我帝国之势力，固可向其施加威压，迫其顺从于我；但其国疆土辽阔、人口众多，日后文明进化，国力渐增，难免有我力难以制伏之日。故我国必须有所准备：将来以满蒙之地归并于我帝国，以我国逐年增长之过剩人口移殖于该地，逐渐增强我国力，以彼此保持均衡，并使我国对支那的指导作用更加直接、诱掖力量更加强大。我国历经两次重大战役，惨淡经营，其直接目标即立于此。"② 在这份意见书中可以看到，日本企图乘中国尚未发展，尽早制伏中国，侵占满蒙，将日本过剩人口移殖到该地区。这些意见与"二十一条"要求目的一致。

意见书明确提出日本要主宰中国内政，"为帮助中国刷新内

---

① 《日本外交文书》，大正三年，第 2 册。转引自章伯锋、李宗一主编《北洋军阀（1912~1928）》第 2 卷，武汉出版社，1990，第 767 页。

② 《日本外交文书》，大正三年，第 2 册。转引自章伯锋、李宗一主编《北洋军阀（1912~1928）》第 2 卷，第 769 页。

政，维护其独立，并保卫东亚安宁，在讨论方法手段时，当然亦应以我帝国任其主宰"①。意见书还提出要利用革命党人和袁世凯的矛盾，以日本的利益和要求为原则离间双方，使双方都为其所用，进而干涉中国内政，"除此之外，帝国政府亦可向革命党领袖发出告诫，使他们做出如下保证：为巩固中国独立，保障民主幸福，蠲弃嫌隙，为现政府效力；另一方面，要劝告袁大总统，适当采纳孙、黄及其他派别的主张，使彼等心向敌国，在政治上能够发挥作用。果能如是，则不独袁氏可以放心，孙、黄等人亦可各得其所，双方俱感戴我国。倘若孙、黄等人不听从我方倡言，即是危害中国国民的安宁与国家独立，我国即可断然将彼辈逐出敌国领土之外，使其远离故国，借以为民国政府消除危惧，同时可使袁氏衷心信赖于我帝国之指导。此外，再为民国政府斡旋借款，助其改革军制，刷新庶政；并向该政府暗示，俟将来中国国势发展之时亦可签订日中同盟，等等"②。日本陆军省的意见书，一面以维护中国主权和独立、刷新中国政治为幌子，一面又提出种种主宰、干涉中国内政的政策，正暴露其侵华野心及阴谋、策略、手段。

二　日本为抢占德国原在山东胶州湾的租借地，公然采取军事行动

在日本各界积极预谋"二十一条"的同时，日本军方更是迫

---

① 《日本外交文书》，大正三年，第 2 册。转引自章伯锋、李宗一主编《北洋军阀（1912～1928）》第 2 卷，第 767 页。
② 《日本外交文书》，大正三年，第 2 册。转引自章伯锋、李宗一主编《北洋军阀（1912～1928）》第 2 卷，第 770 页。

不及待地展开实际行动，不断制造紧张局势，威胁中国，对袁世凯施加压力。

第一次世界大战刚爆发，日本就以"承担日英同盟义务"为借口，打着"保卫东亚和平"的幌子，向英国表示愿意根据英日同盟条约的义务支持英国反对德国。

1914 年 8 月 15 日，日本向德国发出最后通牒：（1）立即撤退在日本和中国海面上的全部军舰，不能撤退者立即解除武装；（2）在 9 月 15 日以前将全部胶州租借地无偿无条件地交给日本，以备将来交给中国。

与此同时，日本外务大臣还把最后通牒副本交给中国驻日公使陆宗舆，虚伪地表示愿意帮助中国平乱，而不会从中渔利。

德国知道日本野心难消，两国必有一战，在日本递交最后通牒之前，私下里向民国政府表示将胶州湾租借地直接归还中国，要求日后给予补偿。日本采取行动后，德国驻华使馆参赞于 8 月 19 日同中国外交部接洽，愿意将胶州湾租借地无偿归还中国。而此时的袁世凯因日本的反对而不敢接受德国的建议。

8 月 23 日，日本以英日同盟为借口，参加英、法、俄协约国一方，对德宣战，但它并不派兵到欧洲战场，而是在中国山东半岛登陆，进攻德国侵占的青岛和胶济铁路沿线，乘机夺取德国在山东的侵略权益。为方便日军行动，日本要求中国政府把山东境内黄河以南地区划为中立外区域，并要求中方撤走胶济沿线及潍县一带的驻军。

日军名为对德宣战，却把进攻矛头直接指向中国。当时，德国在胶州湾租借地青岛驻有军队。8 月 27 日，日军封锁胶州湾，并以进攻青岛的名义出兵山东。为了扩大侵略中国的范围，日军两万多人从距离青岛 240 公里的龙口登陆，先占领莱州半岛，接着又强占潍县车站，沿胶济铁路西进，占领济南车站，并在济南留下驻军。11月 7 日，日军占领青岛，获取了胶济铁路全线及其附近的矿产。日军沿途驱逐中国军队，所到之处，奸淫烧杀，大肆掠夺，无所不为。

当时的上海《大陆报》记载了日军在山东龙口和莱州等地的暴行：

> 就居民情形而言，大有每况愈下之概。上等之家，均为兵士（日本兵）占据，而主人翁反驱户外矣。所有食物，苟其所好，攫取无忌。小鸡遭殃，无一幸免者。日来多雨，该兵士等衣服透湿。到此之后，即在民家高堂之中作火以烘。柴若不足，则椅桌以及可焚之器具，无不用以代薪，烘衣烧饭。沿途均是如此办法。此辈本可望其早日离去，不幸霪雨未已，今且将在此耽搁一时矣。惊扰民居掠夺民食正未有已。前晚日军三千人到此，适大雨滂沱，该军士等由西门、南门进城后，即直入占居民家。妇女惊慌失措，狂奔于道路旷野之间。而风雨凄凄全夜未息也。闻有日兵不许妇女他奔者，其家男人受尽恐吓。商学各界上流人民，均被勒逼挑水、运薪、伺候军人。……莱州府城及附近一带，呈一恐慌现象。商店均已闭户。交易停止，米价日增。影响贫民，殊非浅鲜。街道之中，行人非常拥挤，第无商业可言。耳又闻日军要索牲口，强逼人民帮运军需品等，种种行为不可胜载。①

---

① 上海《大陆报》1914 年 9 月 10 日。

日本的行为完全违反了国际法，但袁世凯政府无力进行有效的抗击。中国外交部于 9 月 26 日、27 日、30 日接连向日本提出抗议和谴责，日本却违背诺言，完全无视中国的主权和要求。

第三节　袁世凯政府对日本出兵山东应对无力

面对日本强势的侵华态势，袁世凯政府却因财力军力所限，不敢出兵阻止日本的军事行动，寻求外交支持亦未果，无法有效应对。

一　中国军事力量薄弱，无法阻止日本的侵华步伐

据时任外交部参事的顾维钧回忆，日军在龙口登陆后，袁世凯在总统府召集内阁部长会议，会议一致认为日本的行为违反了国际法，中国有充分的理由进行反击和抵御，但实力却限制了中国的自卫。

当时中国军力相对日本而言是薄弱而且准备不足的。经过一番讨论，袁世凯问陆军总长段祺瑞，中国军队能采取哪些行动？段祺瑞回答说，如总统下令，部队可以抵抗，设法阻止日军深入山东内地。不过由于武器、弹药不足，作战将十分困难。段祺瑞的回答，既显示了当时中国军队惧日的心理，又反映了中国国力的实际衰弱情况。袁世凯又问外交总长孙宝琦该如何应对日本的侵略行径，孙宝琦也提不出成熟的意见。袁世凯环顾左右，等待其他总长发表意见，然而大家沉默不语。袁世凯深深叹了口气说，他也明白根据国际法，我国应该怎样做。然而我国毫无准备，怎能尽到中立国的义务呢？

其实袁世凯早已有了"中立"的思想准备，决定仿照日俄战争时期清政府的做法，宣布局外中立，划出战区，听任日、德在中国领土上厮杀。他对日本的侵略扩张政策心知肚明，可是弱国外交的艰难让他望而却步，惶恐不安。

参加了会议的顾维钧后来在回忆录中写道：

> 总统拿着一个准备好的小纸条作为发言的依据。他提醒大家，十年前在满洲，中国曾遇到过类似的事件。1904 至 1905 年日俄在中国境内交战，那时无法阻止日军的行动，只好划出"交战区"。那么，现在也可以划出走廊，日本可通过走廊进攻青岛，中国不干涉日本在此区内通过，在此地区以外中国仍保持中立。
>
> 显然，这是应付非常局面的非常措施。总统叫在场的法学家起草划定所谓交战区的文件，以及在此区外保持中立的条例。由于陆军总长说明中国没有准备不能进行长期抵抗，而且总统提出自己的解决方案，与会者一致认为此方案是当前中国应遵循的唯一切实可行的政策。三位参事凑到一起，草拟官方声明和执行中立的细则。这些文件经过批准，即作为官方政策予以公布。①

顾维钧在回忆录中记载了当时日德较量的结果、日本的野心和

---

① 《顾维钧回忆录》第 1 册，中国社会科学院近代史研究所译，中华书局，1983，第 120~121 页。

中国内部对日本侵华的担忧："德国由于在欧洲分身，在青岛的抵抗不过是象征性的，只有两天的工夫就结束了。德军投降，日军随后开入接管了整个德国租借地，包括青岛在内；然后紧跟着控制了青岛至济南府的铁路。这使山东都督大为吃惊，也给中国政府出了一个新的难题。没有什么巧妙的办法遏制日本的行动。在首都，政府的忧虑增加了，惟恐日本在山东的军事行动之后继续提出更多的特权要求。大家认为这是日本在亚洲大陆上推行其扩张主义政策的大好时机，它绝对不肯交臂失之。"①

中国政府内部的担忧很快就得到了印证。日军占领青岛后，所谓对德作战已告结束，但仍不肯退兵，也不肯将所占地方交还中国。显然，日本帝国主义是以对德作战为幌子，企图从德国手中抢夺中国的胶州湾以及取得对山东全省的控制，进而实施更大的侵华计划。

二　中国寻求外交援助的希望破灭

事实上，日军的军事行动一是要强占山东，二是为了配合"二十一条"交涉，对中国造成军事威胁，以攫取更多的利益。攻占山东并不是日本参战的最终目的。提出"二十一条"要求，强迫中国接受，实现独霸中国的野心，才是大隈内阁侵华计划的主旨。这从日本参谋次长明石元二郎那里可以得到证实。他在1914年8月致朝鲜总督寺内正毅的信上说，"胶州湾问题不过是根本解决中国问题的一个可乘之机"。

---

① 《顾维钧回忆录》第1册，第121页。

为防止日本乘机扩大对中国的侵略，中国政府曾试图寻求美国的援助。在寻求美国援助的过程中，顾维钧发挥了重要作用。

1888年出生于上海的顾维钧，16岁时自费赴美留学，第二年考入哥伦比亚大学，主修国际法和外交学，几年后撰写博士论文《外国对中国政府的权利要求》，表达了他改变中外不平等关系的强烈愿望。自1912年留美回国后，担任袁世凯的英文秘书，并兼任外交部秘书，开始了长达40多年的外交生涯。由于表现出色，他很快就成为中国外交界的领袖人物，并在国际舞台上享有一定的声誉，被称为"雄辩外交家"。在漫长的外交生涯中，无论是出任驻外使节，还是担任外交总长或外交部长，他都竭尽全力地维护国家主权。

顾维钧在美国留学8年，美国相对缓和的对华政策和不断上升的国际地位，使他特别相信美国的可信赖性，因此，他自始至终主张中国在外交上采取"联美"政策。

实际上，袁世凯对日本的侵略野心看在眼里，记在心上。他在10月2日非正式地会见美国公使芮恩施时，谈了对日本行动的看法，语气显得很激烈。他指出："从我所得的消息看来，我深信日本人有一个明确而影响深远的计划，即利用欧洲的危机，企图进一步奠定控制中国的基础。在这个计划中，他们企图通过对港口和铁路的占领而控制山东，作为控制中国的基石。从威胁占领山东铁路全线的行动看来，日本人的侵略政策是显而易见的；它远远超过德国人在山东的企图。它将使日本军队进入中国的心脏地带。"①

---

① 保罗·S. 芮恩施：《一个美国外交官使华记》，李抱宏、盛震溯译，商务印书馆，1982，第99~100页。

交通总长梁敦彦向芮恩施表达了对日本侵略行径的不满，希望得到美国的支持。他强调说：我们深信与包围青岛的必要的军事行动无关，日本的计划是要在中国内地挑起事端，目的在于扩大占据中国的领土。从日本方面得到消息说，日本军阀并不以攻陷青岛为满足，而是要利用这个机会在中国内地获得政治上军事上稳固的地位。而且，日本人为了提供一个军事干涉的借口，准备纵容大批土匪和其他暴徒与革命党合作，企图制造广泛的暴动。①

1914 年 8 月 5 日，袁世凯私下里向美国方面表示，希望美国增加在华军队，以防止日本借口保护外国人利益占据南满和直隶。9 月 10 日，又提出希望得到美国海军支持的愿望。但美国对中国的要求一一予以拒绝。

有的学者指出，由于国力衰微，在得不到英、法、美支持的情况下，袁世凯不得不让曹汝霖向日本转达可以就日本的经济要求进行谈判的意愿，并希望日本严格控制在日中国革命党人。但日本不但置若罔闻，反而变本加厉，加快侵华步伐。

---

① 保罗·S. 芮恩施：《一个美国外交官使华记》，第 99 页。

第二章 中日关于"二十一条"的初步交锋

日本通过采取一系列措施，如干涉中国内政、培植反政府力量、采取军事行动、外交打压等，钳制了袁世凯政府的抵制能力，打击了袁世凯的信心，进而提出大规模侵略中国、危害中国主权的"二十一条"。

第一节 日本正式提出"二十一条"

1914 年 8 月，日本外相加藤提拔驻智利公使日置益为驻华公使。

日置益（1861～1926），日本外交官，1914 年至 1917 年任驻华公使，是"二十一条"交涉时的日方首席代表。日置益早在 1901 年 9 月就任日本驻北京公使馆一等书记，被称为"中国通"，被视为对付中国的内行。后出任驻北欧国家公使和驻德国大使。早在 1914 年尚未任驻华公使时，日置益就说，"怕他不战，战则大妙"，叫嚣着要乘第一次世界大战之机，攫取在华利益。

1914 年 8 月 20 日，日置益到达北京。在此之前，日本政府对德国发出最后通牒，随后命令小幡代理公使向北京政府外交总长孙宝琦转达日本政府的决定意图。21 日，日本政府命令日置益尽快会见袁世凯，说明"日本毫无领土野心，今后远东的和平，必须由日中两国来维持，因此，特别希望信赖我方"。日置益到北京任驻华公使的第三天，召集小幡、松平、船津、高尾、崛田等书记官开会，进行种种以今后对华方针为中心的研究。

8月26日，日置益向日本政府提出具体的对华交涉方针：（1）延长关东州租借地和满铁、安奉铁路的期限；（2）改善南满洲和东部内蒙古的军政和内政；（3）日本人在南满洲和东部内蒙古有居住和营业的自由，中国政府须为此提供必要的便利；（4）九江、武昌间以及南昌、衢州、杭州间的铁路敷设资金由日本供给。对于南昌、抚州、光泽间，福州、厦门间，福州、三都澳间的铁路，以及南昌厦门线和南昌杭州线相连接的铁路，日本有优先权。作为上述这些要求的代价：日本归还胶州湾，将在日本国内及在华居留地内的中国革命党驱逐出境。[①]

日置益在致加藤的"关于对中国提出要求之拙见"书中，要求日本政府拟定"谈判之最佳时机及方法手段；同时做好周密计划和充分准备，以防在进行中遇到障碍和困难"。

日置益进而指出，为防止中国不服日方主张，要向中国千方百计进行威胁、劝诱，并用其他一切计策。同时对中国以外诸国必须采取周密外交手段，如对美国、英国、俄国，"视其在其他方面不同程度利害关系，在谈判初期及进行中，为使彼等不进行妨碍，进而使其能予我某些援助起见，有必要在适当时机采取某种适当手

[①] 《日本外交文书》，大正三年，第2册。转引自章伯锋、李宗一主编《北洋军阀（1912~1928）》第2卷，第786页。

段"。对中国,"为贯彻我方要求,还应充分考虑既采用适当引诱条件,又要在不得已时采取威压手段"。他还具体提出"二十一条"交涉的引诱和威压条件。

日置益提出的引诱条件是:在一定条件下,将胶州湾归还中国;保证袁世凯及其政府的安全;严格取缔在日本及其保护下之革命党员、宗社党员、留学生及不法日本商民与浪人;奏请给袁大总统及其政府各部部长援助;同意修改税率之提议。①

其威压条件是:将出征山东之军队留驻现地,显示我国威力,以使其感到我方之军事威胁;煽动革命党和宗社党,显示颠覆袁政府之气势,以威胁之。②

日置益进一步分析中日交涉中可能发生的情况,预测袁世凯的态度及采取的策略。他指出:"对于言论上的威压,素对国际关系粗有通晓,对洞察外交虚实颇为敏感之袁世凯,假如已料到此种威压仅系一场恫吓,日本的声明未必能以实现,从而断然拒绝我方要求时,则谈判将发生'相持不下'之虞。"日置益分析说,即使袁世凯对于劝诱有"认清大局之明",有意顾及日本实际情况及处境,但袁世凯虽为一国元首,事实上拥有宣战、讲和及订立条约之大权,然总非专制君主,作为共和民国大总统,甚至连其任期在宪法上尚无规定,"现在与将来欲使其向国民负起重大责任,非其力所能及之事"。因此,日置益认为:"袁为从困境中拯救自己,利用其惯用手段新闻政治进行排斥运动以及挑起极端排日热潮,甚至

---

① 章伯锋、李宗一主编《北洋军阀(1912~1928)》第 2 卷,第 795 页。
② 章伯锋、李宗一主编《北洋军阀(1912~1928)》第 2 卷,第 795~796页。

或向美国乞求援助，或唆使德国人制造障碍，两国关系及国民感情发生纠纷，甚至可能造成进退维谷不可收拾局面。而我方虽有充分实力，但具有不能突然动用之弱点，也许将出现无法打开之困难局面。"① 日置益对袁世凯交涉策略的分析，与后来中国政府的交涉方针大致吻合。

日置益还为日本政府拟定谈判的最佳时机及方法手段，同时做好周密计划和充分准备，以防在进行中遇到障碍和困难。他提出日本政府应事先考虑以下六项意见："（一）随着形势发展，不得已时必须出兵镇压对方，对此要有所预料。故此，今后在青岛所应驻留部队，不仅取'镇守'之势，万一时尚需积极行动。例如为占领津浦铁路北段需要做好准备。（二）在诉诸以上最后威压手段前，在引诱条件中，对袁世凯最有力之一为取缔革命党及宗社党自不待言。但此法从历来情况看，效果并不显著。希政府对此问题做根本性研究，为使袁更为满意，应研究具体方法（尤其在谈判进行一段时间，勿宁利用此法使其造成反抗局势有时亦系必要）。（三）按照满蒙五铁路细则协定之结果，我内部议定可交付中国二百万元作为预付金。对此，有必要派小田尽速去北京商定细则。通过交付预付金，要使其起到引诱条件之作用。（四）随着谈判进行，对华南铁路要求，如有应允希望，亦可采用交付预付金方法收到前项同样效果。故要同样做好支付该项资金的准备。（五）通过借款交涉，能以接济袁政府燃眉之急，此乃目前动摇对方之最有利条件。对照我国财政经济情况，即使确有苦难，亦应加以考虑并订

---

① 章伯锋、李宗一主编《北洋军阀（1912～1928）》第 2 卷，第 797 页。

出计划。（六）袁世凯在不得已时，虽有服从我方要求决心，但其左右，必有共商大事之人。拟用一二百万元金钱收买袁本人绝不可能。但此辈左右人物中亦或有可用金钱收买者。此外，在谈判进行中，为操纵新闻及其他方面亦需要许多费用，我政府有必要事先准备此项资金。"① 日置益所提的这六项考虑事项，第一、二项都有充分的准备并付诸行动。预付定金及收买袁世凯左右等项，尚未在当事人所述资料及后来中日双方披露的各种资料中见到其具体实施的细节或结果。

日置益的意见书，提出全面的对华"二十一条"交涉策略、条件，做出各种预判和分析，足见日本对华提出"二十一条"要求早已做好全方位的准备。

8月27日，日本外相加藤对日置益的请示发出指令，表示大体上对所呈报的意见没有异议，但因攻占青岛的需要，对华正式交涉时间要观察形势发展后再决定。日本陆海军几个方面积极收集意见和资料，制定对华交涉方案。

1914年9月29日，日本元老和大隈内阁会议决定对华要求的基本内容。接着，外务大臣加藤高明指示外务部把军部等各方面意见综合在一起，三易其稿，归纳为五号二十一条要求。其后，内阁会议又制定了对华具体交涉方案，即《对支那政策文件》。与此同时，日军进攻胶州。1914年11月7日，占领青岛。10日，日军神尾司令官从德国总督手中正式接收青岛。

---

① 章伯锋、李宗一主编《北洋军阀（1912～1928）》第2卷，第798～799页。

至此，加藤认为与中国交涉的时机已到，立即请求大隈内阁召开会议，提出对华交涉案。1914 年 11 月 11 日，日本内阁会议讨论通过对华交涉训令案。

加藤在给日置益的训令中指示："帝国政府为了妥善处理时局，并巩固帝国将来的地位，以便永远保持东亚和平，当次之际，拟与中国政府缔结大致具有附文第一号至第四号含意的条约和约定。上述附文之中，第一号关系到山东问题的处理；附文第二号的含意大致是使我在南满洲和东部内蒙古地方的地位明确起来。由于帝国在南满洲和东部内蒙古的地位不明确，所以过去日中两国之间曾发生种种问题，并且一再对两国国民的感情造成不良影响。因此，帝国政府当此之际，拟使中国政府承认帝国在该地方当然应该保有的地位。再者，附文第三号是考虑我方对汉冶萍公司的关系，为该公司将来计而采取最佳方策。总之，以上三项均非有任何新的企图和要求。至于附文第四号，不过是将帝国政府屡次向国内外阐明的保全中国领土的原则更向前推进一步。帝国政府拟趁此计划，更加确保帝国在东亚的地位，进而保全大局，所以认为实行以上各项是绝对必要的。帝国政府具有无论如何也要将他贯彻下去的坚强决心。贵公使也要深刻体会政府的意旨而全力以赴。"①

1914 年 12 月 3 日，日本外相加藤高明致日置益训令，命其向中国提出"五号问题"，即"二十一条"。

有了外交、军事上的配合和保障，制定了交涉"二十一条"

---

① 章伯锋、李宗一主编《北洋军阀（1912～1928）》第 2 卷，第 787～788页。

的具体方针和手段后，日置益带着加藤的训令和"二十一条"，火速返华。1915 年 1 月 7 日，中国宣布取消战区，要求日军撤出。日本大隈政府蛮横地予以拒绝，并乘机将蓄谋已久的侵华方案付诸实施。

袁世凯在"二十一条"交涉中接受日本最后通牒后，向各级文武官吏发布密谕，其中揭露了日本长期以来的阴谋：

> 立国今日，非自强无以图存，而强弱之分，悉由人事。日本前在闭关时代，其学术政治与中国无殊，自明治维新以来，上下一心，步武西法，乘时而动，发愤为雄，四十余年所惨淡经营者，无非求达其东亚大帝国之政略。当合并朝鲜之时，现在首相大隈重信已自命为中国将来之统监。盖其兼营并进之图，远交近攻之策，处心积虑，殊非一朝。究其致强之由，则以国民教育为根本，而明耻教战即寓于教育之中。故人人以当兵为义务，以战死为殊荣。就其近年军事言之，征发陆军，可达百万，海军战舰，已逾六十万吨，席其方张之势，日思拓地殖民，彼为刀俎，我为鱼肉，实逼处此，岌岌可危，厝火积薪，早成险象。前清末造，政失其纲，泄沓成风，人无远虑，加以亲贵用事，贿赂公行，各私其家，何知卫国。迨至武昌事起，举朝失措，列强响应，瓦解土崩。日本浪人，利用此机，秘计阴谋，无所不至。我人民之生命财产，间接直接而受损失者，不可胜计。苍赤何辜，言之流涕。幸而天佑中国，祸乱削平，予得以衰病余生，底定全局，殊出强邻意料之外。回忆当日，万险环生，至今心悸。国事粗定，欧战发生，关系于均势

得甚大。日本利欧洲列强之相持，乘中国新邦之初建，不顾公法，破坏我山东之中立。军队所至，四境骚然。官吏见侮之横，居民被祸之惨，笔不能罄，耳不忍闻。我国受兹痛苦，方以退兵为抗议，彼不之省，又提出酷烈要求之条款。[①]

这一段文字可以说是对日本长期以来侵华阴谋和步骤的最好揭露，说明中国政府对日本的野心早已洞若观火，无奈国力衰微，难以及时有效地加以阻止。

第二节　中日关于"二十一条"的初步交涉

日本精心谋划"二十一条"，而后通过驻华公使日置益避开中国外交部，直接向袁世凯提出。

1915年1月18日，是一个阴森寒冷的日子，凛冽的北风猛烈地刮着，让人隐隐约约感觉将有什么异常之事发生。当天下午，日本驻华公使日置益以返华归任为借口，要求觐见中国总统袁世凯。他带领参赞小幡、书记官高尾，由曹汝霖安排，在怀仁堂面见袁世凯，强行递交臭名昭著的"二十一条"文书。待日置益走后，袁世凯打开文书一看，顿时惊诧无措。文书所用之纸竟然赫然印有无畏舰及机关枪水印。愤慨和震惊之余，中国政府很快开始了艰难的对日交涉，拉开了"二十一条"交涉的序幕。

---

① 王芸生编著《六十年来中国与日本》第6卷，第259页。

一　日置益公然以培植反袁力量和军事行动威胁袁世凯

日置益先是打着中日友善的幌子，将日本的侵华野心美化为确保亚洲和平，他声称："中日两国向为融睦友善之临邦，无论在地理、历史、人种、文化等方面，俱有紧密关联，亟应努力敦睦邦交，谋求共同利益，以确保亚洲永久之和平，此点想阁下夙已熟知。"接着，他话锋一转，说："乃近来两国间之意思疏通颇多滞阻，贵国对我国之举措无端猜疑，多有误解。而我国民间也有人对于贵国之真意怀有疑虑，致生反感。加以有第三者挑拨离间，遇有时机，愈加妄动，常酿成意想不到之恶劣影响。长此以往，则两国邦交即难保和谐。"

袁世凯发现来者不善，一直默不作声，满脸的不悦。日置益一边观察袁世凯，一边挑明来意，拿出一份文书，向袁世凯手中递过去，要求袁世凯接受日本所提条件，迅速商议解决，并严守秘密。袁世凯表情严肃地说这是外交部的事，要交给外交部处理。

日置益马上以中国革命党相威胁："彼等与政府外之有力日人有密切之关系，除非中国政府给予友谊证明，日本政府直不能阻止此辈之扰乱中国。"同时，日置益还以日本人民反对袁世凯威胁说："日本人民类皆反对袁总统，彼等相信总统为有力的排日者，其政府亦采远交近攻之政策。总统如接受此种要求，日本人民将感觉友好，日本政府从此对袁总统亦能遇事相助。"他坚持要袁世凯亲自阅览一遍。袁世凯极不情愿地接过文书，再次表示："对于贵国提案，自必精心阅读，并与外交总长仔细探讨，然后，由外交总长与贵公使进行商谈。"

日置益临走前再次威胁袁世凯,对于此次提案的一切经过原委,必须绝对保守秘密,否则日本将断然采取必要的军事行动。

这明显是威逼、利诱兼施,袁世凯当时的心情一言难尽。第二天,日置益向加藤报告说:晤谈中,袁世凯态度极为严肃,自始至终专心听取本职陈述。对于我方提案之内容,则只字未曾言及,似有意加以回避,也许是因为事出仓卒,不能立即谈述任何意见。本职亦有意避免进一步加以询问,只是着力重申:希早日认真研究,并尽速给予令人满意之回答。

二 中国政府确定对"二十一条"的总体反对态度

面对日置益违反外交常规直接递交的"二十一条"文书,袁世凯有如热锅上的蚂蚁,焦躁不安。如何与日本周旋此事呢?中国政府立即陷入前所未有的紧张状态。

1915年1月18日晚,袁世凯在总统府召集紧急会议,国务卿徐世昌,陆军总长段祺瑞,秘书长梁士诒,政事堂左丞杨士琦,外长孙宝琦、次长曹汝霖等出席。

与会人刚至,袁世凯就告知他们,日本公使递来了一份印有无畏舰及机关枪水印的文书,向中国提出共分五号二十一款的无理要求,具体内容为:

第一号:

日本国政府及中国政府互愿维持东亚全局之和平,并期将现存两国友好善邻之关系益加巩固,兹议定条款如下:

第一款:中国政府允诺,日后日本国政府拟向德国政府协定之所有德国关于山东省依据条约或其他关系对中国政府享有一切权利利益让与等项处分，概行承认。

第二款：中国政府允诺，凡山东省内并其沿海一带土地及各岛屿，无论何项名目，概不让与或租与他国。

第三款：中国政府允诺，日本国建造由烟台或龙口接连胶济路线之铁路。

第四款：中国政府允诺，为外国人居住贸易起见，从速自开山东省内各主要城市，作为商埠，其应开地方，另行协定。

第二号：

日本国政府与中国政府因中国向认日本国在南满洲及东部内蒙古享有优越地位，兹议定条款如下：

第一款：两订约国互相约定，将旅顺大连租借期限并南满洲及安奉两铁路期限，均展至九十九年为期。

第二款：日本国臣民在南满洲及东部内蒙古为盖造商工业应用之房厂，或为耕作，可得其须要土地之租借权或所有权。

第三款：日本国臣民得在南满洲及东部内蒙古任便居住往来，并经营商工业等各项生意。

第四款：中国政府允将在南满洲及东部内蒙古各矿开采权，许与日本国臣民，至于拟开各矿，另行商订。

第五款：中国政府应允关于下列各项，先经日本国政府同意而后办理：

（一）在南满洲及东部内蒙古允准他国人建造铁路，或为建造铁路而向他国借用款项之时；

（二）将南满洲及东部内蒙古各项税课作抵由他国借款

之时。

第六款：中国政府允诺，如中国政府在南满洲及东部内蒙古聘用政治、财政、军事各顾问、教习，必须先向日本国商议。

第七款：中国政府允将吉长铁路管理经营事宜委任日本国政府，其年限自本约画押之日起以九十九年为期。

第三号：

日本国政府及中国政府顾于日本国资本家与汉冶萍公司现有密接关系，且愿增进共通利益，兹议定条款如下：

第一款：两缔约国互相约定，俟将来相当机会，将汉冶萍公司作为两国合办事业，并允如未经日本国政府之同意，所有属于该公司一切权利产业，中国政府不得自行处分，亦不得使该公司任意处分。

第二款：中国政府允准所有属于汉冶萍公司各矿之附近矿山，如未经该公司同意，一概不准该公司以外之人开采，并允此外凡欲措办无论直接间接对该公司恐有影响之举，必须先经公司同意。

第四号：

日本国政府及中国政府为切实保全中国领土之目的，兹订立专条如下：

中国政府允准所有中国沿岸港湾及岛屿概不让与或租与他国。

第五号：

（一）在中国中央政府，须聘用有力之日本人充为政治、财政、军事等各顾问。

（二）所有在中国内地所设日本病院、寺院、学校等，概允其土地所有权。

（三）向来日中两国屡起警察事件，以致酿成胶葛之事不少，因此须将必要地方之警察，作为日中合办，或在此等地方之警察官署须聘用多数日本人，以资一面筹划改良中国警察机关。

（四）由日本采办一定数量之军械（譬如在中国政府所需军械半数以上），或在中国设立中日合办之军械厂，聘用日本技师，并采买日本材料。

（五）允将接连武昌与九江、南昌路线之铁路，及南昌、杭州，南昌、潮州各路线铁路之建造权，许与日本国。

（六）在福建省内筹办铁路、矿山及整顿海口（船厂在内），如需外国资本之时，先向日本国协议。

（七）允许日本国人在中国有布教之权。①

"二十一条"要求宣读完毕，在场各位无不感到震惊，纷纷对日本的不义行为加以指责，并坚决表示应拒绝日本的无理要求。日本终究会向中国提出无理要求以作为打开侵略中国大门的钥匙，这是当时不少政府要人预料之中的事情，但日本的要求远远超出了中国能够接受的最大限度。

经历过日置益递交文书时惊诧万分和愤怒无奈的袁世凯，似乎比其他人显得多了一份沉着。他指出，日本"所要求太无理，令

---

① 王芸生编著《六十年来中国与日本》第6卷，第74~76页。

人愤恨","各条约多干涉内政、侵犯主权之处,实难开议",尤其是第五号各条要求,完全是要把中国作为第二个朝鲜,日本"意在控制我国,不可轻视。至于觉书第五项竟以朝鲜看待我国,万万不可与他商议"。他甚至还表态:"日军打到新华门也不同意。"他的这一态度,反映了最初抵制日本提出"二十一条"侵略要求时的真实心态。时任袁世凯军事顾问的日本人坂西利八郎于第二天以个人身份秘密谒见袁世凯,然后私下向日置益告密,说袁以颇为激愤的口吻质问他:"日本国本应以中国为平等之友邦相互往返,缘何动辄视中国如狗或奴隶?"袁世凯还愤怒地表示,对日置益公使所提出之各项要求条件,中国固愿尽可能予以让步,然而不可能之事就是不可能,毫无办法。1 月 19 日,曹汝霖到日本公使馆访晤日置益,也无比愤慨地指责说:"日前贵公使返国述职之际,关于中国问题所订各节,原指望阁下归国后当与贵国政府有关当局磋商,或能带回良好之'土产'。孰意贵公使已于昨日将贵国之'土产'手交袁大总统,实令人'感激'莫置。"日置益对曹汝霖的反应感到意外,他认为:"曹氏为人向属温厚,而言时词色异乎寻常,已露出其内心之感慨。"①从坂西利八郎和日置益反馈的信息看,无论是袁世凯还是曹汝霖等人,对日本提出"二十一条"要求都反应激烈,并流露出真实的愤慨之情。这一点,似乎与日后种种指责时任外交家为卖国贼的情形差异较大。

在紧急会议上,与会者仔细阅读日本递交的文书,并商议避重就轻的办法。在综合各人意见的基础上,袁世凯将条文用朱笔逐条

---

① 章伯锋、李宗一主编《北洋军阀(1912~1928)》第 2 卷,第 803 页。

圈出，并加以批文。

对于第一条，批称：此本于前清中俄协定，东三省会议时已允继续俄国未满之年限，由日本展续满期，今又要重新更定，但将来若能收回，对于年限没有多大关系，此条不必争论。

对于承认（日本接收）德国利益问题，批称：应双方合议，何能由日本议定，由我承认？这是将来之事，不必先行商议，可从缓议。

对于合办矿业，批称：可答应一二处，须照矿业条例办理，愈少愈好，可留与国人自办。

对于建造铁路，批称：须与他国借款造路相同，铁路行政权须由中国人自行管理，日本只可允以管理借款之会计审核权，惟须斟酌慎重。

对于开商埠，批称：须用自开办法，并应限制，免日本人充斥而来，反客为主。

对于汉冶萍矿厂，批称：此为商办公司，政府不能代谋。

对福建沿海地区之让与，批称：荒唐、荒唐，领土怎能让与第三国。

对内地杂居，批称：治外法权没有收回之前，不能允与杂居。

至于第五号，批称：此项限制我国主权，简直似以朝鲜视我，此种条件岂平等国所应提出，实堪痛恨，万万不可开议，切记切记。

正如历经"二十一条"交涉的外交家们指出的，面对列强妄图灭亡中国的蛮横要求，任何一个稍有良知的中国人都会表现出应有的捍卫国家主权的决心和态度。此后，外交部连续几天开会，详议对策。

三　外交部确定谈判方针与拖延策略

1915 年 1 月 18 日晚，袁世凯召开会议后，外交总长孙宝琦，次长曹汝霖，参政梁士诒，参事顾维钧、伍朝枢、章祖申等人再次紧急开会密商对日策略。

会议先由孙宝琦说明召集的原委。身材魁梧，相貌慈祥，蓄着络腮胡子的孙宝琦带着焦虑而悲愤的语气，将日本向总统递交文书的情况和文书内容向大家说明。孙宝琦话音刚落，与会者纷纷表达心中的愤慨，指责日本企图侵吞中国的野心。他们还指出，日本完全不顾国际法，直接向一国元首交涉，实开外交恶例。孙宝琦指出，日本这次竟直接向总统递送文书，一定还会来外交部递送文书，也必然会对中国施加武力。

对于这个棘手而严重的问题，大家反复谈商，结果认为，如果拒绝，就等于决裂，中国目前是无法在武力上抵抗日本的。因此只有两条路可走：一是接受日方条件；二是利用谈判和日方讨价还价。

最终商谈的结果是与日本进行谈判，并提出谈判的基本原则和中国政府的底线：凡日本的要求与各国约章不相抵触，且不侵害中国主权和独立者可以尽量答应，否则一概拒绝，对于第五号要求绝对不讨论；采取逐条讨论的交涉方式，不做笼统决定。

第二天，外交次长曹汝霖，参事顾维钧、伍朝枢、章祖申等人继续开会讨论对策，并请来日本顾问有货长雄、美国顾问古德诺一起商讨。

经过逐条分析，与会者拟定一说帖呈递袁世凯。说帖详尽地分析了日本所提各条的阴谋、目的及其不合情理之处。

日本强制递交文书给总统，有违外交惯例。因此，中国外交部决定对日本的催促和威压尽可能采取拖延策略。

日置益多次电询外交次长曹汝霖何时开议。曹汝霖表示，总统并未交给外交部任何文件，外交部无从开议。日置益很嚣张，说条款已递交给总统。曹汝霖则回答说总统无直接交涉之权。日置益立即派人前往中国外交部质问，说条款已递送给总统，无异于递交给外交部。外交部仍然指责日本违背外交惯例，无从开议。

日置益不得不于1月21日到外交部向总长孙宝琦补送同样的文书一份。孙宝琦接过文书，打开稍微看了看，立即将各条一一指责，加以评论，对日置益提出自己的反对意见。孙宝琦的举止，显示出他对文书内容是非常熟悉的。这使日置益非常恼怒，他指责说："你在电话中说尚未交外长，无从开议之言，分明是谎言。"接着又威胁说："贵总长于觉书内容已如此明了，将来商谈自更容易。"①

日置益走后，孙宝琦将他与日置益会谈的笔记送给袁世凯阅览。袁世凯看完后大为不满，说自己早已嘱咐外交部不要在谈判前笼统商议，但孙宝琦初次与日置益见面即逐条指责、发表议论，以后何能继续商议？

为便于与日方谈判，袁世凯决定更换外交总长人选，立即让孙宝琦辞职，征得陆征祥同意后，第二天，任陆征祥为外交总长，调孙宝琦任税务处督办。

1867年出生于浙江杭县的孙宝琦（字慕韩），长期任职于北

---

① 王芸生编著《六十年来中国与日本》第6卷，第82~83页。

洋，袁世凯小站练兵以前，两人就结拜为兄弟，关系既深且久。袁世凯任直隶总督兼北洋大臣后，孙官运亨通，从直隶候补道而先后任候补直隶道台、军机处官报局局长等职。民国后与袁氏结为儿女姻亲，出任驻法国、德国公使，山东巡抚；历任财政总长、审计院长、代国务总理等职。1913 年 9 月任外交总长，次年任代国务总理。1915 年日本提出"二十一条"后，即辞职。此后历任财政总长兼盐署督办、经济调查局总裁等职。1924 年任国务总理兼外交委员会委员长，任内与苏联建立外交关系，向德国索赔成功。后任汉冶萍钢铁公司及招商局董事长，中法大学董事。1931 年去世。

曾有学者以为袁世凯临时更换外交总长是因为孙宝琦反对"二十一条"的态度过于坚决。其实，在反对日本提出"二十一条"要求这一问题上，孙宝琦与袁世凯一直是站在同一战壕，只是袁世凯认为孙宝琦接到日置益送交的文书后，逐条指责评论，暴露了中国政府内部反复商议的策略。临时更换外交总长，也是袁世凯的拖延策略之一。因为陆征祥接任外交总长，更有理由指出，自己对文书内容尚不熟悉，无从及时答复日本。

当然，接任外交总长的陆征祥同样对"二十一条"深恶痛绝。当时陆征祥正任袁世凯的高级顾问，他很清楚这时候接任外交总长对自己意味着什么：自己在人民心中的形象将黯然失色，也许还会成为历史罪人。但国家危难之际，总得有人承担责任。"二十一条"签字后，陆征祥感到身心俱疲，他曾对袁世凯说：我签了字，也签了自己的死案了。

陆征祥（1871 ~ 1949），出生于上海一个基督教家庭。1884 年入上海广方言馆学习，主修法语，后来又攻读外交学和国际关系，1892 年毕业后被推荐入北京的同文馆深造，并被总理衙门选为大清帝国驻俄使馆的四等秘书兼译员。从此，陆征祥在俄国公使馆一做就是 14 年。1896 年，他作为秘书在中国与俄国的条约上签字。1899 年出席第一次海牙会议。1912 年 3 月 30 日，陆征祥任中华民国首任外交总长，改外务部为外交部，5 月 3 日通告启用外交部印。陆征祥出任外交总长的第一件事，就是凭借多年在欧洲工作积累的经验，按照西方国家外交部的模式改组外交部。他引进较富科学性的管理制度，拟订外交部组织法，并据此制定了《外交部官制》，设总长、次长各一名，日常事务由一厅四司一室负责，即总务厅、外政司、通商司、交际司、庶政司、参事室。此外，陆征祥开始培养新人。他参考欧洲一些国家外交人员录用管理制度，定出民国外交部录用人员三大原则，即：一律经考核后择优录取；为防止地方派系主义，全国统一考试；长于一门外语者优先。他还要求外交部的官员必须学会一门外语。就这样，他组建起民国的外交部，创建了民国外交人才培养体系，也促使中国外交建制和管理走向现代化。

日置益听到孙宝琦辞职的消息，深感不安，赶赴总统府向袁世凯提出口头抗议。他指责袁世凯，说日本刚递要求书，中国就更换外长，分明是毫无诚意，日本政府深为遗憾。

袁世凯回答说，与日本的看法恰恰相反，中国换外长，正是表示诚意。何况新任外交总长，做事素有耐心，必能一心一意地与日本谈判，如不相信，可咨询别国公使。

日置益马上向英国公使朱尔典打听情况，朱尔典答复说，陆征祥任中国外交总长很好，毫无不妥之处。日置益只得电告东京说中国临时改换外交总长，并无坏意。

陆征祥接任外交总长后，立即与袁世凯等人商讨谈判方针。他希望袁世凯对即将进行的谈判给予明确的指示。自日本提出"二十一条"以来，袁世凯做过充分的思考，但无计可施。他决定采取拖延的办法，并尽量争取英、美等国的支持。袁世凯曾逐条批注文书，此后整个谈判实际上是根据他的指示进行的。他对陆征祥提出谈判的具体方针是：谈判过程中，一定要尽量拖延时间，决不能轻易让步。

陆征祥提醒袁世凯，如果想得到西方国家的支持，就得安排懂英语的人参加谈判。第二天，陆征祥会见日置益，商谈会议时间和程序。陆征祥提出双方各派5人参加谈判，自己与外交次长曹汝霖为主要谈判人。日置益当即否定了陆征祥的方案，强烈反对与西方国家有联系的中方人员参加谈判。显然，日本要进行的是秘密谈判，参加谈判的人数越少，泄密的可能性就越小。

对谈判程序，日置益首先提出，为尽快结束谈判，一定要抓紧时间，每天连续进行，这对双方都有好处。陆征祥则回答说，作为外交总长，自己还有许多别的外交问题需要处理，何况还得参加内阁会议，要求每周举行一次谈判。双方争执许久，各执己见。经多次争辩，最后达成妥协，决定每周会谈三次，时间为下午。

第三章 谈判桌上的鏖战

"二十一条"秘密交涉前后长达3个多月，正式会议有25次之多。每次会议，双方都唇枪舌剑，折冲樽俎，日方代表步步紧逼，中方代表寸权必争。谈判常常因为中方代表态度强硬而使日方恼羞成怒无端中止会议。多数会议都未能如日本所愿，最终无果而止，不欢而散。直到日方做好军事、外交的充分准备，完全失去虚伪的耐心，中方的最后修正案仍然试图最大限度地抵制日本的侵略计划。

第一节 日本的催促与中国的拖延

日本自向袁世凯递交"二十一条"文书的那一刻，就希望中国以最快的速度给予答复，在威逼利诱兼施的攻势下，日本人很有把握得到肯定的答复。但中国并没日本想象的那样轻易就范，外交部采取了拖延方针，尽量与日本在谈判席内外折冲周旋。

不但中国采取拖延和忍耐策略，瑞典等西方国家也认为中国应该"镇静忍耐，能磋磨日期为佳，不得已示轻者以可商，顾彼面子，不令决裂，待彼内政解决，必来机会"，建议中国"宜通情英、美，勿露痕迹，以备后援，并与日使加意周旋，时论切忌激烈"。①

一　日本以"亲善"之名施压，欲盖弥彰

日本为防止中国泄密，寻求外援，不断催促中国尽快答复。当中国方面坚决表示不能全部接受要求而只能商谈时，日本加紧催促中国确定时间开展会商。

1915 年 1 月 26 日，加藤复电给日置益，电文指示："关于此次对华交涉，帝国政府以力求迅速求得解决为至关重要。如按中国方面所提希望，每周仅举行一次商谈，如此缓慢进行，则解决之日将延至何时，实难预知。且在此缓缓进行当中，双方交涉内容必泄露于外界，定将惹起有碍于交涉进展之议论发生。中国政府亦应了解此间问题性质之极端严重，故凡枝节问题均可暂予放置，专求连日进行商谈，首先要明确中国方面对于我国提案是否在原则上全面接受。望我公使以本电为本大臣之训令急速向中国政府进行说明，并取得其同意结果如何。"② 日置益遵照加藤的指示，于 27 日到中国外交部向曹汝霖提出尽速商谈的要求。曹汝霖指出，中国方面也希望迅速解决这一外交案，但外交部除有日常事务必须经办外，尚需随时接见各国公使，诸多交涉事项必须及时解决处理，因此不可能达到日本的要求。随后，曹汝霖提出可考虑尽量增加商谈次数。

1 月 28 日，加藤再次致电日置益，强调"关于此次对华交涉，帝

---

① 《中日关系史料·二十一条交涉》（上），中研院近代史研究所，1985，第 4~5 页。

② 章伯锋、李宗一主编《北洋军阀（1912~1928）》第 2 卷，第 804 页。

国政府以尽速求得解决为宜"。加藤反复指示日置益:"望我公使多方设法,迫使中国方面接受连日商谈,倘连日商谈实不可能,亦应随时决定日期续行谈判,以不稍贻对方以喘息之机。如中国方面稍露迁延之意,即应严加督促,以保持谈判不致中顿为宜。"① 不过,尽管日本多方施压、催促,中国方面始终拒绝每日商谈的要求。

2月2日下午3点,中日双方在外交部开始"二十一条"交涉的第一次正式谈判会议。中方谈判人员为外交总长陆征祥、次长曹汝霖、秘书施履本;日方代表为驻华公使日置益、参赞小幡酉吉、高尾亨。

按照外交惯例和中国的待客礼节,陆征祥先是向来者致开场白,然后令人向他们献茶,让日置益等人先喝茶,再谈判。谈判开始,陆征祥提出将会议做一记录,然后双方签押,以备考证。

狡猾的日置益为防止谈判内容泄密否定了这一提议,他强调:"此种会议,非如列国会议等重要之事件,必须作会议录,应仍照在贵部之普通交涉办理。盖如作笔记,则须多派人数,反多不便,不如俟有议定之件再行签押。"②

在开场白中,日置益厚颜无耻地把日本的侵略野心及行径美化为"亲善",在谈到满洲问题时公开挑明日本人对华的野心,同时又标榜没有侵吞中国领土之意。他说:"此次条约之中,有新案,有旧案,悉本亲善之意与贵国政府商议。本国一般之议论,有主张吞并满洲者,有主张分割中国者,此等议论,在贵国人民闻之必多

---

① 章伯锋、李宗一主编《北洋军阀(1912~1928)》第2卷,第805页。

② 王芸生编著《六十年来中国与日本》第6卷,第83页。

不快，然本国人民确有为此等主张者。是虽欲亲善，而仍不免生出误会。故本国政府以此等提出之条件，认为稳妥。又满洲地方之中日关系极为紧要，中国有中国自强之地位，日本有日本之优越地位，故时常因感情冲突，旋即生出误会。此次提出条件，以解除此等误会，正可表明本国政府无侵吞领土之野心。"① 日置益所言，正是此地无银三百两。

日本虽然是极其秘密地对华提出"二十一条"，但外间已隐隐约约听到了一些风声，有所议论，纷纷揭露日本的用心所在。因此，在谈判正式进行前，日置益还对所谓的"一二重要问题"予以"言明"。他说，最近有的报章议论日本政府此次提出条约，其中一种说法是，因中国撤销日德在华战区问题而发生，日本政府不以撤销战区事为然，甚至提出种种之要求。

日置益牵强附会地说日本提出"二十一条"要求并非图谋不轨，而是为了"中日亲善"，是日本的既定方针，日本政府提出此种条件，从事实上言之，为日本一定之国是。他被任命之日，即奉有此项训令。他转达日本政府的态度说，日本政府之方针早已确定，与此次欧洲战事、山东战事、取消战区等事全然无关。因两国之间事实上常有误会猜疑之处，今欲力谋亲善，不能不提出此种条件，以解除向来之误会及猜疑，并巩固两国之邦交。日置益强调，日本的意图早已向袁世凯总统和外交总长孙宝琦详细说明。日置益的这一申辩，正说明日本提出"二十一条"是其既定的侵华方案和步骤之一，更加暴露了日本的侵华野心。

---

① 王芸生编著《六十年来中国与日本》第 6 卷，第 85 页。

陆征祥对日置益的声明表示理解，但他指出，日本所提要求中有些条件是与欧洲有关的，如青岛问题等。"以此次提出条件，与报纸所载取消战区及国会解散并无关系，业已理会。所云解除误会及巩固邦交，本总长极为同意。但贵公使谓与战事无关，窃不能无疑。因有欧洲战事，故日本与英国会攻青岛，此次条件之中，又有关于青岛之事，何得谓毫无关系？"①

日置益被问得一时答不上话，只好一边狡辩一边威胁说："本公使正拟说明，惟有山东问题与欧战有关联耳。再本国政府之方针业经确定，内阁虽换，方针不变。本国政府以此次之要求，极为正当，必欲达到目的而后可。应请贵国政府同意。"②

陆征祥非常清楚日本的侵华野心，揭露了日本利用欧战乘机侵略中国的阴谋。一方面有利于督促日本尽快撤出战区，另一方面有利于中国争取美国等协约国的支持，为日后中国在巴黎和会、华盛顿会议提出解决山东问题和废止"二十一条"奠定了基础。

陆征祥表示对日本政府所持亲善之主义非常赞同，但他声明，以他个人的意见和观察看，此种条件，无论是否因取消战区或欧战或总统选举而提出都感触颇深。他指出，自己早就以中日两国为远东兄弟之邦，一切内政等事，均思仿效日本，故极力主张并希望中日关系的亲善，本国政府及国民也无不赞同"亲善"二字。既然处处可讲亲善，事事可讲亲善，何必于此时提出条件，才可称为"亲善"呢？他还指出，日本提出的条件中，有悬案，有新案，如

① 王芸生编著《六十年来中国与日本》第6卷，第84页。
② 王芸生编著《六十年来中国与日本》第6卷，第84页。

66

果是悬而未结之案，两国为邻近之邦，无论何时均可商办。如当伊集公使时代，所有长崎至上海间之海底电线问题及南满铁路通过国境三分减一纳税问题，中国政府一概本着亲善之意与日本解决。又如自己在国务总理任内，曾聘请有贺长雄为顾问，交通部亦聘请平井博士为顾问。细加研究，日本政府在中国没有不可以达到的目的，中国政府也从来没有过于拒绝，一切随时可以商办，并非提出如此之多的条件才能达到亲善之目的，否则还会惹起一般国民的注意与不满。因此，既然是"亲善"，应随事随时办理。

日置益一边虚情假意一边威胁说，此次条约中，无论是新案还是旧案，日本都是本着"亲善"的意思与中国政府商议。他强调，日本国民一般的议论中，有的主张吞并满洲，有的主张分割中国，中国人民如果听到这些议论，必然不快，但日本确实有坚持这种主张的。这样，虽然是为了达到亲善的目的，而仍不免生出许多误会。所以日本政府才提出这些条件，并认为是稳妥的。日置益企图掩盖日本的侵略野心，突出所谓的"误会"问题，以便使日本的要求看起来更冠冕堂皇。

事实上，陆征祥始终不接受日置益关于提出"二十一条"是基于中日亲善的借口，他表示，中国对日本事实上并无误会之处。即如双方已晤面数次，可自信开诚布公，以全力力求此次谈判之进行。再以个人而推及全国，亦莫不然。大总统以下并不猜疑日本。日本方面如果说是理想与事实不符，中国完全不能赞同此说法。

二 中日较量总体谈判还是逐条商议

第一次会议主要讨论谈判程序问题，这既关系双方利益，又与双方外交方针及手段密切相关。双方就逐号讨论还是逐条讨论进行了争辩。

夜长梦多，招致国际干扰，是日本的最大忌惮。因此，日本希望回到 1895 年《马关条约》谈判桌上的那一幕，即中国只能以"是"或"不是"作为答复，这是日本最大的谈判企图。交涉一开始，日置益就坚持要中方代表对"二十一条"整体内容表示态度，以诱使中方代表在最短的时间，将日方要求囫囵吞下。

日置益说："虽然自两国报纸上观之，舆论之感情极为相反。且第三国之人，就中日两国之关系上，亦常揣测两国感情之恶。总之，彼此见解不同，亦难尽述。此次谈判，本国政府力求从速进行，拟即就条件之内容开始谈判。但有应声明者，即请贵国政府逐号讨论也。即第一号第二号等是否同意之类。"①

陆征祥表示，中国对于与日本的交涉，相对于与其他国家的交涉而言，将格外从速研究进行。但事实上，陆征祥等人无论是从维护国家主权愿望出发，还是从执行袁世凯制定的交涉策略出发，在谈判中都竭力字斟句酌，讨价还价，并希望借此赢得谈判时间，在会外寻求转机。根据既定的交涉策略，他要求逐号逐条讨论。

日置益反复要求中国政府就每号主张是否同意先行总体表态。陆征祥总长则坚持逐条讨论，他指出："如一号为一条，无何等之问题，今一号之中有数条，而各条之事件又不同，是不能不逐条讨论。总之，本总长以诚意相商，彼此之意见互相接洽，即易于办理。又本总长对于贵公使尚可与以诚意之证据，盼望贵公使推诚援

---

① 王芸生编著《六十年来中国与日本》第 6 卷，第 86 页。

助。如有十分为难之处，尚希谅察。"①

日置益试图从第一号山东问题入手，先给中国设下圈套，他说："第一号为山东问题，似贵国政府无甚反对之处，先于主义上表示同意与否。如内中有字句意义不妥之处，随后可以商议。"②

陆征祥非常清楚日置益的用意，他坚持要逐条商议，并反驳说："第一号颇费研究。第一号第一条云，贵国政府拟与德国协定，是与欧洲战事有关。今欧战尚未完结，若中国政府先与日本订约，恐于国际关系有碍。当日俄战争时，亦系战事完结，日俄媾和后，日本始与中国议约，本总长于第一条之主张，虽无甚反对，但觉提议太早，似应俟之异日。"③

双方你来我往，互不相让。日置益威胁说："彼此商议之意业已理会，但本公使代表本国政府有不能不言者，本国政府于此事之全体，认为必要，请贵国政府从速进行方好。"④

陆征祥亦不甘示弱，再次表明态度："中国政府亦看重贵国政府之意，但贵国政府虽视为必要，而中国政府亦不能束缚其手，须彼此有商议之余地方可进行。"他强调："第一条有修改之处。第二条不让与他国一节，不应列入条文。中国政府因有前车之鉴，绝不愿以何项名目以土地或岛屿让与或租与他国也。第三条为建造烟台及龙口铁路问题。本总长之意，仍以逐条讨论为宜，请贵公使同意。如贵公使同意逐条讨论，现对于第一条有修正之处，拟即

---

① 王芸生编著《六十年来中国与日本》第6卷，第86~87页。
② 王芸生编著《六十年来中国与日本》第6卷，第87页。
③ 王芸生编著《六十年来中国与日本》第6卷，第87页。
④ 王芸生编著《六十年来中国与日本》第6卷，第88页。

提出。"①

日置益再次要求："拟先从大体讨论。第一条第二条贵总长已表示意见，第三条铁路事无大问题，第四条开埠地方随后商定，请于主义上先行答复。"②日置益又说："总之，按号按条，欲先询问贵国政府之意见，以后再行逐条商议。"陆征祥说明："此应请贵公使见谅，本总长于二十八日到任，二十九日拜外交团，三十日始行视事，时间甚少，未能详加研究。如能再缓一星期，可以全部研究，再行奉告。可否缓至下星期二？"③

陆征祥始终坚持，大致可以商议，但仍要逐条讨论，可期从速进行。他指出，第一条日公使如果同意，再逐次议及下条。否则，一条未了，又提一条，或因次条意见不合，牵及前条，反而有碍于谈判。

谈判至此，小幡插话说："谅陆总长早已有所研究，因自公使谒大总统后，已有许多时日矣。"④小幡是侵华极端分子。对日置益和小幡其人，时任袁世凯顾问的英国人莫理循曾从个人的角度加以评价。

1916年4月5日，在致时任英国《评论季刊》编辑乔·瓦·普罗瑟罗的信中，莫理循认为，日置益有能耐，懂道理，还精通英语，是一位具有非凡天赋的语言学家。日置益在朝鲜仅是一名小官员时，朱尔典就认识他。1901年我也已经认识他了。他代表日本

① 王芸生编著《六十年来中国与日本》第6卷，第88页。
② 王芸生编著《六十年来中国与日本》第6卷，第88~89页。
③ 王芸生编著《六十年来中国与日本》第6卷，第90页。
④ 王芸生编著《六十年来中国与日本》第6卷，第91~92页。

政府，于1903年10月8日，仿照1902年9月5日马凯条约的方式，同中国签订一个通商条约（《中日通商行船续约》）。

莫理循指出，小幡是个典型的侵略狂。"有种种迹象表明是个侵略成性的日本军人。我不得不说，他在北京的日本人中间，比日置益更受推崇，要使一个外国人理解日本人如何评价他们自己人的才能，那是难的，但是我在这里的日本知己告诉我，小幡的见解比起日置益的，很可能占上风。不管怎么，自从战事爆发以来，大大疏远了中国的就是经小幡之手提出的那些要求。在讨论去年1月18日提出的要求的会上，显然看出小幡如何压倒日置益。日置益常常表现出想讲道理的愿望，这时候小幡就打断他并提出一项比较不友好的办法，对此日置益每次都依从了。"① 如前所述，日置益是力主侵华分子，而小幡比他更为疯狂。

小幡的插话，使日置益对陆征祥的话也表示怀疑，他接过小幡的话，强调说："陆总长未到任前，为总统府之外交顾问，早已有所接洽。且为日已多，谓未研究，殊未可信。"②

中国外交次长曹汝霖马上回答："陆总长系细心研究之人，当日虽为高等顾问，而非当局者，亦不愿以有责任之事，擅自办理。此后总愿急速进行，并非有意延缓。"③

陆征祥表示，自己要对此次外交谈判负完全责任，非对条款加以详细研究不可。日置益要求每天开议。陆征祥表示，他非反对每

---

①　骆惠敏编《清末民初政情内幕——〈泰晤士报〉驻北京记者袁世凯政治顾问莫理循书信集》下卷，第546页。
②　王芸生编著《六十年来中国与日本》第6卷，第92页。
③　王芸生编著《六十年来中国与日本》第6卷，第92页。

日开议，但外交部星期三为接见日，外事繁杂，因此事实上不能每日进行，且精力颇为有限。

双方仍就是否逐条讨论进行了反复争论。最终双方各做一让步，同意先对"二十一条"整体发表意见，再进行逐条讨论。会议即将结束时，陆征祥要求日置益按国际谈判惯例带回中国所提第一号第一条修正案，但日置益拒绝接受。①

第一次会议刚结束，日方反应强烈，立即对中国的拖延策略表示不满，并通过驻日公使陆宗舆进行催促。

2月3日，日本外相加藤高明约陆宗舆密谈，解释所提条件，说明日本将坚持第五号，要求中国尽快予以解决。

是日，陆宗舆致电外交部，在电文中说：加藤声明，日本此次提出满洲条件，是日俄战争的结果，日本当然有此权利。至于东蒙、山东、汉冶萍及沿海各地不再租借等项，也都有权利提出，其余则为希望商订之件。加藤又说，为中日亲善起见，希望能迅速解决其中根本要件，这样，山东撤兵及电线、税关等枝叶问题，自然容易解决。他还指出，从中国外交部的态度看来，完全是在延宕时日。加藤还威胁说，有报告说中国内阁不久将发生变动，但既然现内阁未必遽退，如果一定要等到以后解决，那日本的要求将更大，而且这些条件并未满人意，中国只有迅速解决问题才是上策。否则，日本政府会另做打算。

密谈中，陆宗舆辩解说，中国坚持中日亲善方针，国民也非常希望日本遇事亲善有加，勿强人所难，否则反多矛盾和窒碍。对于

---

① 王芸生编著《六十年来中国与日本》第6卷，第92页。

满洲等问题，他个人以为此时没有提议的必要，而且如此重大的条件，关系到国家主权，政府自然应该慎重审量，斟酌国情民意，根本目的是希望有益于中日两国国交，绝非意存延宕。

但加藤并不理会中国的为难情形，而且对中国的谈判速度相当恼火，不断向陆宗舆催促加快谈判速度，以免夜长梦多。他还声明，此次交涉将不容他国干涉，并抬出革命党相威胁。对此，陆宗舆在电文中报告指出："渠又言两国新闻，言论庞杂，日政府业已力饬镇静，贵国则时论益张，且多漏密，时久则密益难保，如不速决，反恐枝节横生。又条件中并不妨他国利益，日政府并不容他国干预，袁大总统如有意联交，即或遇革命纷乱之事，日政府自应中政府希望，尽力援助，并非干涉。今日只求将鄙意代达，速盼解决。至谈判则自在北京云云。"①

当天，日置益派参赞高尾前往中国外交部，当面提出日本政府要求谈判从速进行。尽管中国在接下来的会议上发表了总体意见，但在日后的历次谈判中，中国代表仍然按既定方针，逐条与日本代表展开讨论，决不为日方的威逼利诱所动摇。

此后，袁世凯政府通过各种方式拖延谈判进展，以争取国内外的支持，对日方施加压力，在谈判中尽可能维护主权。对中国的拖延策略，日本方面加以恐吓，并增兵南满。3月8日，日置益专会曹汝霖，加以威胁。3月9日，外交部致电驻日公使陆宗舆，告知此阶段交涉大致情形：

---

① 王芸生编著《六十年来中国与日本》第6卷，第95~96页。

昨日日公使晤次长，言会议迁延，日本国之军国民势难再徇情。若于数日内对于重要各条无满意之承认，恐生不测之事。答以此次会议，我方力求从速，现允每星期会议三次，与上年俄约会议缓急迥异。惟此等重大事件决非极短时期所能了事。例如西藏会议，八月无成；恰克图会议，已逾七月告竣；即小村议约，亦有二十余次。此次仅历时月余，开议七次，而所得结果，如烟龙潍应向山东开埠，旅大展租，南满路约均已通过，不能再目为迁延。若再以其他手段相逼，实与维持和平互谋亲善之旨不符，切望察中政府用意，不误两国前途方针等语。查重要条件不外南满各条，政府对于南满收买期限分别定明，安奉不能并论，现拟撤回修正案，照南满提第一条完全同意。南满内居住贸易，期于不妨主权，另筹办法。耕作拟中日合办，垦务仿照采木公司之例。此于无可设法之中，为让至极点之办法。至东蒙地方，尚未完全静谧，现已宣布开议之赤峰洮南尚未实行开埠，将来商业渐兴，似可续议扩充。惟我对于旅大南满安奉完全同意，满洲内地居住贸易耕作亦拟有办法。对于实在难让之第五号，亦将互让一步，声明不议，以期从速了结。希面见加藤，详细陈说，速予同意，以期圆满解决，并探其口气有无日本公使所云情形。并密与有贺接洽，将中国看重元老意思，完全承认旅大南满安奉条件，并各条让步之程度，与日置恂喝情形，密陈元老，设法维持。南满换防，本应四月底举行，此次提前换防，是否含有他种野心，抑仅作虚声，详探电复。①

---

① 王芸生编著《六十年来中国与日本》第6卷，第185～186页。

电文指出，日本采取武力恫吓手段，中国迫于威压不断做出让步。同时，电文还表示，袁世凯已交代其顾问有贺长雄回日本接洽，希望通过他的沟通，取得日本元老势力的支持。但这一希望与行动无异于与虎谋皮，并没有取得实际效果。

第二节　中国发表对"二十一条"的总体意见

1915年2月5日，召开第二次会议。会议一开始，日置益直接要求中国从速进行谈判，对"二十一条"要求提出总体意见。陆征祥发表中国政府对"二十一条"要求的总体意见，即第一、第二号可以商议，第三、第四、第五号不予商议，特别是坚持不议第五号。接着，又逐号逐款说明了中国的意见。在以后的谈判中，中国代表基本上以这次会议所提意见为参照，与日方代表展开一次又一次激烈的辩论。

一　对第一号的总体意见：可商议，但目前商谈尚早

陆征祥指出，现在商谈第一号第一款为时过早。第二款，在上次争论谈判程序时，中国代表已坚决拒绝商谈，所以他解释说，因为中国绝不愿以自己的土地或岛屿让与或租与他国，才在前次会议将此款删除。不过，现在急需说明的是，对于此款，中国政府拟另行提出一款作为补充。

第三款，烟台或龙口建造铁路之事，可以商议，但中国政府持不同意见。由于中国与德国关于烟潍铁路曾有成议在先，中日协议必须与此项成议不相抵触，才能商办。日置益追问中德关于烟潍铁

路的成议内容是什么。陆征祥回答说，是中国建造烟潍铁路如借用外国资本之时，须先向德国商议。

陆征祥还说明第一号第四款亦可商议，但中国政府仍然另有意见。这些只不过是中国暂时的意见，一时是无法达成协议的。

二 对第二号的总体意见：可商议，但要慎重考虑杂居问题和吉长铁路借款问题

对第二号各条款，陆征祥语气稍稍缓和了一些。在中国政府看来，日本人在南满洲已经具有特别地位，似乎无须订定条约，但既然日本政府已经提出条件，中国为两国"亲善"起见，将于无可设法之中酌筹办法。

日置益问道："谓日人在南满洲已有特别地位，无法再行订约乎？"① 陆征祥解释："第二号之第一款为延长租借地期限事，本国政府多年以来受租借地之影响甚大，方冀期限一满，即行修改此项条件，本国政府仍为重视贵国政府之意思，可与磋商，但原约之期限系二十五年，又安奉铁路系十五年，南满铁路系三十六年，期限全然不同，将来讨论之时，尚当彼此细审。第二款，东部内蒙古因与南满洲毫无关系，拟提出另议。所云盖造工商业应用之房厂或为耕作云云，范围太大，又欲得土地之租借权及所有权，此与中国与贵国及中国与他国之条约不能无所抵触，因条约中除商埠外系不允杂居者，如能免除此种条约上抵触，未尝不可商议。"②

---

① 王芸生编著《六十年来中国与日本》第6卷，第100页。
② 王芸生编著《六十年来中国与日本》第6卷，第100页。

　　曹汝霖强调，因东部内蒙古系另一问题，因此可以另行提议。陆征祥又补充说明对第三款的态度："第三款删除东部内蒙古。本国政府对于此款之意见，与第二款略同。任便居住往来，即系内地杂居，此与条约大有关系。本国政府期于收回领事裁判权后，行内地杂居之制，贵国昔年曾亦如此。盖轻许日人任便居住往来，或恐他之外国人起而效尤。此款俟研究与条约不相抵触，再行商议。"①

　　陆征祥提出，对各款都要商议。对第五款，他说明，这一款如果将东部内蒙古删除，也可以考虑商议，但第二项所说的各项税课，范围太广，中国政府另有意见，而且中国的盐税和海关税早已经作抵。对第六款，陆征祥同样坚持除东部内蒙古外可以商议。对第七款，陆提出："查吉长铁路原系借用贵国政府之款所建造者，将来各项事业再向日本借款之事必多，若因该路系借日本之款，而不数年间，即以全路之管理权归之日本，恐于此后两国经济合办事业致有影响，中国资本家商人必皆闻而生畏，不敢再向日本借款矣。故为贵国政府设想，此款为不利益之举。"②

三　对第三号、第四号的总体意见：不予商议，第四号由中国政府自行宣言，无修正案

　　陆征祥就第三号发表意见："第三号汉冶萍公司事，该公司系商业之性质，外国政府对于商业公司均思设法保护，今中国政府不惟不保护之，而反以之与外国订约，殊觉为难。且现即定与贵国订

---

① 王芸生编著《六十年来中国与日本》第 6 卷，第 101 页。
② 王芸生编著《六十年来中国与日本》第 6 卷，第 102 页。

约，日后商民若起反对，反无以对贵国政府，此节应请贵公使体察之。"[1]他强调："碍难商议。本国政府对于汉冶萍公司已有种种为难情形，且该公司已借有日本之款，无订约之必要。"[2]

无论日方如何逼问，陆征祥都表示没有磋商的余地。随后，陆征祥继续发表对第四号的意见，并表示："第四号，本国政府碍难允商，因独立国绝无以沿岸港湾及岛屿让与他国之理，此节不便与他国约定。"[3]

四　对第五号的总体意见：完全否定，拒绝谈判

第五号是对中国主权侵害最为严重的。中国方面对第五号完全持否定和拒绝谈判的态度。外交次长曹汝霖曾记述袁世凯对第五号的意见：

> 日使辞出后，总统即对我说，日本觉书（指"二十一条"——引者注），留在我这里，容我细阅。余即回部。翌晨即召集外长孙宝琦、秘书长梁士诒、政事堂左丞杨士琦及余四人到府面谕。总统说，日本这次提出的觉书，意义很深，他们趁欧战方酣，各国无暇东顾，见我国是已定，隐怀疑忌，故提此觉书，意在控制我国，不可轻视。至觉书第五项，意以朝鲜视我国，万万不可与他商议。又说，容我细阅后再交部。各人唯唯，听命而散。……越日召我入府，他说我已逐条细阅批

---

① 王芸生编著《六十年来中国与日本》第6卷，第102页。
② 王芸生编著《六十年来中国与日本》第6卷，第103页。
③ 王芸生编著《六十年来中国与日本》第6卷，第104页。

示，你与子兴（指接替孙宝琦任外长的陆征祥——引者注）
即照此商议。觉书分五项……总统逐条用朱笔批示，极其详
细，现只能记其大意，并嘱开议时，应逐项逐条商议，不可笼
统并商。①

　　在第二次会议上，发表完对第四号的意见，陆征祥问日置益，
第五号，日本方面称是劝告性质的，是否需要发表意见？日置益要
求中国仍需发表意见。陆征祥便表明中国的态度："第五号中于本
国主权有关系之事件甚多，不能商议，如聘请顾问买办军火之类，
中国政府本可自行斟酌办理。第一次会议时业经谈及，现如郑永昌
为盐务顾问，郑永邦为咨议，中国政府遇有必要之时，未尝不聘请
顾问，但无受外国强迫之理。所幸此次贵国政府系劝告之意，如能
取消，最为希望。"②

　　日置益对这一说法不满，要求陆详加解释，并逐条发表意见。
陆征祥指出："第二条土地所有权，为中国之领土关系。第三条警
察权，系一种之行政权，为中国之内政关系。第四条军械，为一国
重要之物，且事实上中国距贵国最近，将来必须购买之时，如果价
廉物美，自然向贵国采办。第五条铁路事，多系借款办理，无以建
造权许与外国之理。第六条军港船厂，关系最大。第七条布教之
事，民国以来人民有信教之自由，贵国教士来华布教，自亦欢迎，
然无规定之必要。"③

---

①　曹汝霖：《一生之回忆》，香港：春秋杂志社，1966，第116页。
②　王芸生编著《六十年来中国与日本》第6卷，第104页。
③　王芸生编著《六十年来中国与日本》第6卷，第104页。

日置益迫不及待地打断陆征祥的话，并问陆征祥所说的教士，是否指日本僧侣而言。曹汝霖肯定地回答说，是专指日本僧侣而言。日置益问，为何美国、法国传教士可随意前往中国内地传教？陆征祥回答说："此节应请贵公使见谅，因从前教案最为繁多，青岛租借地之事，即因教案而起，言之最为痛心。中国前以传教之事订入条约之中，亦系为外国所强迫，不得已而为之。现因教案过多，明白大势，不愿再以此事订之约中，且希望改正前之条约。贵国从前亦曾受传教之影响；谅已鉴及。贵国与我国同一佛教，自无反对之意，惟不欲订入约中耳。现在虽无成约，日本僧侣亦未尝无来华传教之事实。思中国与贵国之间，向无教案之交涉，是为一大幸事。教徒彼此互换学问，未始不可，若必欲订入约中，则因之生出教案交涉，是反多事矣。认为不必要。"①

日置益要求陆征祥从第五号第一条开始，做一详细表态说明。陆征祥表态如下：

第一条聘请顾问之事，"中国政府拟自行斟酌办理，不必订约，即于必要之时随意聘请，如聘请有贺博士为顾问之类"。

第二条土地所有权之事，"此为中国领土权之关系，难以商议。虽无成文之规定，而事实上学校病院等已有永租办法，如大和俱乐部小学校及同仁医院等，即系如此办理"。

第三条警察之事，"警察为中国之行政权，碍难允议。凡一国之警察，可被外国干涉，惟南非洲摩罗哥一国，他国无有也"。

第四条军械事，分为二种，日本提出的要求是：一由日本采办

---

① 王芸生编著《六十年来中国与日本》第6卷，第105页。

军械，一在中国设立军械厂，聘用日本技师，并采买日本材料。"此二者均难商议"。

第五条铁路建造权，"此条碍难商议。一因日本一国欲有中国数省之铁路建造权；一因中国曾与他国订有成约，不无冲突之虞，盖有两种之困难也"。①

对铁路建造权，日置益强调，建造权如改为借款修造，似乎与其他国家没什么关系。陆征祥则强调，借款修造，固无不可，但既然与外国有约在先，路线会存在冲突，仍难允议。

对第六条，陆征祥解释说，路矿海口船厂均包括在内，如果日本如此，则其他各国也将起而效尤，那中国将无法应付。

接着，日置益要求商议第五号。但陆征祥毅然回答，第五号全部不能商议。他指出："今第五号之大意，业经遵贵公使之意思，详细告知。贵国政府所注意者，系订立条约一部分之事，本国政府对于条约一部分之事，提出意见，愿与商议。现拟逐条讨论，以期进行。"②

日置益最后要求中国提出整体修正案，以利日方比较研究。陆征祥解释说，中国要费很多时日才能全部提出，又因有条约的关系，不能不详细研究，一时难以办到。

五　中国做出让步，提出第一次修正案

1915 年 2 月 9 日，中国外交部提出第一次修正案。修正案中宣

---

① 王芸生编著《六十年来中国与日本》第 6 卷，第 105 ~ 106 页。
② 王芸生编著《六十年来中国与日本》第 6 卷，第 107 页。

布：第四号由中国政府自行宣言，无修正案；第五号碍难商议。

日置益对中国修正案颇为不满，并大发雷霆。又经几次交涉，外交部做出让步，同意将第三、第四号列入讨论范围。

中国之所以敢于坚持第五号不予商议，是因为日本政府做贼心虚。当日，曹汝霖电告陆宗舆有关情况：根据俄国公使的密告，日本已通告俄国大使及俄国政府，但通告内没有提到第五号各条，第二号内也没提到税租不得抵押一款。加藤还称，第二号内满蒙内地杂居，似乎也较难办理。而且，日本公使提出此次提案时，曾声明一二两号绸缪订约，三四两号互换文书，五号系劝告性质，希望实行等语。既然日本政府不承认事实上提出的第五号要求，中国完全有理由予以拒绝。

在日本的陆宗舆此时断定日本一时没有向中国开战的动向，他在 11 日给外交部的电文中说：日本朝野均无与中国启衅之意，故而，坚决要求拒绝开议第五号，同时毋须声明理由，以免日本乘机寻找战争借口。

日本一再逼迫商议第五号，并表示不议第五号则不能继续开议。中国则始终坚持不允商议第五号。外交部令陆宗舆向日本外相重申中国的态度。

1915 年 2 月 12 日，陆宗舆访晤日本外相加藤，再三说明中国政府同意商谈前四号，已是让步达于极点，万难再议第五号。

加藤说，第五号中有多条中国现在都与各国实行，为何独止于日本？如警察欲聘瑞典顾问，何独不聘日人？陆宗舆回答说，因中国与各国的亲善关系，诚有实行之事，而对于日本实行的则更多，如果与一国专门订立条件，则丧失国权自由，万难允议。加藤说第五号为中国政府任意实行，不为明约亦可，但决不能全体拒绝。他还说：五号三铁路，两为旧议，何妨实议。三号以日资所在，政府如不见谅，当以实力保护。四号则全为保全中国领土起见，日本并无所利。二号除开东蒙之议，万难照允。对满蒙条件，他说，中国实际上已将外蒙送出给俄国，而青岛乃是日本战胜而得，中国没有要还之权利。若日本另为中日关系起见，或尚有相当之考量，但看中政府应允程度如何。

两人反复辩论，加藤甚至多次使用迫胁之词。但陆宗舆在致外交部的电文中仍提出自己的意见，请求坚持不议第五号，而宁愿再议其他各号。

在中国北京，日置益不断逼迫中国外交部就第五号进行商议，外交部始终不予松口。2月17日，外交部将这一情形告知陆宗舆，要他再次向加藤说明中国的为难处境和所持态度。

　　昨日日公使奉训来称：中国政府不能商议第五号理由，日政府殊难了解，力请对于第五号中国政府允以可与商议云云。答以第五号碍难商议各情，业已一再详细说明，此次条件，日政府力催速议，我以条款纷繁，逐条分期讨论，以期议一条得一条之结果，贵使力请先发表大体意旨，当即勉从。贵使又请先将一二号区别愿议者，同时提出修正案，再议，又照办。嗣贵政府尚不满意，力请再加考量，中国又于困难中顾念力求亲善之意，允将三号为主义上之商议，并言明第四号之办法，实于五号之中已允商四号，让步不可谓不多。第五号各条中亦有业已实行者，惟不便预为约定，致近束缚政府自由之行动。万

一他国效尤，尤为彼我之不利。此次会议，贵使来访一次，即
与商一次之效果，谈判一次，即有一次之让步。中国诚实友好
之意，谅贵使所洞悉，此次务请转达贵政府，原谅中国政府实
在为难情形，勿过坚持，益征我亲善互让之意，盼望早日开议
等语。希本此意，婉告日外郡。①

2月18日，陆宗舆致电外交部，告知加藤以为中国完全拒绝
商议第五号，日本政府将非常难堪，体面全无，他也将因此视中国
政府为毫无诚意。

几经折冲，时至22日第三次会议，日方代表才勉强将中国关
于第一、二、三号的修正案收下，转达东京。

第三节　关于山东问题的折冲

日本对华所提"二十一条"要求苛刻，内容繁杂，每次会议
谈判的内容涉及面都比较广，但一般会以某一号或某一款或几款为
主。山东问题主要在第三次、第四次、第五次会议中讨论。

一　关于德租胶澳租借地专条的交涉

由于中国对第五号坚持不议，谈判一度中止，2月22日才开
第三次会议。

日置益提出讨论第一号各条，首先质问中国修正案中第一条

---

① 王芸生编著《六十年来中国与日本》第6卷，第112～113页。

"除德租胶澳专条第一段外"的用意为何，是不是除胶澳租地外，胶州湾仍为德国的租借地。陆征祥说明，是指租借地的问题，这在第二项中已订明，是要将胶州湾交还中国。

日置益又问：第二项所说的承认前项利益时交还中国，必须先交付日本，然后才能交还中国。如第一项将胶澳除外，则不归日本所有，何能交还中国？

陆征祥解释说：因日本国政府有交还青岛之宣言，中国政府尊重日本国政府之宣言，故有除胶澳外一语。但此是将来的事，必须得到中国政府承认前项的利益才能办理。

中国要求德租胶澳租借地直接归还给中国，但日置益仍然强行狡辩说，必将租借地归日本，才能交还中国。将来日本与德国商议时，若有除胶澳外一语，则胶澳仍为德国所有。

二　关于德国原在山东铺设铁路权的交涉

在第三次会议上，日置益还提出，原案条款中德国之铺设铁路权系延长至山东省外，中国政府之修正案则指山东省内，仅以山东为限，故应仍照原案规定。

陆征祥则指出，铁路事将来如何商议，不得而知。而且，按中德条约只有权敷设两条铁路，一条由胶州至济南，一条由胶州至沂州，第二条铁路已被取消。

日置益要求按成案办法及习惯处理铁路延长的权利。陆征祥强调，习惯在内，关系甚大。但只能言与德国原来的关系，而非日兵到青岛后所生成的习惯。谈判未能就第二项达成协议，陆征祥要求日置益明确表明态度，但日置益坚持以后再议。

第四次会议开始，日置益首先提出第一号第三款铁路问题。陆征祥答复说，前次会议以后，中国又经详加考量，以为中日合办一节万难办到。因为交通部已定有不允许合办的章程，自己不能随便破坏章程。他还希望日本政府接受中国政府的修正稿。

日置益不管中国政府内部规章制度如何，坚持要求合办。陆征祥进一步辩驳说，中国政府已详加考量，对于德国也是予以借款权，无合办之情形。日本原想继承德国的权利，自然不能越出德国权利范围以外。若超出其范围，则其他国家必有异言，将使中国政府甚为为难。

日置益追问中国政府坚持不予合办，除交通部有不允许合办的章程外，是不是还有别的理由。陆总长对此解释说，日本国欲在山东得到德国权利范围以外的权利，而且想在山东问题外又牵及南满问题，两方面都希望中国让与权利，恐怕中国不能使日本政府满意。至于交通部的章程规定只允许借款造路，这不是专门针对日本一国而言，对其他友好国家也是如此。因为与外人合办铁路，对于自己的建造权有妨碍，所以交通部的章程仅给予外人以借款权，正是为了保存自己的建造主权。

听完陆征祥的回答，日置益再次表示，这些意见和理由都很不错，但日本仍希望合办。

2月28日，中日双方代表召开第五次会议。在第五次会议上，日方拟推翻前次会议所达成的协议。

会议开始，日置益说明，经请示日本政府，前次会议所讨论的第三款铁路问题改为借款主义，表示同意。并已将第四款改为：所有应开地点及章程，中国政府与日本公使预先妥商决定。他强调，之前有关东三省会议录所载章程事与日本接洽，今已查明系商妥字样，并非接洽字样。陆征祥表示坚决不能同意删去"自定"字样，他指出："东三省会议录系云由中国自定，与日本政府妥商，并无决定字样。"日置益狡辩说："由论理上言之，既经自定，则不能再行更改。虽云预先接洽或妥商，亦属无谓之文字，故应由贵国政府拟具草案，与日本妥商，然后决定。"陆征祥声明："虽云自定，亦系拟定草案之意，前东三省会议录中既有自定之先例，可照办理。"日置益则强调："本国政府训令以前次所拟互换文件之草案稿，不成文理，故拟于修改字句，请贵政府同意后，第三款始可按借款主义相商。"陆征祥强调："前次所议，宗旨相同，写法不同。虽云由中国自定，亦与日本公使接洽，今如欲改接洽字为妥商，则应仍留自定字样，因前次之草稿已由本总长报告政府也。"日置益仍然要求删去"自定"字样，加入"决定"字样。曹汝霖指出，所有应开地点及章程，必须由中国政府自行拟定，但可预先与日本公使妥商。他说明："此项章程非商定不能实行，加入决定字样与否，其结果一也。且前次所拟草案，业经报告政府，不便多改。又接洽与妥商之意，自行拟定与自定之意同也。"① 日置益拒绝接受中国的草案，并说反复请示政府会耽误时间。

陆征祥问第三款能否按中国修正案定。日置益强调要先商议好第四款，再议第三款，"第三款之写法，另行商议，必第四款之写法先行议定，则第三款可由合办主义改为借款主义。况第四款之地点及章程事，并不以明文订之约中，系以互换文件之法行之者，于

---

① 王芸生编著《六十年来中国与日本》第6卷，第148～149页。

贵国政府似无不便之处"。①陆征祥则强调，要先知道第三款的写法，才能参酌第四款。经反复争论，日置益不得不同意先议第三款。他提出一草案如下：中国政府允准与日本政府商议，借用日本国资本，建造烟台或龙口接连胶济路线之铁路。针对这一草案，外交总长陆征祥提醒日置益注意前次会议时所说的"自行建造字样"。并由曹汝霖就这一问题写了一草案：中国政府允准自行建造由烟台或龙口接连胶济路线之铁路，如德国愿抛弃其烟潍铁路借款权之时，可向日本资本家商议借款。日置益看了曹汝霖的草案后，要求中国接受日本的草案，不必特别强调中国与德国的关系，但由于中国本有自造铁路的资格，因此同意加入"自行建造"字样。陆征祥提议，第一款、第二款都与德国有关，既然第一、二两款可留待以后再议，那第三款也可日后再议。日置益要求先定大纲。

陆征祥坚持中国决不能在谈判中丧失主权，他强调："借款向日本商议，至路线不向日本商议，因自己之铁路与他国商议，有碍主权也。"日置益则认为，建造之事系允准中国自行建造，仅路线之事与日本商议，似乎对主权没有妨碍。陆征祥指出，既然为自行建造，则没有与日本商议的必要，这就如一主人想在家中开一扇窗户，"允行自造铁路，犹于屋中开窗。开窗之事业已允，至于高处或低处开之，房主本有自由。今中国政府允自行建造铁路，是已尊重贵国政府之意思，若再要求以路线商议，则于中国之主权有碍矣。且修造铁路必为商务发达之地方，将来何处商务发达，自可斟酌办理"。"开窗之目的系取其光线，建造铁路之目

---

① 王芸生编著《六十年来中国与日本》第6卷，第150页。

的系取其地方之商务发达，如该地方之进口货不多，则商务不能
发达，自无建造之必要。犹如开窗，如光线不足，则目的不能达。
今但求光线足可用矣，或高或低不必计也。又造路系借日本之资
本，日本之资本家以此路不能发达商务，自亦不允借款。"日置
益坚持要求中国允许商议路线，对德国的借款权可以采用互换文
件或订立密约的方法。陆征祥指出，欧战尚未结束，中国与交战
国之关系尚未断绝，如果先与日本商定修路线路及借款权等事
宜，"难保德国不起而质问，故加入德国借款一语，亦系预约之
意。将来日德不能协定，仍可应作为无效。此纯系为中国之地位
着想，于日本并无妨碍"。①

双方各为其主，始终坚持自己的主张，关于德国原在山东铺设
铁路权的问题没能达成一致意见。

三　关于日德在中国山东战事赔偿问题的交涉

中国修正案第二款为日德在中国山东战事的赔偿问题。日置益
以1904年日俄战争没有赔偿为由，表示拒绝此款修正案，要求删
除。陆征祥指出："贵国此次用兵胶澳，本国要求赔偿之理由，因
情形不同，贵国政府提出条件，除山东问题外，又牵及南满问题，
条件甚严，不应援日俄战争之例。自本国政府划出战区为好意之中
立，人民异常痛苦，日兵之在山东烧屋杀人，屡见不鲜，贵国政府
既欲巩固两国之亲善，对于人民之损失予以赔偿，亦足以联络国民

---

① 王芸生编著《六十年来中国与日本》第6卷，第148~155页。

之感情。"① 日置益回答说，道理是很明白，但难以同意。

第三次会议就此款反复争辩，但最终未能达成一致意见。

四　关于日本在山东开商埠的谈判

2月25日，开第四次会议，谈判第一号第三、四两款，其中主要是关于开商埠，日本企图强行要求中国接受第四款，但中国坚持商埠章程自定。

在第四次会议上，日置益要求将第三款暂行搁置，先议第四款，声明日本不能同意中国修正案中规定应开地点不允协定和商埠章程由中国自定的两点条件。

陆征祥总长声明，修正案的规定，是自开商埠的方法，日本政府提出的原案，本有自开之语，所以地点应由中国自择，章程应由中国自定。日置益辩解说，日本政府提出原案之理由，系劝中国政府自开商埠，但地点及章程则均须协商。

陆征祥指出："多开商埠为发达地方商务起见，亦本国政府之所甚愿，故已于济南、潍县、龙口、周村等四处，设法自开，所费不资。每埠之开办费约一百余万元。今贵国政府又欲中国政府再行自开商埠，本国政府又看重贵国政府之意见，允行自开，但由中国政府自择合宜地点，贵国政府似无不可以同意。至订定章程一节，当然按照向来之约章，给与外人以居住贸易之利益，自无与贵国协商之必要。"②

---

① 王芸生编著《六十年来中国与日本》第6卷，第125页。
② 王芸生编著《六十年来中国与日本》第6卷，第134页。

日置益又借口说中国自定章程容易引起外国抗议，要求彼此协定。陆征祥态度坚定地说，自定章程如果与外人协商，则严重妨碍中国主权。

双方相持不下，日置益又提出："前段应照原案订入约中，谓中国政府允诺为外国人居住起见，从速自开山东省内各主要城市，作为商埠。"①

在谈判的节骨眼上，条款中每一个字都是一字千金。在中国方面看来，"居住"和"通商"带来的后果是完全不一样的。陆征祥强调："修正案与原案所差无几，可照修正案定之。即去居住贸易字，改为通商字。因既可通商，当然可以居住。至以主要城市改为合宜地方，亦无甚差异。"②

日置益坚持按日本原案前段订入谈判条约中，至于地点与章程则另外以互换文件的办法处理。陆征祥也坚持中国的意见："不能用协定二字，可照东三省之例，用接洽字样。"日置益要求："先将主义言定，文字或用协定或用接洽，再行斟酌。"③ 陆征祥则始终坚持章程由中国自定，与日本接洽。

高尾问曹汝霖，开埠地点问题怎么解决。曹汝霖说按总长的意思，一是地点自择，一是章程与日本接洽。小幡提出，如果地点自择，则必须有此款之规定。曹汝霖回答说，此款的规定，本为外国人之居住贸易起见，并非专为日本人而设。小幡又厚颜无耻地说，主要为日本人设立。

---

① 王芸生编著《六十年来中国与日本》第 6 卷，第 137 页。
② 王芸生编著《六十年来中国与日本》第 6 卷，第 137 页。
③ 王芸生编著《六十年来中国与日本》第 6 卷，第 137 页。

双方为这一条款字斟句酌，互不相让。日置益强调地点自择与日本政府的宗旨不符。陆征祥再次强调："贵国政府要求中国自行开埠，倘允诺而不实行，反为不妥。故地点自择，正系中国出以审慎，以尊重贵国政府之意见也。"①他要求按修正案定。日置益不同意，说："以中国自开商埠之宗旨订入约中，其地点及章程，以文书规定，是已表示让步矣。"②

对开商埠条款中的一些用词，经反复交涉，中国要求日本使用"居住""预先"两词，日本则要求中国使用"自定""接洽"。双方商议草写第四款，文句为："中国政府允诺为外国人居住贸易起见，从速自开山东省内合宜地方（一二处）为商埠。"并决定以文书或节略互换："所有应开地点及章程由中国自定，预先与日本公使接洽。"③

但草案写成后，日置益对"一二处"三字深感不满。他提出，如删去"一二处"字样，那么日本将使第三款借款修造办法令中国政府满意。

陆征祥强调："第三款为借款权，第四款为贸易权，均于日本有利益，而第一款第二款稍于中国有利益者，则从缓议，殊嫌未合。"④他又提出："第三款果能让步，第四款始可照贵公使之意思办理。"⑤

狡猾的日置益设法推辞说："第三款非按照修正案办理，仅由

---

① 王芸生编著《六十年来中国与日本》第6卷，第139页。
② 王芸生编著《六十年来中国与日本》第6卷，第139页。
③ 王芸生编著《六十年来中国与日本》第6卷，第140页。
④ 王芸生编著《六十年来中国与日本》第6卷，第141页。
⑤ 王芸生编著《六十年来中国与日本》第6卷，第142页。

合办而改为借款之主义，至如何磋商借款之法，自应俟本国政府之训令再行商议。"陆征祥也不甘示弱，他提出："贵国政府须有训令让步，方可商办，否则第四款仍加入一二处字样。"①最后，他要求将第四款声明暂行保留。

然而，日本出尔反尔，很快就否定了在这次会议上达成的协议草案。中国开始不断地让步，到第六次会议时，修正草案才使日本基本满意。

3月3日，开第六次会议。会议开始，陆征祥告知日置益，中国政府已将第一号第四款互换文件部分修改为：所有应开地点及章程，由中国政府自拟，与日本公使预先妥商决定。既然中国政府已做出重大让步，日置益等人对此表示无异议。

第四节　关于日本在南满、东蒙优越地位等问题的交涉

日本对华"二十一条"要求第二号突出"日本国在南满洲及东部内蒙古享有优越地位"。日置益及加藤在不同的场合说明提出"二十一条"要求的理由时，都再三强调这一点，企图以此攫取更多在华权益。

一　关于日本在南满及东蒙优越地位条款的交涉

第一次会议时，日置益就强调，满洲地方的中日关系极为紧

---

① 王芸生编著《六十年来中国与日本》第6卷，第141～142页。

要，在这里，中国有中国自强之地位，日本有日本优越之地位，因此，时常因感情冲突，旋即生出误会。这次提出各项条件，正是为了解除此等误会，也正可表明日本政府没有侵吞中国领土的野心。

陆征祥不为日置益所惑，他指出："两国人民之间虽有议论，而政府之方针既定，绝不为所摇惑。如因舆论而提出许多条件，殊为可异。盖现在中日两国并无误会猜疑之事，我国自大总统以下以及各地方长官，均无猜疑日本之处。即如南满洲一带，安奉铁路吉长铁路当日均有良好之解决。至优越地位一节，日本在南满洲不过继续日俄之条约关系而已。且自条约上最惠国条款之意义观之，日本之地位当然与中国之自然地位不同，故优越地位一语，尚须详加研究。本总长向喜开诚布公，以为两国之间并无误会及猜疑之处。"①

2月25日第四次会议中，日置益提出，第二号原案中原有东部内蒙古在内，但陆征祥第二次会议时曾说明准备另议，而中国却在修正案中将东部内蒙古删去。他坚持中国应该保留东部内蒙古条款。日置益还声明，在日本政府看来，东部内蒙古与南满洲在历史、地理上均有密切的关系，而中国以为毫无关系，完全不可理解。

陆征祥回答说，当时所说准备另议，是因为东部内蒙古与南满洲毫无关系。他针锋相对地指出，日本政府以东部内蒙古加入南满问题之中，日本政府之主义，中国政府亦不了解。他还指出，日本政府此次提出第二号条件，不外根据日俄条约，以延长旅大租借地

---

① 王芸生编著《六十年来中国与日本》第6卷，第85~86页。

及南满铁路之期限为目的。

日置益提出，日本不仅以延期为目的，而且鉴于南满及东部内蒙古现在的状态，要订立条约以确定之。日本在南满及东蒙有优越地位，且为各国所公认，其根据是自日俄战争后订约以来，日本即在南满及东蒙享有优越之地位。至于日本与各国的关系也有种种证据，如五国银行团商议大借款时，日本银行代表曾声言日本不允许以南满税课作抵，四银行团对此都无异议；又如英国商人曾准备在南满内蒙建造铁路，但经日本政府抗议，英国政府乃禁阻其商人建造。这就是各国公认日本优越地位的证明。

陆征祥回答说，日本在南满的地位，已有中日善后条约规定，租借地之展期，也是根据条约而定，至于东部内蒙古则无条约可以根据。虽然第二次会议时说过东部内蒙古可另议，但指的是不能同时提议，否则中国就颇觉为难。陆征祥还指出，日本所谓的优越地位事实上是不存在的：日俄战争结束后，小村大使会议时屡次声明，在南满地方不背机会均等主义，又朴茨茅斯条约第三条，日本亦令俄国声明不得有碍开放门户机会均等之主义，且不得妨害中国之主权，并未提及优越地位。

日置益始终强调日本的优越地位，但陆征祥坚决不予承认。日置益便威胁说，日本政府视此点为最重，如果中国政府不承认日本的优越地位，则第二号之各条款都不能讨论。陆征祥丝毫不肯让步，说只要是对于条约主权无妨碍的，中国无不承认。而中国对此节业已再三考量，实属为难。日置益见陆总长不肯松口，便强行提出："第二号之总纲，贵国政府亦提出修正案，本国政府初拟请照原案同意，今贵国政府既有不便，兹拟修改如下：日本国政府为尊重中国在南满洲及东部内蒙古有完全领土主权，又中国政府承认日本国在南满洲及东部内蒙古享有优越地位，兹议定条款如下。"①陆征祥表示坚决不能同意，双方只能决定留待下次会议再议。

在第五次会议中，除续谈第一号第三、四两款未能定案外，继续交涉第二号之优越地位及东部内蒙古问题，仍无结果。

二 关于第二号总纲日本修正案的交涉

由于难以达成一致意见，日置益只得提议先议第二号总纲，他问陆对日本修正案的研究结果如何。

陆征祥回答说："本国政府对于贵公使提出之草案，业经详细考量，优越地位实与机会均等之主义冲突，轶出寻常条约范围以外。且优越即有最高之意，与主权亦有妨碍，碍难同意。至于东部内蒙古字样，于第二次会议发表意见时，曾云南满洲与东部内蒙古不能同时讨论。南满洲因日俄战争之结果，尚有条约可以根据，东部内蒙古则无可根据之条约。此次南满条件如此之多，本国政府尊重贵国政府之意思，允与商议，仅请除去东部内蒙古字样，是已格外让步。贵国政府提出南满问题，而又欲牵及东部内蒙古，万一他国亦以同一之论据，来相要求，则使中国政府为难，与贵国政府所云亲善之意不符。至优越地位，他国仿而效之，更属危险。"②

日置益始终不承认日本的优越地位与各国的机会均等主义存在冲突。陆征祥反驳说，如果意见不合，不能达成协议，不如不议。

---

① 王芸生编著《六十年来中国与日本》第 6 卷，第 146 页。
② 王芸生编著《六十年来中国与日本》第 6 卷，第 155~156 页。

他还指出，在他看来，所谓的优越地位，似乎在条约以上另有一特别之地位，是高于领土主权之上，故而碍难允认。

日置益再次威胁说，如果中国政府不予同意，那么"此次交涉恐难圆满进行"。陆征祥不为所动，他表示，日本提出无理条件，使中国实在处于为难情形："贵国政府此次提出条件，原系亲善之旨，且中日有善邻之谊。贵公使适言旅大租借地为优越之证，查他国在中国亦有租借地，如亦仿照日本要求优越地位，中国将何以应付？至东部内蒙古之事，本国政府亦实觉为难。总之，所重者在条文中之权利，不必在总纲一段，请将本国政府为难情形，电达贵国政府。"① 日置益仍强词夺理地质问："贵总长或恐有优越字样，再为他之要求。其实不然，因事实上已有优越地位，特明认之而已。若云他国亦要求优越地位，他国现无此优越之事实，可不必虑。又东部内蒙古事，贵国政府所云为难者，究有何种理由，殊不可解。且贵国政府有以蒙古事与他国订约之先例，何独不允日本？"陆征祥回答说："贵公使之言，谓向有优越地位，特请承认而已。既向有优越地位，则无承认之必要。又东部内蒙古，贵国政府提出之理由，本国政府亦不了解。至以蒙古事与他国订约一节，系革命时倡言独立，与外国订约，经本国政府取销之，甚费周折，是为特别情形，未可概论。且东部内蒙古，现并无此事实。"② 随后，他表示中国政府已费尽苦心，将再加考量，但希望日本能注意中国的为难情形。

---

① 王芸生编著《六十年来中国与日本》第6卷，第156～157页。
② 王芸生编著《六十年来中国与日本》第6卷，第157页。

会议至此，毫无结果。谈判时间已近结束，日本代表只得离开
会场。

三　对日本收买南满铁路和租借安奉铁路期限问题的争执

3月3日，开第六次会议。对第二号，陆征祥在谈判中同意第
一款中将旅大租借地和南满铁路全路退还期按原案展期至99年。
对日本收买南满铁路和租借安奉铁路的期限问题双方仍争执不下。
争执的过程及主要内容如下。

会议中，日置益要求会议决定将来日本收买南满铁路的日期，
陆征祥则以为"将来收买与否，临时商议"，因为收买之事，事实
上是不易办到的。

小幡向曹汝霖"抗议"说，中国政府之修正案，不将收买期
限加入，为巧妙之写法，似非诚意相商之道。曹汝霖回答说，此次
不将收买期限加入，实有为难情形，并非巧妙之写法也。陆征祥指
出，中国政府不能同意日本的原案，是因为"本国政府系为对付
国民起见，并无他意"，否则一般国民和外国人都将猜疑，难以
应付。

对安奉铁路，陆征祥希望日置益同意中国的修正案，但日置益
坚持按原案办理，说日本政府对于安奉铁路事认为必要，是因为安
奉与南满系同一之经营，若不同一经营，则有种种不便，故原案欲
定同一之期限，即是此意。陆征祥提出异议，要求将来再议，说期
限与经营并无关系，中国政府亦非绝对不允许展限，不过俟到期后
再行商议，凡商议事件，须分轻重，只不过是手续之先后问题
而已。

日置益提出中国可将安奉路另提一款，并强调说："此为铁路历史上之语，至事实上则与南满铁路朝鲜铁路均系同一之经营，将来既允展期，此时商议，亦无不可。"① 陆征祥反驳说，安奉铁路虽然与南满铁路同一之经营，而情形不同，原约中并无展期之语，总归希望多一机会，以备异日商议。他还说，如果使安奉铁路为中日间留一余地，既可以保全中国的体面，又可于八年以后再相商议。何况这对日本的经营并无任何妨碍。陆征祥还指出，假如完全应允日本的要求，必为其他国家提出类似要求所比附，"安奉铁路展限，约中并无明文，今提出修正案，即系看重贵国政府之意思。譬如中国与他国订定之合同，均无展限之明文，今以无明文可以展期，由日本首先开端，他国复来要求，其将何以应付？虽南满铁路亦无展期之文，然有外人质问时，尚可答以南满铁路与旅大租借地有密切之关系，他国之在各省并无此例"。②

日置益又牵强附会地说，既然南满铁路系日俄之约，可以展期，那么，安奉铁路为中日之约，为什么不可以展期？小幡威胁说，将来再行商议，必起争执，恐不利益。曹汝霖回答说，既然已定明将来展限，日本应该可以放心。

见这一问题难以解决，陆征祥转移日方的注意力，问日置益是否同意第一款的修正案。日置益仍要求加入收买期限。日本的要求完全超出了中国政府既定的接受底线。陆征祥说，第一款与收买期限没有任何关系。曹汝霖插话说："租借地展期至三倍之多，南满

① 王芸生编著《六十年来中国与日本》第 6 卷，第 164 页。
② 王芸生编著《六十年来中国与日本》第 6 卷，第 167 页。

铁路又云展期，已与中国政府之方针不符，又欲将安奉铁路展限，自此情形观之，系欲以朝鲜铁路一面可通安奉，一面可达东京，殆非专为铁路之统系关系，不啻为日本之土地展长线，况安奉铁路性质不同，原约中并无展限之根据。"小幡坚持以日本的意旨为原则："满洲之居住贸易等事，条约上亦无根据，小村大使曾有开放满洲之语。今满洲之地方官与领事之间，常起纠葛。处今满洲之新时代，亟应另订约章，如谓有原约可以根据，则与本国政府之宗旨不符。"曹汝霖回答说："若如此说，则地方官与领事不免有因事争执之处，不止南满一处，是各国皆可要求另订新约矣，何可如此办理？"日置益在"收买期限"和"安奉铁路"期限两问题上步步紧逼。陆征祥表示，如果他接受日本的要求，中国人民将认定外交部是丧失权利之部，外交总长乃为崇拜外国之人。①

日置益再次威胁说，日本现在提出的要求已是最轻的，希望中国爽快答应。陆征祥口气坚决地答道，本国政府于无可让步之中，已格外让步，安奉铁路之期限，以他个人看来，恐怕办不到。陆征祥的态度如此强硬，日置益不免感到棘手，再次借用日本其他人之口威胁说："还系日本条件太轻之故，报载某大员云，日本尚可提出再重大之条件。当日若果如此，则讨论之间，可表示本国政府让步之意，贵国政府必能满意。惜日本政府之过于正直也。"陆征祥指出，日置益身为大外交家，切不可听取他人之言。他指出，如果日本"提出再重大之条件，大总统必不接受，本总长亦不办理"。②

---

① 王芸生编著《六十年来中国与日本》第 6 卷，第 168 页。
② 王芸生编著《六十年来中国与日本》第 6 卷，第 170～171 页。

双方争执不下，会议难以继续进行，此次会议仍未达成一致协议。

尽管陆征祥态度坚决，但由于日本不断施加压力，日军频繁地向山东、南满增兵，在后来的谈判中，中国代表不得不在尽可能维护国家主权的基础上做出一些让步。

四　中国对南满安奉问题做出让步

1915 年 3 月 9 日，开第八次会议，中国照预定计划对南满安奉问题做出让步，其他各条亦均做重大让步，这是开议以来最重要的一次会议。

对旅大租借地、南满安奉铁路问题，陆征祥答复说已完全按日本原案办理，随即交了一张附注："旅大租借地至民国八十八年，即西历一千九百九十七年为满期，南满铁路至民国九十年，即西历二千零一年为满期，安奉铁路至民国九十六年，即西历二千零七年为满期。"

日置益和小幡得寸进尺，又提出"原案系于最初期限之外再每加九十九年"。陆征祥等人未置可否。13 日，中国完全同意将旅大租借地、南满安奉两铁路展期 99 年，并将南满路原合同 36 年后给价收回一节取消。

日置益还质问中国对第二号第四款即日本在南满东蒙的采矿权的意见。陆征祥说明不能同意原案，因为原案欲将南满洲的开矿权全部让与日本，与机会均等主义不符，故提出修正案。又查向来各约，仅为指定地点，不能全部让与，而照修正案办法，于一年以内勘得之矿中，仍可选择半数。

日置益仍坚持他的要求，说如果担心与机会主义违背，则应该照原案予以同意。因为原案并非将南满全部矿山包括在内，是指拟开各矿另行商订。

陆征祥提出一折中方案，即第四款似可不必订入约中，因将来资本家如欲开矿，随时均可商办也。但日本如以为必要，可以互换文件之法行之。陆征祥进一步强调："开矿等事向系互换文书，为贵公使所深知。以本总长观之，第四第五第六等款，均可用互换文件之法。其中聘请顾问，特最小之事耳。矿产归农商部主管，造路归交通部办理，外交部多不经手，往往各该部即自以公函订之。如以之全订约中，国民见之，外国人见之，将均谓条文如此之多矣。"①日置益最后同意大致按中国修正案办理，但日后再加考量。

随即又谈判第五款，即南满东蒙修路等事向日本借款等问题。日置益表示，对中国政府所提修正案原则上表示同意，但"原案之第二项有关于税课之事，当第二次会议时，贵总长发表意见，仅云海关税及盐税不能作抵，除此两项税课以外，仍请加入"。②

陆征祥在谈判中特别注意强调协议不能违背民众的意愿，更不能损害中国主权。陆征祥指出，修正案之所以不加入税课，是因为于主权有碍。他指出："税之大宗为海关税及盐税，其余税课收入不多，事实上不能以之作抵。加入此节，是徒惹国民注意，令其反对，将谓政府并自己税课亦不能支配也。况五国银行团会议之时，贵国曾不允以该处税课作抵，是即一大保证。"③

日置益强调，曾有美国与东三省商议以税课作抵借款的事，经

---

① 王芸生编著《六十年来中国与日本》第 6 卷，第 191~192 页。
② 王芸生编著《六十年来中国与日本》第 6 卷，第 192 页。
③ 王芸生编著《六十年来中国与日本》第 6 卷，第 192~193 页。

日本领事查出抗议才罢议。因此，他要求订明条约。民国时期，如有未经中央政府授权认可的地方政府与外国签订条约、章程等，概为无效。陆征祥指出，中国地方官不得中央之许可，不能向外人借款。此时之外国人，非当日可比，不易蒙混。他强调："纵令地方官欲以税课作抵，外人亦不相信，尚须研究调查此项税课是否可以作抵，及曾否作抵，与他国有无关系。经此种种调查，即不通知贵国，而贵国早知之矣。故地方官秘密借款之事，为事实上所不能有。"① 日置益最后同意大致照中国修正案办理。

五　中国允许在南满东蒙建造铁路时日本有借款优先权

3月16日，开第十一次会议，中国允许在南满东蒙建造铁路时日本有借款优先权。

对第六款，即中国政府如在南满东蒙聘用政治、财政、军事各顾问教习，须聘用日本人。中国在修正案中加上"尽先"聘用日本人，并将"教习"字样删去。

陆征祥说，如果不删除"教习"字样，那么学校中各项教习都将不能聘用其他国家的人。日置益说并非指所有学校的教习，条款中已指明为政治、财政、军事、警察之顾问教习。陆征祥反问道："财政学堂军事学堂均须聘请各项教习，何能有所限制？"小幡想抬出一件事例以逼迫中国答应其无理要求："奉天某师团中，曾有聘请德国人作教习之事。"曹汝霖解释说："并非请作教习，系向德国购买军械，该德人带同军械来华，于六个月之内教练使用

---

① 王芸生编著《六十年来中国与日本》第6卷，第193页。

军械而已，满六个月即行回国矣。"①

随后，日置益又提出第七款即吉长铁路管理经营事宜委托与日本国的问题。他表示不同意中国修正案。陆征祥解释说："吉长铁路全路之管理权，均委托贵国，殊觉为难。将来借款造路之事尚多，即如商议烟潍龙潍铁路之时，念及吉长铁路，即有戒心。此等合办之路，不数年间即归日本管理，而并延长年限，恐于两国经济合办之事业影响甚大。本国政府再三斟酌，旅大租借地及南满安奉两铁路期限，既经完全使贵国政府满意，仅此一点，似贵国可以让步。"②

日置益又以所谓的"优先地位"相诱逼，认为吉长铁路与日本经营之他路，于交通、贸易、军事上均有密切之关系。因吉长铁路办理不善，不能发达，以致日本所办之铁路亦受其影响，日本提出委任要求，不外极力改良之意。陆征祥指出，中国之实业家、资本家均欲与日本合办事业，此节若照原案办理，恐受莫大之影响。"凡资本家均欲争管理权，今委任日本管理，则群起畏惧，以后不再合办事业矣。"日置益见难以达到目的，又以威胁的口气说，日本政府对第七款已决心主张原案，无意更改。陆征祥又说："今日会议后报告政府，谓第七款贵公使尚主张讨论，本总长殆无以自解。本总长及曹次长在政府中颇受责难，然仍任劳任怨，期达亲善之目的。"③

1915年3月13日的会议上，日方的态度突然变得异常强硬，对中国修正案各条都不肯让步。第二天，外交部将历次谈判中双方

---

① 王芸生编著《六十年来中国与日本》第6卷，第196页。
② 王芸生编著《六十年来中国与日本》第6卷，第196页。
③ 王芸生编著《六十年来中国与日本》第6卷，第197页。

在各款上的分歧和意见告知驻日公使陆宗舆，并说明中国的让步情形，希望他将中方已允诺让步各节，设法传扬，使日本国内反对党知道中国让步已多，尽可和平解决，证实日本政府此次调兵，只不过是徒伤感情，是毫无实益之举；并表明，中国对于此举毫未见分晓，仍将镇静如故。

尽管中国表明了较为强硬的态度，但事实上，由于军事力量的软弱，对日本的威胁是有顾忌的。

3月17日，日置益坠马，伤及头部和右脚。袁世凯派礼官前往探视，外交部次长也亲自前往问候，并向他征求谈判一事如何进行的意见。日本使馆答复说，还未接到政府的回电。

外交部以为，日置益的伤势既然不至于致命，而日方却不愿继续交涉答复，使会议停顿，其中必有缘故。中国方面担心做好军事准备的日本就此出兵，便主动提出将此后的几次会议移到日本使馆举行。

3月19日，小幡到中国外交部，说是奉公使日置益之命，准备第二天来续商各条款，陆征祥如不出席，即与次长商议，而下次会议则拟请总长至日使馆与日使会议，以使会议从速进行。3月20日，小幡如约而至，陆征祥也出席了会议，但没有形成重要决议。

六　达成吉长铁路借款合同、日本在南满享有优先权等条款

1915年3月23日，陆征祥、曹汝霖、施履本到日本使馆日置益的病榻前开第十三次会议。在这次会议上，双方达成了几项协议。

中国允许改订吉长铁路借款合同，定案如下：

第二号第七款，中国政府允诺，以向来中国与各外国资本家所订之铁路借款合同规定事项为标准，速行从根本上改订吉长铁路借款合同。将来中国政府关于铁路借款付与外国资本家以较现在铁路借款合同事项为有利之条件时，依日本之希望，另行改订前项合同。

又允中国将南满税课抵借外债时，日本有优先权。并 16 日议决之南满东蒙筑路优先权，定案如下：

第二号第五款改换文：中国政府声明，嗣后在南满洲及东部内蒙古需造铁路，由中国自行筹款建造，如需外资，司先向日本国资本家商借。中国政府声明，嗣后以前开地方之各种税课（除中国中央政府业经为借款作押之盐税关税等类外）作抵由外国借款时，可先向日本国资本家商借。

又允南满聘用顾问时，日本有优先权，定案如下：

第二号第六款改换文：中国政府声明，嗣后如在南满洲聘用政治、财政、军事、警察外国顾问教官时，可尽先聘用日人。

又允在南满指定区域内，日本有开矿权。

会议至此，第二号各款大体解决，仅剩内地杂居一款。

第五节　关于"内地杂居"问题的交锋

"内地杂居"牵涉治外法权和领事裁判权问题，关系到国家的主权。中日双方就第二号第三款"内地杂居"问题，即"日本国臣民得在南满洲及东部内蒙古任便居住往来，并经营商工业等各项生意"，进行了多次谈判，反复争论，始终难以达成一致意见。日方企图通过日人在中国杂居得以逐步入侵中国，而中方看穿日本的阴谋，为维护主权，决不相让。这一问题成为"二十一条"交涉中最费时日和口舌、最为棘手的难点。

在 1915 年 3 月 6 日第七次会议上，日置益专门提出讨论南满东蒙杂居问题。

陆征祥指出，日本的方案与他国之约有抵触之处，内地杂居向无此例，如开此端，恐他国亦提出此要求。日置益想采取"请君入瓮"的办法诱使中方同意，他说，正是因为向来没有此例，而订约之后，即可照此约办理。陆征祥坚决拒绝，并以当年的日本处境相比较，他指出："照原案有种种为难情形，本国政府系于无可设法之中提出修正案。若在内地任便居住，则是内地杂居，内地杂居与领事裁判权最有关系，贵国当日亦有经验。领事裁判权为破坏主权之一端，内地杂居而不服从中国之法律，则各内地之主权，均被其破坏矣。中国本欲以此事为收回领事裁判权之主张，本有领事裁判权，则不能允内地杂居；有内地杂居，则不应有领事裁判权也。"[1] 日置益以为，既然俄蒙条约第一条、第六条，可让俄国人在外蒙居住经商，日本也可照此享受同等待遇。他提出："日本之地位与俄国之地位，历史上之关系，显然不同，故本国政府照本国之地位提出要求，其理由较俄国加百倍。如欲照俄蒙之办法进行，亦甚易，即如本国国民常有解决满蒙之言论，其里面之用意不难揣测，可见本国政府此次提出之条件尚系欲和平磋商也。"[2] 曹汝霖

---

[1]　王芸生编著《六十年来中国与日本》第 6 卷，第 182 页。
[2]　王芸生编著《六十年来中国与日本》第 6 卷，第 183 页。

回答说，外蒙为藩属，南满是中国二十一省之一，情形不同。陆征祥还强调，中日正式谈判，不能以俄蒙条约为例办理。他指出："政府有政府之主张，人民有人民之主张，据本国政府观之，实无规定条约之必要，纵令规定，亦应照修正案之意办理。因南满如此，他国起而效尤，亦在他处要求，是使中国成四分五裂之情形，当非贵国政府所希望。"① 陆征祥表示，中国的态度都已体现在修正案中。

但日置益表示"断然不能同意修正案"。日置益不同意中国修正案的原因有两点：一是限定地界，与原案不符；二是未订明农业耕作之事。陆征祥仍强调，农业向来为条约所无，且"发达地方之耕作，本系自国之事，无让与外人者"。陆征祥进一步说明，修正案是照日本政府的意思提出的，当然可以自由居住贸易。这样，一方面，日本人可达到经商贸易之目的；另一方面，其他国家在其他省可无同等之要求，只能照条约均沾而已。陆征祥还指出，如果给予日本在南满这一权利，那俄国将在北满提出相同的要求。

日置益竟厚颜无耻地说，纵令俄国有此要求，也是大势所趋，中国将无可奈何。日置益竟不惜以牺牲中国权益给其他国家相要求，说不管问题对与否，此项要求必须在事实上加以确立。将来如果俄国视情形之必要，在北满有同一之要求，中国政府也应予以考量。陆征祥坚持按修正案讨论。日置益完全失去了耐心，他威胁说："断然不能同意修正案。现在南满之有日人及将来增加日人，

----

① 王芸生编著《六十年来中国与日本》第6卷，第183页。

为一定不易之事实，不可禁阻，非今日许来不许来之问题也。"①

会议不欢而散，难以就此问题继续进行。

为解决南满东蒙杂居问题，袁世凯命曹汝霖以个人身份与日置益商谈，而不负正式会议之责任。

在"二十一条"交涉中，曹汝霖在会议上发言不多，但却是私下里传达袁世凯和日本意见的重要人物。他后来曾说，每当会议不能解决时，袁世凯会命他与日置益或小幡交换意见，作为侧面商谈，以探听对方的真意所在，有时因此而获解决之途径。

曹汝霖（1877～1966），字润田，清末民初高级官员，新交通系首领。生于上海，幼年入私塾，后去汉阳铁路学堂读书。1900年赴日本留学，鼓吹君主立宪，反对资产阶级民主革命。1904年归国，任职商部商务司。后被调入外务部。1913年被袁世凯指派为第一届参议院议员，同年8月任外交部次长。1915年1月参与同日本公使谈判"二十一条"。1916年4月任交通总长，后兼署外交总长，并任交通银行总理。翌年1月通过西原龟三向日本兴业等银行借款500万日元。1917年7月任段祺瑞内阁交通总长。次年3月兼任财政总长，又向日本大宗借款，充作军饷。1918年秋，不惜以山东铁路主权，换取向日本再次借款。他依仗在交通、财政方面所居要职，成为新交通系的首领。1919年初，任钱能训内阁交通总长。五四运动中，北京学生包围并冲入曹宅，放火焚毁其房屋。6月10日，北京政府被迫下令罢免他的职务。此后，任井陉正丰煤矿公司董事长。抗日战争时期任汉奸组织伪华北临时政府最高顾

---

① 王芸生编著《六十年来中国与日本》第6卷，第179～184页。

问和伪华北政务委员会咨询委员。1949年去台湾，1966年8月于美国底特律去世。他在《一生之回忆》中对"二十一条"交涉有记述与辩解。

在与日置益私下商谈南满东蒙杂居问题时，曹汝霖说明中国对日本人内地杂居的为难情形。日置益责备中国不允日本人内地杂居，不过是仍有排外之心而已。曹汝霖回答说中国并非有排外心，实在是日本人优越感太强，致使彼此发生不愉快事情。中国人对外国人向来一视同仁，很有礼貌，而日本人对中国人往往轻蔑，甚至欺侮，使中国人忍无可忍时，激起不愉快之事，反而有碍两国交往。在都市尚且如此，何况内地？所以中国不允内地杂居。

两人你来我往地问答，气氛尴尬。曹汝霖辞别日置益，将情况报告给陆征祥和袁世凯，并分析说，日置益所言，意在垦荒耕种，若照此意，与杂居不同。

对日本的垦荒要求，袁世凯担心日本借垦荒为名，行其侵略阴谋，不可不防。他要求外交部拟一方案，就耕种问题谋求解决办法。

外交部奉命拟出一个方案，也就是在第八次会议上中国提出的第二次修正案。但日方仍表示不满意，并提出自己的修正案，要求中国在南满东蒙开放一系列商埠。第八次会议对第二号第二、第三款，即南满和东蒙的土地租借权或使用权、杂居等问题，几番争论，不得定议。

3月27日，中国提出第三次修正案，在领事裁判权上有所让步。但日方非但不同意，还在30日的会议上表现出更强硬的态度。

4月1日的会议上，中国就这一问题向日方提出第四次修正案，并交给日使一份理由说帖。允许日本人在遵守中国法律的条件下可在南满任便居住往来、经营商工业等各项生意，而东部内蒙古因情形不同，不能相提并论。

其后，中国又提出第五次、第六次修正案和说帖，日本方面始终不予同意，还提出日方的第三次修正案。日本在第三次修正案中，同意南满洲不与东部内蒙古混为一谈，同意日人服从由日本领事承认之中国行政警察。但在 4 月 10 日的第二十一次会议和 15 日的第二十三次会议上，日方又借口说这一问题未得到政府的训令，搁置未议。

每次会议谈判桌上，中日双方就某一条款或某一问题反复争辩、交涉，但大部分未能达成一致意见。

第四章　谈判席外的较量与结果

　　任何一场外交交涉，除谈判桌上的斗智斗勇，谈判席外的交锋和较量同样重要。为了避免过多丧失主权，除了指示在谈判会议上采取拖延战术，坚持逐条讨论，争取时间外，袁世凯还采取了其他相应的对策：采取新闻攻势，透露日本的要求内容和谈判情况，以待国际外援；动员国内群众舆论与力量，以增强自己谈判的筹码；派顾问有贺长雄回国与日本有相当影响的几位元老接洽，希望日本"留亲善余地"。这些措施在拖延时间和对日本施加压力方面有一定的影响，但其结果如何？在日本的威逼之下，中国最终不得不委曲求全，接受日本的最后通牒。

第一节　日本的谎言与中国的揭秘

　　在中日双方"二十一条"交涉中，日方对各国采取保密、欺骗的手段，中国为了争取国内外的支持，在日本的再三威胁下仍通过媒体及相关人员透露信息，揭露日本的侵华野心。

一　日本对中国施压，对国际社会采取欺骗手段，特别隐瞒第五号要求

日本为避免来自国际社会的压力，不仅一再要求中国对"二十一条"加以保密，而且对各国采取欺骗手段。日本告知英、俄外交部门将向中国提出文书时，隐瞒了重要内容，特别是第五号要求。

日本首先企图封锁所有与"二十一条"内容及交涉相关的信息。1915 年 1 月 26 日，加藤指示日置益，不能拖延交涉时间，否则有恐中国将双方交涉内容泄露于外界，从而引起不利于交涉进展的议论。2 月 18 日，加藤又指示日置益，要求中国政府保密交涉内容："此次双方交涉内容，近日来频频见于欧美诸国之新闻报道，此显系中国官员故意泄露之所致。据闻，一向受中国官方操纵之某报刊，连日来竟不断刊登对日本横加攻讦粗暴言论，尽管如此，欧美诸国报纸仍认为日本的要求属于正当范畴。纵使欧美舆论亦指责日本的要求为不当，日本政府之决心亦万不能因此而发生任何动摇，而中国官方的新闻政策只能徒劳无功，最后归于失败而已。故希急速转告北京政府，促其注意，尽早停止此种策动，才为明智。"[①] 加藤在此所言欧美报纸认为日本的要求属于正当范畴，是因为日本隐瞒了有损各国在华共同利益的第五号要求。

日本最初将其中较为普通的十一项条款以正式文书形式通知各国，但隐瞒了第五号内容。最初的保密对象甚至包括驻英、美等国

---

① 章伯锋、李宗一主编《北洋军阀（1912~1928）》第 2 卷，第 806 页。

的日本大使，他们也不知道中日谈判中有所谓的第五号问题。

纸是包不住火的。袁世凯政府并没有因为日置益的威胁停止舆论支援和需求外援的努力。在"二十一条"尚未公布之前，报界得到了部分消息。

1915年1月22日，日本《朝日新闻》印发号外，刊载了日本对华四条要求：一是关东租借期限和南满铁路期限均延至99年；二是德国在山东省的全部利益悉让与日本；三是开放中国最重要的一些地点作为商埠；四是日本在华享有建筑铁路和内河航行之权利。

同日，中国《亚细亚日报》、英文《北京日报》均以《日本又向外交部提新要求》为题报道了中日之间的外交新动向。

当阴谋被揭穿后，日本忙向各国解释，说第五号纯粹为"友谊考虑"及"劝告性质"。2月8日、22日，日本驻美大使珍田分别向美国国务卿布赖恩递送备忘录一份，企图使美国政府认为日本对华所提第五号要求只是"要求""请求""希望"而已。

为替自己辩解，"二十一条"交涉结束后，日本发表了经过篡改的所谓的1914年12月3日加藤致日置益训令：

> 帝国政府为图时局之善后，且巩固帝国将来之地位，以永远保持东洋之和平，此际意图与中国政府缔结大体如别纸第一号至第四号所述趣旨之条约及协定。别纸第一号，系有关山东问题之处分者。别纸第二号，大体趣旨在使我在南满洲及东部内蒙古地方之地位益形明确。盖帝国在该两地之地位颇有不甚明确之点，致中日两国间发生种种问题，一再使两国国民感情

发生不良影响，故帝国此际欲使中国政府确认帝国在该两地当
然应有之地位。别纸第三号，为顾及我方对汉冶萍公司之关
系，拟为该公司将来讲求最善方策者。要之，以上三项，均非
欲另生新事态者。至别纸第四号，不过欲更进一步声明帝国政
府屡次向内外所宣言保全中国领土之大原则。帝国政府以为于
此机会，确保帝国在东亚之地位，以保全大局，实行以上各
项，实为绝对必要。帝国政府实具有极巩固之决心，必图各项
之贯彻，贵使其善体政府之意，为国尽瘁。别纸第五号所揭问
题，与别纸第一号至第四号之各项，完全不同，系此际劝告中
国实行之事项。为谋增进中日两国亲交，拥护共同利益，以上
各项，均属紧要。其中有已成中日间之悬案者，务请尽力，实
现我方希望。又交涉中，中国政府必将表示愿闻帝国政府关于
胶州湾最后处分之意向，帝国政府以为中国政府若应允我方要
求，则为尊重中国领土保全主义，并增进中日国交亲善计，亦
不妨商议交还该地。惟实行交还时，应以开放该地为商埠，并
设日本专管租界为条件，乃绝对必要之条件。惟商议声明交还
时，须另行请训遵行。特此训令。①

　　加藤致日置益训令中提到的"别纸"即五号"二十一条"文
书。这里说第五号完全是另一问题，目前只能劝告中国实行，但日
置益向中国提出时没有说明这一点，而是强迫袁世凯全部接受。这
一事后发表的训令所用措辞，与日置益提交文书和其后交涉中的态

---

　　①　王芸生编著《六十年来中国与日本》第6卷，第72～73页。

度可谓有天壤之别，其虚伪和狼子野心更是欲盖弥彰。

为逼迫中国加快谈判进展，日本开始调遣军队，实施军事威胁行动。3月5日，加藤在给日置益的电文中表示，从交涉状况看，中国政府完全不可能轻易承诺至关重要的条款。因此，日本政府认为，为实现最初的目的，有必要对中国另行采取既定的威压手段，并正着手拟定具体办法。加藤指出，日军正在中国调兵遣将："恰好此时正值我驻满洲部队调遣时期，作为初步手段，拟使后继的接防师团提前派发，使撤返的师团缓期归返，其延长驻留时间暂不规定；另驻山东之我守备军若按原定期限，亦应于四月间撤离，此次亦令其延期驻守，而前往接替之新守备军则仍按期派出。于是，我驻山东省的部队事实上已增至平时兵力的一个师团以上。以上两项措施，现已着手准备。关于我驻华北驻屯军，已在去年内裁减兵员，此次准备按各国商定的兵员数目增补兵力，使其驻屯于天津、北京之间。此外，还准备增强我在郑家屯的驻军，并考虑在必要时向新民屯进兵，同时押受吉长铁路，或为有效之方策，刻下正在探讨中。"① 加藤命令日置益将日本的意图告知中国外交总长陆征祥，并明确"帝国政府将采取自信为必要之手段"，即军事侵略手段。

3月20日，曹汝霖前往日本使馆见日置益，说明听闻日本已准备向山东、满洲派出军队，此事恐动摇中国民心。他提出，中国政府希望日本能将此种军队调动延至此次交涉结束后再进行，如实在不可能，则希望日本公使发出一份通告，说明此次军队移动纯属调换防务。曹汝霖还表明中国政府交涉"二十一条"的底线："时

---

① 章伯锋、李宗一主编《北洋军阀（1912~1928）》第2卷，第807页。

下谈判进展情况格外良好,中国政府尽可能本乎最大让步之精神进行交涉;但让步应有极限,如超过极限,则不论日本国如何施加压力,中国也不能再作让步。"① 曹汝霖代表中国政府的表态非常明确,即使日本以军事相威胁,也会坚持中国的基本原则和底线。事实上,在国力衰微、财力枯竭的当时,袁世凯政府是害怕日本军事侵略的,也不希望日本支持革命党起事。

二 中国向媒体揭露"二十一条"要求内容及交涉情况

向媒体揭露日本提出"二十一条"要求内容及中日交涉情况,激起中国民众的民族意识,获得舆论支持,是袁世凯政府采取的新闻策略。

1914年,袁世凯政府颁布《报纸条例》,规定报刊等新闻媒体不得对外交秘密等进行报道,实行秘密外交。但在"二十一条"交涉期间,袁世凯政府有意将条约内容和有关交涉情况透露给新闻界,以激发民众对国家前途命运的关注,对日本形成强大的舆论压力。

1915年1月22日,《大公报》要闻栏内有"大总统封交密议案",关注了此次中日交涉。1月26日,《大公报》报道"含和堂连日之会议","据闻确为中日重要外交问题并山东外交"。此后,《大公报》对中日交涉进行了持续报道。

1月22日,上海《申报》发表时评和专电,指出日本驻华公使"已向政府提出种种可愕之条件",并刊登日本人组织的东方通

---

① 章伯锋、李宗一主编《北洋军阀(1912~1928)》第2卷,第808页。

信社电，中日两国交涉已于 18 日开始。《申报》对中日交涉进行跟踪报道，并发表重要时评文章，密切关注事件的进展。1 月 26 日，报道了日本要求的大致内容。此后，不断登载"二十一条"内容和交涉情况。

"二十一条"内容和交涉内幕的曝光，在国内引起了强烈反响，推动了国内反日舆论的高涨。爱国人士纷纷谴责日本的无理要求和侵略行径，致电外交部坚决要求不予承认，"日人无理要求，全国愤激。齐日报载，重要条件大半承认，如果属实，必蹈朝鲜覆辙"①。北京、上海等大城市的民众举行集会进行抗议，抵制日货，成立各种形式的民间团体，表达对政府抵制日本强权、维护国权的支持。

对中国国内日益高涨的反日情绪，日本当局严重不满，并警告中国"如此利用新闻政策必将受害"。3 月 14 日，日本方面致京师警察厅"告诫各报馆对日勿发过激言论"，要求各报"登载事件，务须格外慎重，免滋误会"②。袁世凯政府在日本的威压下，对各报进行了语言缓和的规劝。4 月 30 日，《大公报》刊登了日本"二十一条"要求照会的全文及日本将以最后通牒方式逼迫袁世凯政府接受"二十一条"，举国愤慨，再掀舆论高潮。

媒体舆论是双刃剑，既起到支持袁世凯政府的作用，也发挥了监督政府的作用。袁世凯担心民众质疑政府"卖国"，因此，接受

---

① 黄纪莲编《中日"二十一条"交涉史料全编（1915～1923）》，安徽大学出版社，2001，第 250 页。

② 中国第二历史档案馆主编《中华民国史档案资料汇编》第 3 辑，江苏古籍出版社，1991，第 495 页。

日本的最后通牒后，及时发布中日交涉缘由及经过情形。5 月 11
日，袁世凯政府向报界发表了《中央政府之新闻政策》，其中谈
道，"世界国际交涉日益接近，一般国民宜洞悉世界之大势"，"大
总统因此次中日交涉恐社会人等不明世界大势，误用感情上之愤激
贻祸国际交善，即决意将白话报从速发刊"。①

三　向英、美等国透露和揭秘日本的要求和威胁

在日本胁迫下的中国并没有义务保密"二十一条"。但怎样才
能得到外交上的援助呢？袁世凯等人自然而然地想到了晚清政府沿
用了几十年的"以夷制夷"政策。在国弱民穷的境况下，这一外
交政策成为近代中国历届政府面临外交危机时的重要策略。

曾留学西方的顾维钧等人对英、美的干涉抱有很大的希望。因
为"根据目前的世界形势，唯一能给中国以外交和道义上支持的
是美国。而英国在中国，特别是在长江流域享有特殊利益，采取措
施防止中国给予日本过多权益而影响其既得利益"。既然日本所提
要求显然有损英、美在华利益，那么，中国完全有必要向英、美透
露"二十一条"内容及交涉情况，以获得同情和支持。陆征祥却
认为不妥，说袁世凯已向日方许诺，要绝对保密此事。但懂得国际
法的顾维钧向陆征祥等人解释，袁世凯是许诺了，但那是在日本的
威胁下许下的诺言，中国没有必须遵守的义务。

为了使英、美相信中国是受害者，中国费了很大的劲才将
"二十一条"内容披露给英、美各国。除了利用新闻媒体，中国还

---

① 《中央政府之新闻政策》，《大公报》1915 年 5 月 11 日。

通过美国公使芮恩施、英国公使朱尔典、袁世凯顾问莫理循等人透露消息。

外交总长陆征祥每次与日本公使谈判之后，都在外交部召开小型会议，讨论谈判中遇到的问题。这为顾维钧等人向英、美透露"二十一条"有关情况提供了充分的信息来源。顾维钧在袁世凯和陆征祥的支持下，每次都尽量以最快的速度与美国公使芮恩施和英国公使朱尔典见面，透露一些信息或听取他们的一些意见。

朱尔典是外交使团的团长，在华多年，具有丰富的经验，能讲一口流利的汉语，对中国事务非常熟悉。顾维钧对朱尔典和芮恩施寄予很大的希望，对他们的印象也相当不错。他评价这两人时说：朱尔典在北京是个大人物，是袁世凯大总统的好友，清朝末年就是外交团的团长，在民国初年是个显赫的人物；芮恩施是威尔逊总统的好友，在北京是个很受欢迎的公使，他对中国人和中国的事业寄予很大同情，不仅在政府中，而且在教育界有很多朋友。

顾维钧后来回忆与英美公使的接触时说：

这时关于二十一条的消息少量而不断地出现在外国的报纸上，引起了各国，特别是华盛顿和伦敦的关注。我征得总统和外交总长的完全同意，和英美公使馆保持接触。我每次在外交部开完会后，如不是当天下午，至晚在第二天便去见美国公使芮恩施和英国公使朱尔典。当日本驻华盛顿大使电询政府二十一条的详情，尤其是第五号时，东京开始焦急不安，显然东京并未将二十一条的性质及谈判进展等详情通报其驻外使馆，据报日本驻华盛顿大使完全不知道所谓的第五号。但国务院出示了二十一条的全文副本，使日本大使非常难堪。此后日本政府也开始感到难堪，当然不是为了在北京的谈判中，而是在和华盛顿与伦敦的关系上确实是这样。秘密泄露后，至少是日本外相感到：如继续否认二十一条及其第五号的存在，殊非明智之举。秘密越来越公开，日本谈判代表对中国政府的压力越来越大，企图迅速签订条约，结束谈判。陆征祥仍采取拖延办法，但已越来越不灵了。在日本强大压力下，他只好一点一点地把前四号的谈判结束下来。①

在与英美公使及时联系的同时，中国也注重与英美新闻界人士取得联系。日本提出"二十一条"几天后，袁世凯就通过专办秘密外交的蔡廷干，将此事透露给了英国记者端纳。同时，袁世凯不断征求政治顾问莫里循的意见。但在1月底，袁世凯仍然不敢完全公开地揭露日本的阴谋，只得采取私下逐步透露的方式以争取世界舆论的同情和英、美等国的干涉。

鉴于外界并不知道"二十一条"的全文内容，莫里循认为，中国政府应该向全世界公布真相，澄清人们的猜疑，从而达到遏止日本侵略野心的目的。

莫里循（1862～1920）是出生于澳大利亚的英国人。他到过中国的许多地方，有过大西南旅行、考察的经历，出版过一本题为《一个澳大利亚人在中国》的游记。他在中国生活、工作期间（1897～1918年），正值中国沦为帝国主义列强矛盾的焦点和冒险

---

① 《顾维钧回忆录》第1册，第123～124页。

家的乐园。他任英国《泰晤士报》驻北京记者，在新闻记者的位置上长达 16 年，见证了戊戌变法六君子的热血，并亲身介入了对张荫桓的救援工作。义和团运动和八国联军进京，他在东交民巷的交火中受伤。他对中国时局、社会变革等方方面面的报道，曾是国际社会认识这个古老、神秘的东方国度一个极为重要的窗口。从 1911 年 10 月 11 日至 1912 年 3 月 10 日，莫理循发表了 71 则报道。《泰晤士报》表扬他说，全世界都从《泰晤士报》上了解中国真正发生什么事；他的工作得到了普遍的称赞，他的文章被广泛引用。中国成就了莫理循，他在这里成为有着世界影响的记者，北京王府井大街曾被叫作"莫理循大街"，他本人被称为"北京的莫理循"和"中国的莫理循"。

莫理循有着天赋的记忆力，美国驻华公使芮恩施对此甚为惊叹，他描写说，莫理循喜欢详细叙述他的日常琐事。他对各种事情知道得非常详尽，再加上他惊人的记忆力，就使他成为一部关于中国政界人物的百科全书。他知道他们的经历、缺点、野心以及他们的私人关系。早在 1898 年 1 月初，莫理循就注意到了袁世凯。当时有外国人预言 15 年后袁世凯将成为中国第一任大总统。1902年，他第一次采访袁世凯就对袁产生了好感，他对当时的改革寄予厚望，认为改革可以把衰弱老朽的中国带入新时代。1909 年，当袁世凯被罢官回乡，他在发表的报道中表示不平。

袁世凯最终能左右中国政局，离不开莫理循等外国记者的作用，他们在《泰晤士报》等报刊上接连发表关于袁世凯的报道、访谈，对西方列强的政策取向产生了微妙的影响。

为了答谢莫理循，袁世凯在当上了中华民国临时大总统后不久，就邀请这位外国名记者担任自己的政治顾问。尽管当时的新政府是靠借债过日子的，但袁世凯给予莫理循优厚的待遇。莫理循于1912年8月1日接受聘请，结束了他的职业记者生涯。然而，与他作为记者所产生的影响相比，他的政治顾问角色就显得黯然失色了。袁世凯喜欢按照自己习惯的、熟练的东方方式处理一切事务。

莫理循为揭露日本提出"二十一条"苛刻条件的野心，发挥了重要的作用，正是他通过《泰晤士报》驻北京记者端纳（后曾任张学良和蒋介石的顾问）揭露了"二十一条"的内容，引起国际舆论的注意，使日本有所顾忌。

1915年2月5日下午，莫理循应邀谒见袁世凯。两人商谈的结果是，由官方拍照复制"二十一条"全部文本备忘录，以保留日本妄图灭亡中国的确凿证据，并由莫理循将全部文本交与美、俄、英等各主要使馆。2月9日，莫理循主动与端纳联系。11日和15日，端纳和莫里循先后将条约全文传达给了《泰晤士报》、《字林西报》和美国联合通讯社。此后，北京的消息成了世界各国的头条新闻。莫理循在2月25日给英国汇丰银行代理人熙礼尔的信中写道：

我把1月16日递交总统的要求的副本附上，我还另附一份日本政府通知各友好国家时开列的要求抄本。日本政府说这些就是她于1月18日提交中国的全部要求，其他一切说法大概全是在德国挑唆下，为了在日本与友好国家之间制造麻烦而提出来的恶意夸张。当把两份文件放在一起阅读的时候，人们就只能得出一个结论：这里所表明的是一件从来没有见过的丢

脸的外交上的奸诈事例。在你把它们复制后，请将这两个文件
退还给我。①

"二十一条"要求完全曝光后，日本仍企图欺瞒欧美各国，同
时，日本报纸对莫理循大加攻击。但是莫理循并未停止对日本侵略
野心的揭露。

消息公布后，美、俄、英三国急忙电令其驻日公使向日本外务
部提出要求，希望获知中日秘密谈判的内容，尤其是日方的真实
条款。

四　日本对中国"泄密"的威胁和交涉

当有关"二十一条"的消息不断地在外国报纸上被披露时，
日本人表现得非常不安，侵华野心原形毕露。

1915年2月5日第二次会议时，日置益指责中国"泄密"，后
来又提出种种警告和威胁。谈判双方刚刚入座，日置益就指责说2
月2日的会议情形已被泄露："昨有外国访员面晤小幡参赞，所谈
各节，与会议情形大致相同，又本月四日上海某外国报纸有北京通
信一段云，上月十八日本公使谒见大总统，备载当日所谈之事实。
查本公使谒见大总统时，仅有曹次长一人在座，又本月二日之会
议，列席者仅此数人，何以访员均知此项消息，殊堪诧异。此次交
涉事件，彼此均应保守秘密，业经面告大总统及孙总长。且按国际

---

① 骆惠敏编《清末民初政情内幕——〈泰晤士报〉驻北京记者袁世凯政治顾
　　问莫理循书信集》下卷，第409页。

交涉之例，亦必系议定之件始克发表，今则业已泄漏，殊不可解。"① 外交总长陆征祥回答说，双方彼此约定严守秘密，日置益向袁世凯递交文书时，仅有外交次长曹汝霖在座，2 月 2 日的会议上仅有谈判几人，断无泄露之理。他同时指出："贵公使谒见大总统后，十九日之《顺天时报》即载有贵公使向大总统谈论重要案件之语。据本总长观之，恐均系推测之词。"②陆征祥再三向日置益保证，中国政府一定会注意日本所嘱。但面对日本的侵略行径和对世界各国撒下的弥天大谎，中国不得不继续采取"泄密"的策略。

2 月 22 日，第三次会议一开始，日置益怒气冲冲地指责中国"泄密"，双方就此问题展开了争辩。日置益首先警告陆征祥，说日本外务大臣来电，此次谈判已漏泄于外。参赞高尾转达加藤的电报大意："来电内开，所有此次交涉内容，多已宣传内外报纸，曾告知贵公使注意。近查欧美各报，复将日本提出条件登载，应由贵公使速询中国当局，是否由中国当局故意泄漏。盖此次条件及交涉内容，若传播于外，则中日两政府均不便让步。恐彼此意见不合，交涉难期圆满，难保谈判不因之决裂。且交涉不能进行，非日本政府之所愿，应请中国政府查酌情形办理"③。

陆征祥回答说，外国报纸不知从何处得来消息，中国报纸已函请内务部取缔。"贵国政府来电有内外报纸之语，内国报纸业已严重取缔，至外国报纸系何处所漏载，则非所知也。"④陆征祥提醒

---

① 王芸生编著《六十年来中国与日本》第 6 卷，第 97 页。
② 王芸生编著《六十年来中国与日本》第 6 卷，第 97 页。
③ 王芸生编著《六十年来中国与日本》第 6 卷，第 114 页。
④ 王芸生编著《六十年来中国与日本》第 6 卷，第 114 页。

日置益，日本应对消息泄密负责，因为英国报纸曾登载英国外务大臣在议院的演说，演说指出日本政府已将"二十一条"条件通知英国。

日置益要求陆征祥注意英文《北京日报》及《北京京报》（英文《北京时报》），"此两报登载交涉内容甚详，如云第一次会议时，中国政府允让两条，嗣外交部辩明未让两条云云。如此详悉，似与贵部有密切之关系。且此两报一经登载，其他之汉文报纸即转而译载之，于是喧传于外，此又不能不认为可疑者也"。陆征祥表示，中国外交部与此两报纸绝无关系。日置益还威胁说，如果中国政府不取缔以上两种报纸，万一谈判决裂，责任都在中国方面，"今日之言论界，极为乱暴。自本国政府观之，似贵国政府未经取缔。且或利用报纸以助交涉之进步。贵国政府向以政府之势力取缔报纸，并颁有严重之报律，今若任其随意言论，恐将生出枝节，于两国邦交及此次谈判均有不利。故谈判万一决裂，皆系贵国政府不取缔报纸之故。甚望严加约束，俾交涉得以圆满进行"。①

民国时期，中国报刊有较大的言论自由。因此，陆征祥回答说："今日之时代，言论自由，与前清时代不同，为贵公使之所深知。且贵国报纸往往有不正当之言论，甚至有诋毁大总统之时，中国报纸见有此种记载，即辗转译登，互相争论，此次亦不能免之事。又报纸责难政府，为各国之通例，与政府意见不合，即以反动力攻击政府。以局外测度局内，大抵如是。然本国政府绝无利用报

---

① 王芸生编著《六十年来中国与日本》第 6 卷，第 115 页。

纸之事，应请贵国政府谅察。"①

中国革命党在日本的活动，无论是思想言论还是物质经费，都是得到日本政府支持的。因此，日置益又暗示以革命党言论威胁陆征祥："日本情形与中国情形不同，几无新闻条例之可言，故约束报纸，本国政府之当局者不能十分办到。且报纸随时言论，非无原因。自中国第一次革命以后，革命之思想传播于日本，在日本之中国革命党，亦常藉中国报纸发表意见。然对于诋毁大总统一事，已由本公使电达本国政府，现已得有复电禁止登载矣。"② 日置益表示，日本报纸有言论自由，可随意登载各种新闻，但对于此次谈判，舆论极为平稳，"其全国报纸所以不登载者，并非遵照律例之结果，系国民自相约束，全国一致希望圆满了结也"。事实上，外界对"二十一条"情况了解得越多，对日本越不利。因此，日本报纸此次不随意登载中日"二十一条"交涉情况，一方面是日本政府授意，另一方面也表明日本人在侵华方面利益的高度一致性。

从双方谈话内容可知，日方责备中国外交谈判人员泄露"二十一条"要求的内容，并威胁中国，不能再泄露谈判交涉内容，不能以舆论反对为由消极对待谈判，"或利用报纸以助交涉之进步"。日方还极力要求中国对报纸予以取缔、禁止。但外交总长陆征祥一边否认泄密，一边表示中国报纸有言论自由。由此，足见外交部的良苦用心，也显现了舆论反应对"二十一条"交涉所

---

① 王芸生编著《六十年来中国与日本》第6卷，第116页。
② 王芸生编著《六十年来中国与日本》第6卷，第116页。

起的积极作用。

对日置益在这次会议中所指责的北京两家英文报纸《北京日报》及《北京京报》的主笔，莫理循曾在致《泰晤士报》外事编辑的信中介绍说：

英文《北京时报》由一个名为桑德森的英国人经营，由中国人陈友仁编辑。陈出生于特立尼达，英国籍，在英国接受教育，是英国的注册律师。他同在北京的多数英国人都很友好，这家报纸系德国银行所有。由他主编之后，就以最大的努力做到态度公正。他每天尽量发表英国、法国、俄国以及德国的种种电讯。他每天从《泰晤士报》上转载一篇文章，不是社论便是你们的军事记者的文章。而我在北京，就没有从英国人那里听到过对他编报方法有过抱怨之词。

英文《北京日报》系亚历山大·拉姆齐所编，他是一个苏格兰籍的新闻记者，他的忠诚是不会有疑问的。他是原先以道格拉斯·维克斯，现在由威尔费里德·斯托克斯任主席的英国工程师联合会驻北京代表。该报从未对英国表示过一点敌视倾向，倒是恰恰相反。可是它的业主是一个叫朱琪的中国广东人。这人在青岛多年，他同时是一张名叫《北京日报》的本地中文报纸的所有人，这张报纸有一段时间是明显亲德的。有过一份从这张报纸上摘引下来的抨击英国的文章，曾由巴克豪斯译成英文，已发表在《泰晤士报》上。这家报纸的文章曾经一再引起英国公使馆的注意，不过鉴于它每天以中文大量发表，由路透社供给稿件，我认为不值得去干涉它。①

　　介绍信中所提到的编辑陈友仁，于 1878 年出生在英属特立尼达岛的一个华侨家庭。辛亥革命爆发后，他回国创办英文报《京报》，后来曾因揭露段祺瑞与日本的一项秘密谈判而身陷囹圄。此后，他追随孙中山，涉足对外事务，一直主张实行"铁腕"外交、"革命外交"，反对无原则的调和，"宁为玉碎，不为瓦全"，要求全面废止中外不平等条约。北伐时期，陈友仁代表武汉政府与英国驻华公使欧马利谈判，于 1927 年 2 月 19 日和 20 日分别签署了《汉口英租界协定》和《九江英租界协定》，使中国第一次从列强手中收回两个租界，被誉为"革命外交家"。最初，陈友仁等人关于"二十一条"交涉的新闻言论是受到政府有意无意地默认的。但随着日本的威胁，中国政府在新闻政策上不得不采取相对谨慎的态度。

　　1915 年 2 月 18 日，陆宗舆致电外交部，告知日本外相加藤责备中国政府"似大用新闻策略，并漏泄条件及会议秘密"，此举将无益于中国，无论是否政府所为，都希望贵中国政府注意。加藤还声言，即使英、俄等国反对，日本也无所顾忌。

　　2 月 28 日第五次会议正式谈判前，日置益再次就中国"泄密"问题表示所谓的抗议："今于会议以前，先将报纸之事向贵总长说明，近日来会议之内容，多已漏泄报纸，甚至会议当日即行漏泄，

————————

① 骆惠敏编《清末民初政情内幕——〈泰晤士报〉驻北京记者袁世凯政治顾问莫理循书信集》下卷，第 405 页。

外国访员全知其详，汉文报纸亦相继登载，均系事实，并非揣测之词。此节屡向贵总长提及，而仍不免漏泄于外，不能不请贵总长以自己之责任，格外注意。"日置益还指出，当日《亚细亚报》登载了前次会议进行情形。陆征祥表示中国外交部绝无泄露会谈情况之事。日置益又威胁陆征祥、曹汝霖说："本使馆亦屡有外国访员来访，然均秘不以告，故可揣度系贵国方面所漏泄。此等重大事件不严重取缔，恐将有碍交涉之进行，且或别生枝节。""今日特先声明，今日之会议情形，如再登之报纸，则定系在座中人所漏泄。"①

显然，日方怀疑中国谈判人员直接或间接泄露谈判内容，并又一次威胁中国谈判人员。但中国并没有因为日置益在会议中提出所谓的抗议而放弃舆论支持，而是在寻求国际支持方面更为努力。

日本的真实面目被戳穿后，来自外交上的压力多少使局势有所改变。至少日本不能强迫中国接受第五号要求。正如熙礼尔在给莫理循的回信中所说的：这样一种外交上的揭露，自然对任何文明国家的声望都是严重的打击。然而，他担心它阻止不了日本乘此良机坚决想从中国得到她所能够敲榨出来的一切。不过，它决不能不消弱日本的地位，同时加强中国的地位。他希望局势中最严重的危机或许可以因此而扭转。

后来，莫理循在一封给英国《评论季刊》编辑乔·沃·普罗瑟罗的信中，再次谴责日本的欺骗行为，信中说：日本于1月18日向中国提出"二十一条"要求，这些如果被接受的话，势必使

---

① 王芸生编著《六十年来中国与日本》第6卷，第147～148页。

英国在中国的地位大为削弱。与此同时，日本把提出要求这件事照会英国政府的时候，将一系列要求中最引人反感的各条全都隐瞒起来。这种卑劣行径立刻引起广泛惊讶和愤慨。任何谈论中国的文章都无法避免提到这件怪事，也无法不谴责这种奸诈策略。

第二节　英、美的谅解和容忍

袁世凯在"二十一条"交涉期间，一方面，通过新闻媒体向外界透露消息，给日本施压；另一方面，试图通过外交途径取得英、美、俄等国的支持。俄国只关心第二号中的满蒙问题，因为担心引起中国或日本的误解，"一直留意对进行中的谈判不加任何干预"，"亦竭力不给中国人出任何主意"。① 虽然英、美媒体和外交系统对"二十一条"交涉给予关注，但英、美最终从其本国利益出发，谅解和容忍了日本的要求和行为。

日本乘欧战之机，使用纵横捭阖又相互离间的手段，分别以联俄、联德、联英等声势游走于各国外交部门。战争期间，各方都害怕日本加入另一方，因此在中国问题上均对日本妥协、笼络，仅考虑日本所提要求是否有损其本国在华利益。

日本为了进一步使英、美等国容忍它把"二十一条"要求强加给中国，在谈判期间不断使出"撒手锏"——与德国和谈，以要挟英、美。1915 年 1 ~ 3 月，日置益分别与德国新任驻华公使辛慈和德国电讯社代表克里盖会谈；4 月，日本驻瑞典公使同代表德

---

① 《中日关系史料·二十一条交涉》（上），第 94 页。

国的土耳其和奥匈帝国使节先后进行了会谈。日本把每次会谈内容都通知协约国和美国，引起了它们的惊恐。当时，欧洲战场上德军节节胜利，日本参加哪一边事关双方力量对比的变化和战争的胜败。与此同时，英、美等国又十分担心中日发生战争，日本乘机独占中国，为保全各自在中国的利益，希望通过国际压力，迫使日本删去对各国有威胁的内容。

一　英国态度反复，最终向日本妥协

英国是日本的盟国，但日本最初并没有把全部要求告诉英国。1月22日，日本曾向英国通报前四号的内容，同时解释说，这只是为了使日本事实上已具有的在华权益得到确认。对这样的要求英国政府是愿意支持的。

在没有看到"二十一条"原件前，就连莫理循也相信日本的谎言，他在1月28日致蔡廷干的信函附件中仍对日本所提要求的苛刻表示怀疑，表示宁愿相信英日"亲密"的同盟关系是坚不可摧的，他甚至为日本辩护说：

> 有关日本所提要求，不幸至今仍保守秘密。如果完全保持住了秘密，那也不坏。可是，它已经泄露。其结果使真假混淆。如今流传着最离奇的谣言：传说日本进行侵略；传说侵犯了中国的主权；传说侵犯了中国的领土完整。真相究竟如何，我不知道。因为我同街上的行人一样，完全被蒙在鼓里。
>
> 任何以揣测日本不愿把她的政策透露给英国政府为依据的理论，全是一种不值得考虑的理论。英国与日本的关系，从来

没有象现在这样亲密。战前很久他们就是盟国。战争中他们仍然是盟友，而别的大国仅在战争爆发后才成为英国的盟国。

我虽然在这件事情上并无所闻，我敢肯定，英国政府完全知道日本致中国照会的内容，也完全知道日本在中国的政策意图。我敢于设想，英国政府自己已满意地查明日本无意背离盟国的政策，即以"保持中国的完整为基础，从而维护远东和平的政策"。

......

我认为准许把日本照会内提出的确实条件在报上发表是明智的。现在每一个记者都在向欧洲和美国拍发有利于中国的电讯，可是这些电讯全是以认定日本的要求就是公开谣言中所传的那些为根据的。让这种惊慌状态存在，会危及国家的安宁。如果把日本的真实要求公布，一定可加强中国的地位。如我在前面所说中国如果真以为日本在这件事上没有按照英日两国的现行条约把事情坦率地完全告诉她的盟友英国，那是不智的。

如果英国知道，几乎可以肯定法国和俄国也都知道，或者至少可以这样说，如果他们想要知道，我相信是定会把事情告诉他们的。①

1915年2月6日，袁世凯让一位外国记者秘密告诉英国驻华公使朱尔典"二十一条"的存在。两天后，顾维钧亲自把具体内容

① 骆惠敏编《清末民初政情内幕——〈泰晤士报〉驻北京记者袁世凯政治顾问莫理循书信集》下卷，第393~394页。

转告朱尔典。

直到 2 月 10 日，日本外务大臣才向英国大使承认第五号要求的存在。尽管如此，英国仍决定在大战期间不与日本发生争执，特别是当英国在战场上处于不利境地的时刻。在此之前，日本也把部分内容通知了俄国、法国和美国。俄国虽然担心日本在南满和东部内蒙古地位的巩固会危及它的势力范围，但由于它要依靠日本的军火供应，所以也不敢反对日本。法国政府没有表态，但它在远东的外交官却想乘机得到日本对欧战的支持，主张同日本做交易。在北京的法国公使甚至到外交部劝说中国接受日方要求。英国更是如此。

由于《泰晤士报》听信日本驻英大使的搪塞之词，于 2 月 12 日发表了题为《二十一条要求纲要》的电讯，只对日本向英、美等国公布的东蒙和南满以及英国所关心的长江流域的情况报道得比较详细，对于中国危害最大，各国列强所关心而日本不敢对外公布的第五号，并未明确地反映出来。电讯指责中国受德国的暗示和挑唆，把日本所提要求的内容谣传并扩大。该报编辑对电文的真实性提出质疑，他在电讯后面的按语中说：据我们了解日本对中国提出的要求，已经在上个月内通知英国外交部，而且法国、俄国和美国的政府也都已知道。日本政府的意愿是要把日本同中国的关系置于明确规定的基础之上。日本之所以这样做，看来首先是由于中国政府在战争开始时，在德国的影响下所采取的态度。在得到关于日本要求的详细而确实的说明之前，必须暂时不对要求的范围和性质做出判断。电讯讥讽中国说，与此同时，这些要求或许没有一点真正影响中国的完整，而中国也有惊惶的理由，她的积弱和屈从于治外法权，为外来干涉提供了那么多的机会，以致她对于既存的外国利益的任何重大扩展，例如完全接受日本要求所可能招致的，都不能处之泰然。国内政治应为日本现在采取的步骤负部分责任。电讯表示英国不会因为中国的利益而损伤英日同盟关系：

本届政府最近在国会中受到挫折，并面临大选和严重的财政问题，不能不依据大声疾呼的民意，采取前进的外交政策。因此由于中国的积弱不振，和其他关心中国命运的列强，都被纠缠在别处的事实，目前确实是个好机会，使得日本为国内不断出现的需要所迫，不能不作出某些行动。日本的要求对其他外国，特别是英国的利益有着密切影响。因为，在企业领域内，一个竞争者的活动必会限制其他竞争者的机会。然而，鉴于我们同日本的关系，特别是近来日本在海军方面为我们提供的有价值支援，英国如果在日本对中国合理的野心上设置障碍，那未免不够交情。英国一直设想日本的要求倘若为中国所接受，不致危害中国的完整，或者阻碍商业上的机会均等，也不会使英国已经建立起来的地位遭受预见不到的侵扰。[①]

英国媒体最初听信日本的片面之词，认为日本的要求是合理的，也是中国所能接受的。1915年2月13日，《泰晤士报》再次发表题为《日本对中国的要求》的社论。社论说，我们听到社论说日本所提要求在北京引起了极大的激动，这没有什么不正常，中

---

① 骆惠敏编《清末民初政情内幕——〈泰晤士报〉驻北京记者袁世凯政治顾问莫理循书信集》下卷，第401页。

国的激动，真的也罢，假的也罢，都是向中国当局提出任何要求的通常后果。要紧的是应当注意，传到我们这里的详细情节并非来自官方，而是完全从北京发出的。中国人讲出来的消息通常是靠不住的。目前，更有特殊理由必须极其谨慎地对待这些消息，不管是从什么渠道传到欧洲的。

英国媒体社论还指责中国受德国的指使，并对中国进行猛烈攻击：

> 中国胆小怕事，确实已躲避了别人诱使她提供直接挑衅借口的企图，然而她却轻易地屈从德国的指使，以为日本和俄国正有争端，中国在此时用不着表示不合理的殷勤，或者匆忙履行她对这两个强国的条约义务。……我们必须预计到远东仿制的这种"卑鄙报刊"在最近几天内必定会开足马力，把经过歪曲的日本要求的内容，泛滥于美国和欧洲，并且按照中德宣传家们认为最适宜于在盟国之间制造分歧的方式来评论它们。来自那方面的一切消息，一切意见都早已在来源地染上颜色了。……即使就我们昨天发表的北京版的要求内容而论，这些要求从原则上看不象是苛刻的，或者不讲道理的，……它们看来既没有以任何方式危害中国的完整，也不违背迄今为止一直为其他国家接受的"机会均等"和"门户开放"的原则。……大隈政府象别的政府一样，必须顾到公众舆论的各种思潮。它不能无视日本公众对于中国要两面手法和搪塞拖延所感到的不耐。但是，我们相信日本真诚想要乘目前时机，实现日本最有智慧的政治家们所抱的目标——英国也象他们一样真

诚地抱有相同的目标——即为明确澄清整个局势，并在远东建立牢固、持久的普遍和平。①

在这种情况下，已经知道事实真相的莫理循不得不站出来，向本国政府说明真相。

2月15日，莫理循将日本照会全文译本送交朱尔典，并提醒说，如果这些要求被接受，英国人将从此永远被排挤出长江流域、南满、东蒙、山东和福建境内的任何采矿事业。

日本的野心暴露后，英国内部就此问题发生了激烈的争论。中国外交部收到驻英公使施肇基2月19日电，电文告知英国下议院质问外务卿，英国是否已接到日本要求全文，能否通告议院。一议员问道，因此次战事发生之要求，四联军国曾否共筹解决之方法与解决之时期，如已筹备，请示内容。还有人质问外务卿，对于日本商务之进行，以及对于中国之要求，曾否虑及保全在华英商营业之安全与发达之法，英商及华官是否有请求英国表示态度之举。各议员希望知道首相对于以上各端，究竟用何方法以保持在华贸易之自由免遭侵犯。

阴谋被揭穿后，狡猾的日本向英国补充最初的绝密文件，主动解释，以把问题化小。因此，直到2月25日，英国仍持观望态度。英国议院担心日本对华要求有损英商在华利益，要求政府采取措施保持英商在华贸易自由。在下议院的一再质问下，英国外交大臣格

---

① 骆惠敏编《清末民初政情内幕——〈泰晤士报〉驻北京记者袁世凯政治顾问莫理循书信集》下卷，第400页。

雷答复说，不能宣布中日秘密条约。

因第五号中有长江铁路之要求，涉及英国利益，英国对日本一度有所交涉。

3月5日，英国外交大臣电告其驻日大使格林：如果日本像其他列强一样巩固自己的地位，英国不加以反对，但若日本要占领北京或建立对中国事实上的保护权，那将是违背英日同盟意志的。

3月13日，中国驻英公使施肇基电明外交部，英国外交部对下议院质问做出如下答复：英国在中国有极大的权利关系，政府已决定保持这些利益。但只是对于"二十一条"中与英国在长江流域利益相冲突的条款不能同意。而英国以为现今日本所指在华权利还不会影响南满铁路，不会妨碍英国在华利益。总而言之，日本在中国扩充权利，如果其所扩充的范围无伤于英国权利，则英国不会阻止。假如中日交涉不能将外交手续结束，或许将影响到中国独立和领土完全，但这是以后的事情。英国外交部还向下议院担保，日本所要求的是其分内所应得者，不致影响中国独立、领土完全，这也是英日同盟的宗旨，日本不会违背这一宗旨。

3月16日，格雷把这一意思告知日方。4月24日，英国政府照会日本政府，指出扬子路线中英已有成约，请勿相侵。

日本对英国并不俯首听命，在4月26日提出的修正案中，仍列有长江铁路之要求。27日，中国外交部急忙通告英国。当日，驻日公使陆宗舆连续三次收到外交部的电文，要他立即派秘书到英国驻日使馆，告知日本对长江铁路要求案的新情况，并探问英国的意见。

英国驻华大使对中国这一举动深表感激，当即回答说：3天前，英国发布了一份公文，详细记载了扬子路线中英已有成约，特请日本政府加以注意，而且还正式交给了日本政府，只是还没有得到回复，并表示将请政府密切关注谈判进展情况。

对英国的劝告，日本反其道而行，采取联俄制英的策略，以逼英国就范。

陆宗舆于29日致电外交部，说探听到加藤故意以联德口气恐吓英国，英国由于战事失利，甚为惊惧；俄国政界及报界也极力提倡联日；美国唯恐变成英法俄日四国同盟，正在探听虚实，也在观察中国形势。

英国急于知道日本的真实用意，外交大臣格雷致电驻日英国大使，要求他告知日本外务大臣，英国对于中日两国国交决裂的状况至为关切。但由于身为日本盟国，不能将对此事的态度正式发表。格雷还劝加藤发表中日两国纷争的正式声明，说明其冲突之处，以表明中日争端中，并无与英日同盟协约中有关中国的内容有任何矛盾之处。

事实上，英国关心的主要是其本国在华权益问题。5月4日，陆宗舆前往英国驻日使馆会晤英国大使，交谈中日交涉情形。随即，英国大使前往晤见加藤，对日本有损英国在华利益的要求提出劝告。英国大使在递交给日本的备忘录中指出：

> 日本之要求条款中尚未得到解决的，只有第五号问题。若果然如此，则英国政府殷切希望日中两国之外交关系不会因此而破裂。关于第五号之内容，甚至没有包括在当初通报给英国政府的通告内容之内，而只是称其为希望条款。关于这些要求

之正确意义，坊间似乎存在着一些不解之处。即聘请日本人担任顾问之要求，按照日本政府致英国政府通报之措辞，似乎并无不妥，但这就等于北京新聘请的全部外国顾问之过半数是日本人。换言之，这可以解释成日本迫使中国聘请众多日本顾问，且其人数已经远远超过了其他所有国家受聘顾问之总和。如果真是这样，则在中国设置保护权，已经为时不远。而对于武器供给要求之解释，似亦表明日本将一手垄断武器供给之权利。

中国若以日中外交关系之破裂来拒绝可作上述解释之要求，并因拒绝日本要求而出现某种状况，引发某种事态，则在英国舆论，目前这种事态和日英同盟各项条款之间，将无法进行调和。①

英国警告日本，如因第五号条款而与中国破裂，英国舆论将认为它违反英日同盟精神。因此，英国希望日本要么停止上述各项索求，要么明确日本对上述要求之解释上的错误，只能二者择一。

在这一过程中，英国不断对日提出劝告。形势似乎愈演愈烈，至5月6日前，英方通告日本政府，"如诉诸强压手段时，应先咨询英国之意见"。

但日本政府又耍同样花招对付英国：以日德同盟恐吓英国。在提出"二十一条"前，日本已经施放烟幕弹，扬言说德国驻华大

---

① 王建朗主编《中华民国时期外交文献汇编（1911~1949）》第1卷中，中华书局，2015，第864页。

使辛慈每天都异常忙碌，德国记者也常去日本使馆，商讨日德同盟之事，准备承认日本在远东自由行动。当修正案提出后，这一谣言仍未销蚀。由于有英日同盟，英国已将印度、新加坡等地的军事基地全部交给日本代守，将各地驻防之英兵调回国内。如果日德真的结成同盟，那么英国远东南洋各属地马上会陷入危险之境。何况其时英国在欧洲正大败于德军！

日本除了以日德同盟实施恐吓外，又放出准备实行日、俄、英、法同盟的烟雾。日本还强调，东方之事，不仅是英日同盟关系，日俄也在其列。

面对日本的恫吓，英国惊惧万分。既不敢开罪于日本，又得知最后通牒已交给中国，英国对日的态度马上由若即若离的纵容观望来了个180度大转变，明白表示谅解。

5月5日，朱尔典改变语气，表示英国不会给中国任何支持。5月6日，要求日本在对中国使用武力前，必须与英国协商。但被加藤拒绝后，英国政府不再表态。

5月7日，格雷向中国公使表明态度，中日之间的纠纷只能由中国自己去解决。

5月8日，朱尔典访问陆征祥，请他送信给袁世凯，说中国目前情形至为危险，没有力量同日本抗争，欧洲大国无暇东顾，若与日本开衅，将自陷于万劫不复之地位，劝他无条件地接受日本要求。

二　美国秉持列强在华"机会均等"原则

"二十一条"交涉期间，与日本有直接或间接同盟关系的英、法、俄三国正陷于欧洲战场，德军不断获胜，日本的向背有举足轻重之势。因此，相对而言，只有当时处于超然地位的美国，才敢对日本公开发表意见。但美国的态度也极其谨慎。

早在 1914 年 8 月 19 日，即日本就德国在山东权益问题向德国发出最后通牒的第五天，美国国务卿布莱恩电令驻日大使古斯立向日政府致送照会，表明美国对日德在华利益的关注：

> 美国政府对于日德两国政府间发生可以招致战争之异态，深为惋惜，因持绝对中立政策，对此争执不表示任何意见。虽然，日本之要求胶州之德国租借地，系为交还中国之目的，且在中国无寻取领土之野心，其行动绝对为与英同盟之故，此美国之所注意且认为满意者也。现再唤起注意，英日同盟目的之一为"保全中国之独立与领土完整及各国在华工商业机会均等主义，以保持各国在华之共同利益"。中国国内若有变乱发生，日本政府似以日本或其列强有考虑办法以恢复秩序时，日本政府在决定采取行动之前，无疑的，将与美国政府磋商。①

美国对日本的侵略野心没有等闲视之，但他所注重的只是维护各国在华利益，而非中国本身的主权。

美国国务院在关于日本政府提出对华"二十一条"要求的备忘录中指出："美国政府还是坦率地承认，由于领土上的邻接，日本和上述地区之间存在着特殊关系；对于日本建议之第一号及第二

---

① 王芸生编著《六十年来中国与日本》第 6 卷，第 255 页。

号，美国政府并未提出过任何问题。关于第四号及第五号之第二条、第五条及第七条，本国政府承认，上述条款未对美国及美国在华侨民之既得权利及利益构成任何特殊之威胁。""但第五号之第四条，将购买武器局限于日本一国；在第六条，则企图垄断对于福建省之开发。对此，美国政府认为，如果上述要求得以实现，将损害其他国家在工商业上理应享受的机会均等主义。"①

美国还提出，在第四号里，禁止中国将沿岸港湾或岛屿让与或租与其他国家；在第五号之第一条里，要求中国聘请有能力的日本人为政治、财政及军事顾问；在第五号之第三条里，提议在必要地区，由日中两国合办警察事务。这些条款同样值得关注。美国认为："这些提议，一旦为中国所接受，即使不侵害中华民国之领土完整，亦将明显地损害其政治独立及行政完整。关于购买武器之第五号第四条，其情形亦大致相同。在美国政府看来，日本和美国以及欧洲列强之间，在过去二十年间通过半正式声明、缔结条约以及互换公文而屡次确认的保持中国主权之完整这一原则和日本的上述要求之间，是难以调和的。因此，美国不能漠视某一国家在中国的政治、军事、经济上攫取支配权。美国政府希望贵国政府谅解，如果中国同意日本上述要求，势将排除美国市民均等参加中国之经济上及工业上之开发，且将限制中国之政治独立；对于迫使中国接受上述提议之行为进行遏制，是符合美国以及其他国家利益的。美国相信，迫使中国接受上述各项提议，将引起中国之愤懑以及相关国

---

① 王建朗主编《中华民国时期外交文献汇编（1911~1949）》第 1 卷下，第 860 页。

家之反对，将导致美国政府所暗自担心的、日本政府所不希望看到的事态的发生。"①

针对日本的对华"二十一条"要求，美国政府在给日本政府的备忘录中声明："在整个过程中，本政府以历史上作为日美两国关系之特征的友谊和尊敬之念，观察着日本在远东所采取的行动。本政府并不嫉妒日本在东洋地区之优越地位，亦不羡慕日中两国为了相互利益而亲密合作。本政府不会妨碍日本，不会干扰日本，亦不会胁迫中国反对日本。正如本文所言，美国政府殷切希望日本理解：除了维护中国之独立完整及商业自由，并保护美国在中国之合法权利及利益，美国并无他意。"②

其实，美国的态度在总统顾问豪斯上校的日记里说得非常明白。早在1915年1月25日，豪斯参加白宫讨论"二十一条"问题之后写道："可能引起麻烦，我建议慎重从事。目前我们还不能为中国的门户开放而对日本作战。"这是从山东问题发生以来美国的一贯态度。

始终与闻此事之机密的驻华美国公使芮恩施与美国国内意见不太一致。"二十一条"交涉期间，中国政府随时与芮恩施商权应付日本之计。他也为中国尽力出谋划策，交涉初始，他就建议中国外交当局对日本的要求逐条讨论，慢慢进行，拖延谈判时间，使世界各国得知真相。这一建议与中国政府的策略是相符的。

---

① 王建朗主编《中华民国时期外交文献汇编（1911～1949）》第1卷下，第863页。
② 王建朗主编《中华民国时期外交文献汇编（1911～1949）》第1卷下，第863页。

　　1915 年 2 月初，芮恩施获知"二十一条"的全部内容。他在给美国国务院的报告中指出，日本的要求伤害了所有其他列强的利益，建议美国政府介入这起交涉。但是美国政府并不赞同他的意见。

　　国务卿布莱恩不愿使美日关系紧张，因为当时两国关系已经由于日本移民问题而变得不协调。另外，他不相信报告的内容，只指示密切注视事态发展，并同英国进行联系。

　　威尔逊为表明美国的谨慎态度，于 1915 年 2 月 8 日发出一封致芮恩施的信函，信中写道：我感觉对于现在的交涉，给中国以任何直接劝告或任何直接干涉，均属害多益少，且将惹起日方之猜忌及敌意，中国将首蒙不利。同时，他表示正慎重注意情形，准备步骤于适当时机行之。

　　由于日本对各国解释第五号为仅供"友谊考虑"及"劝告性质"，迷惑了各方视线，所以美国国务卿布莱恩于 2 月 19 日致电芮恩施，说日本并不强迫中国承认第五号。

　　而此时日置益正在对陆征祥施用压迫手段，坚持不能仅仅讨论前四号，非全体谈判，会议不能再开。

　　2 月 22 日，陆宗舆致电外交部，报告在东京了解到的美国态度和日本的反应：

　　　　廿一电悉。顷派周秘书密询美代办，据云：渠先于本月七日得政府公电，面交加藤，内系质问日本此次要求是否无妨门户开放主义与中国主权。当时加藤面有愠色，询以如何解释？渠以代办地位未便加以解释。加藤乃言容径复美政府。又渠于十四日接美政府公电，内系质问此次日本要求有无侵犯吾国成约，此电以未见加藤，仅交松井次官，迄今未接回复。想日政府自经日使复美政府，可请驻美华使向美政府探听。如渠有所闻，亦当密告。惟请我勿告北京美使云云。①

鉴于这种情况，芮恩施立即回电威尔逊，请他注意美国人民在华的合法权利。

当第五号内容被揭示出来后，美国政府准备了一份长达20页的文件，并于3月13日以照会形式先将内容扼要告诉中日双方，然后将全文寄出。美国重申门户开放政策并具体谈了对"二十一条"的态度。它承认由于领土毗邻的原因，日本同中国的山东、南满和东部内蒙古有特殊的关系。美国国务卿布莱恩不认为第五号要求有什么惊人之处，美国不反对"二十一条"的绝大部分要求，它反对第五号中第四、第六两条，理由是这两条有悖各国工商业机会均等的原则；反对聘用日本顾问和合办警察，是因为它们有损中国的"政治独立和行政完整"。

3月23日，袁世凯会晤芮恩施，两人进行了长时间商谈，但芮恩施最终表示美国也没有好的对策。美国曾打算联络英、法、俄共同劝告日本和平解决，因得不到其他国家的合作而作罢。美国还曾建议美、英联合照会日本，提出抗议，但英国外交大臣格雷说这样做会损害英日同盟，不肯合作，表示应当让日本从中国有限度地取得一些权益，以作为日本参加对德国作战的报酬。

---

① 王芸生编著《六十年来中国与日本》第6卷，第257页。

5月6日，美国国务院再次电训驻北京、东京的大使，劝告中日两国政府相忍相让，要中方"本着忍耐友好的精神"与日本交涉。

当美国的训令到达北京和东京时，日本已发出最后通牒，美国的劝告因而被搁置。据俄国驻东京大使马列夫斯基电俄国外交大臣称：

> 美国代办送我一份华盛顿来电，内称，美国已向俄、法、英三国建议，共同向东京和北京提出友好而严肃的忠告，不要匆匆忙忙谈判，而应力求使谈判圆满结束。代办奉命把美国政府业已采取的行动通告首相和外相。因该电被耽搁四十八小时，代办于今日，即最后通牒业已提出之后才收到，故他认为已没有机会向加藤提出这份电报了，只不过同大隈作了一次显然是学究式的交谈。代办问我是否获悉美国驻彼得格勒大使已向俄国提出建议，是否已受命向东京政府发表有关声明。我答复说，尚未获悉美国采取行动，亦未奉到任何这类命令。①

美国的政策是"维持中国的独立、完整和商业自由，并保持美国人在中国的合法权利和利益"。日本发出最后通牒的第二天，美国国务卿布莱恩致电其驻伦敦、彼得格勒大使，建议英、俄为避免冲突，呼吁东京和北京之间继续进行谈判。英、俄两国并不支持

---

① 《帝国主义时代的国际关系、沙皇政府和临时政府档案》第3辑第7卷下册，纪莲译，陈春华校，第713号文，第412页。

美国的提议。俄国外交大臣沙查诺夫称："美国大使转告我，联邦政府拟对东京采取行动，以提醒日本政府对中国持温和态度，联邦政府请求对此项行动予以支持。"沙查诺夫"回避对这一提议表示赞同，指出俄日之间存在着同盟关系"。① 当中国征询是否可以就最后通牒提出保留意见时，库朋斯齐"最恳切地劝告中国尽快借日本突然表示愿对中国做某些极重要让步之机，立即表示同意无条件接受日本最后通牒，以免日本借口不满意中国的答复而着手采取强制手段及嗣后扩大其要求范围"②。英国外交大臣格雷的答复是，英国于美国大使提议前一天已经依据英日同盟章程与日方进行了联系，表示尽力促进和平，英国唯一需要做的事情是促使中国政府接受日方的条件。

在日本以最后通牒的方式强迫中国签订协约后。美国表示不承认中日两国间有损其在华利益的一切协定。5 月 11 日，美国国务卿布莱恩致驻日大使训令，要他前往会见日本外相，并面递如下照会文字：

> 鉴于目前中日业经进行谈判和即将举行谈判的情形及由于此等谈判结果所达成的协定，美国政府谨通知日本帝国政府：美国对于中日两国政府间已经缔结或行将缔结的任何协定或约定，凡有损美国及其在华公民的条约权利或中华民国之政治或

---

① 《俄国外交大臣致驻东京大使马列夫斯基电》（1915 年 5 月 10 日），黄纪莲编《中日"二十一条"交涉史料全编（1915～1923）》，第 350 页。
② 《俄国外交大臣致驻东京大使马列夫斯基电》（1915 年 5 月 10 日），黄纪莲编《中日"二十一条"交涉史料全编（1915～1923）》，第 352 页。

领土完整或通称为门户开放的国际对华政策者，一概不能
承认。①

对中国政府，美国也递交了一份文字相同的照会，表明维护美
国在华利益的态度和原则。

与此同时，美国并没有放弃历来采取的"利益均沾"政策。5
月15日，布莱恩对驻中日两国的美使发出训电：对驻在国政府声
明，现在交涉中之条约，其中任何条款经中国政府承认而对在华外
人之地位有所变更者，在最惠国待遇之下，美国政府亦将享有其
利益。

第三节　有贺长雄赴日"活动"日本元老

"二十一条"提出的次日下午，袁世凯交给总统府秘书曾彝进
一项任务，要他即刻拜访总统府日籍法律顾问有贺长雄，说服有贺
返日，向松方侯爵等元老报告大隈重信不顾国际惯例，派公使不经
外交部门径直向民国大总统提出"二十一条"无理要求等情，并
探听日方的真正意图。

有贺长雄（1860～1921）是日本国际法学家。毕业于东京帝
国大学，后来留学德、奥，获博士学位，回国后曾任枢密院书记
官、东京帝国大学国际法教授。在1894～1895年中日甲午战争期
间任第二军指挥官大山岩的顾问；在1904～1905年日俄战争期间，

---

① 《中美关系资料汇编》第1辑，世界知识出版社，1957，第467页。

任日军第三军的法律顾问。1913年由袁世凯的英籍政治顾问莫里循推荐，被聘为中国政府法律顾问。有贺长雄任袁世凯总统顾问，原本为日本元老派的对华策略之一。袁世凯任命他为顾问时，日本公使坚持要求付给他每年4000英镑薪金，并签订了为期5年的合同。

负责对日外交秘密事务的曾彝进，字书度，四川华阳人，早年留学日本，入东京帝大法学部，与有贺长雄有师生之谊。毕业后回国，先后任职于工部、邮传部、大理院、资政院；民国时曾任约法会议议员、政事堂参议、国务院参议兼总统府秘书，是袁世凯的心腹幕僚。

正是由于曾彝进与日本有一定的渊源，袁世凯才指派他与有贺联络。

曾彝进得知，有贺也不知道其中内幕，而且他本人对日本提出"二十一条"持否定态度，认为对有三千年历史与四亿民众的中国实施高压手段绝非永久之良策。袁世凯认为有贺的态度相对于日本激进派来说尚为可取，所以迫不及待地提供旅费一万元，派遣有贺返回日本，利用他与政界元老松方侯爵和山县公爵等人的关系，摸清日方的底牌，并活动各元老。井上馨、松方正义、山县有朋等日本元老，与强硬派在使中国最终分裂的终极目标上是一致的，但在采取策略手段等问题上存在一些不同意见。

1915年1月20日，袁世凯再令曾彝进去见有贺。对劝说及安排有贺返日情形，曾彝进做了如下记述：

> 翌日入府，项城又叫我进见，云："我想叫你再去同有贺

谈话，我请他即日回国一趟。他能不能直接见松方侯爵及山县公爵，把大隈提出的‘二十一条’要求，及他叫日本公使不守国际间通行礼貌，直接向一国元首提出无理要求的情形，告诉元老，并询诸位元老的真意。”云云。我立刻又往晤有贺。有贺始而觉得回国晤元老，颇有难色。我云：“二十一条内容，我实一字不知。但我看大总统似已决心全部驳回，一字不能答应。事已至此，你想，若真决裂，我固不利，兵连祸结，你日本也未必有利。”他心动云：“松方侯爵、山县公爵都请我讲过宪法及国际公法，都是熟人，我可以回国一趟”。遂定翌日即行。我回报项城，项城立开条，命我向收支处领一万元，送有贺作路费，并云：“如他略有嫌少之意，快来告诉我。”现在项城始将“二十一条”内容约略告诉我，命我转告有贺。……我立刻将一万元送去，并将“二十一条”内容大略告知有贺。翌日，项城已密派便衣宪兵二人，护送他到沈阳，我亦奉命至车站送他。①

为掩人耳目，袁世凯政府传出有贺回日本的其他消息。如《北京日报》报道说，有贺长雄日前归国，与大总统告别，临行赠言谓：有贺今去，愿有三事为大总统告，一行政司法不宜相混，二立法院宜速行组织，三国民会议亦务宜成立。外间议论有贺氏自至中国后，仅此三语为最有价值。并闻有贺今年之契约虽满，此去一

---

① 曾叔度：《我所经手“二十一条”的内幕》，《近代稗海》第3辑，四川人民出版社，1985，第280~281页。

时未必再来，但与中国关系未断，大总统有事相招时，彼即来京。①

回到日本，有贺首先拜谒井上，直接阐述自己的意见。井上认为他的意见有道理，嘱咐他前往谒见山县、松方等人。

对有贺的陈述，日本元老虽以为然，且深信其有益于日本，却不愿亲自向政府提出忠告，唯恐因此而导致政局动摇，于是令有贺转相传述，以回避责任。

1915年3月5日，陆宗舆致电外交部，报告有贺在日本四处接洽的情形，说有贺已拜谒井上馨、松方正义、山县有朋。陆宗舆汇报说，只有山县知道一些日本此次对华所提条件及交涉大致情况。松方听了有贺的报告后说，第五号一、三、四款有碍袁总统体面，也非日本永久之利，准备与山县联合向政府提出忠告，劝阻使用武力，以免伤及感情，引起恐慌。山县还对有贺长雄表示，对旅大南满延期一款，日本誓将不达目的不罢休，即使使用武力也在所不惜；满蒙居住贸易一款虽然非常重要，但是可做修正条件，使之无妨中国主权及各国均等之约；其他条件，决不至以兵力相迫；此次日本守队调换，应当与外交无关。有贺据此得出结论，"各元老口气，均不满意政府措置"。

3月9日，外交部致电驻日公使陆宗舆，令他会见加藤，以探听日本政府口气。同时，还要求他与有贺秘密接洽，向日本元老透露日置益的恐吓情形。电文提出："希面见加藤，详细陈说，速予同意，以期圆满解决，并探其口气有无日本公使所云情形。并密与

---

① 《有贺长雄之临别赠言》，《北京日报》1915年3月2日。

有贺接洽，将中国看重元老意思，完全承认旅大南满安奉条件，并各条让步之程度，与日置恫喝情形，密陈元老，设法维持。南满换防，本应四月底举行，此次提前换防，是否含有他种野心，抑仅作虚声，详探电复。"①

一个月过去了，袁世凯面临日本的军事威胁日甚一日，危急关头，他仍寄希望于日本元老出面干涉。4月9日，曾彝进电复有贺，将谈判情况相告。曾彝进在电文中希望他要求各元老"维持"大局：南满各条，中国已事事屈从日政府的要求，只是在"内地杂居之日本人，须服从中国警察，照纳赋税，民刑诉讼仍照条约办理"这一问题上有分歧，希望日本同意中国的意见，以留作友谊之纪念。中国政府还切盼日本政府训令日置益公使稍为让步，速予同意，以速行解决，使亲善方针尽早得到实施。两国亲善交往，在于永久之感动，而不在目前之快意。希望各元老予以同情和谅解。至于民众排斥日货一事，政府已全力镇压。而日本在奉天、山东方面骤加军队，到处肇衅，人民惊疑，益形愤激，实非两国前途之福。

有贺长雄在日本奔走于各元老之门庭，袁世凯对他寄予莫大的希望，并自认为产生了良好的效果。

4月10日，陆宗舆电告外交部：

> 有贺电已转，顷有贺密告，松方甚感大总统盛意。此次缓发军队，确系松、山两老之力。松方并言万一谈判决裂，愿自

---

① 王芸生编著《六十年来中国与日本》第6卷，第186页。

行赴华解决，以全邦交。特来询谈判近状，舆告以南满问题将完，东蒙后议。日政府或非置重五号，顾问一条业已议决，三号本系商办，近英日为中国问题，报纸时有反响，日本决不犯以扬子路款伤同盟之好。且英法俄已有劝告，与其为枝节问题致他国进言，毋宁由元老暗自调停，就此了局。加藤本有派特使致礼之说，若以元老调和完事，藉此到华一行，中日邦交转形圆满。有贺甚以为然，拟转告松、山两老，惟怕政府醋意，尚须探询意见，颇费周折云。①

4月15日，陆宗舆又致电外交部，告知井上注重汉冶萍一款，主张为显示公允起见，日本若松铁厂也应与中国合办。松方、山县都表示愿意尽力，意欲将汉冶萍移做后议。陆宗舆希望政府"切宜坚持数日，听元老消息。汉冶萍祈先勿轻让，或备将来应酬元老"。

4月16日，有贺请元老速决方针，得到消息后，陆宗舆回电北京外交部说：云蒙古问题，元老近意亦不注重，五号更无容论。祈勿再让。汉冶萍切望提开。

孰料，山县以卧病在床为由，拖延与有贺见面的时间。陆宗舆19日电外交部，说日本元老以为等待政府征求他们的意见时再提出自己的看法才能免干涉之嫌，松方表示对福建声明不借外款一层已极形满足，并建议汉冶萍应于日后另行协议。

随着"二十一条"要求公之于众，各列强国内舆论出现对日

---

① 王芸生编著《六十年来中国与日本》第6卷，第215~216页。

本扩大在华势力的担心。日本统治阶层中的元老派也不愿与其他列强发生冲突，终于与政府接洽了几次，要求政府采取较为节制的行动。

4月21日晚，陆宗舆致电外交部，报告有贺转达的加藤对元老之答复内容：

> 有贺君密告：政府于元老接洽关系，已有所闻。昨日阁议密定让步各条，今日由加藤面告山、松两老：一、宣言将胶澳还中国，开为商埠，日本设专管租界。二、南满警察规则，须与日本协议，裁判仍行会审。三、东蒙以四条件解决，不再他求：甲、增开商埠，乙、铁道不许与他国；丙、租税不供担保；丁、合办农业。四为汉冶萍由人民协议，政府惟同意尽力。四号宣言已足。五、福建因万国抗议，日本已向美说明日本以自卫之必要，不许他国有军事经营，至经济经营则仍均等，美已赞同此意。其余五号各条，只留会议经过记录，不强要求等情。山、松似已满意，已派有贺告井上，俟井上同意，政府明后日方有训令云云。日置口中或尚有虚价，亦未可知，但此件请于事前万密不露。①

电文中所提日方密定让步内容与最后通牒所开内容大致吻合，可见日本此时已基本决定对第五号暂时放弃。

加藤将内阁会议结果征求元老意见，山县派有贺往兴津征求井

---

① 王芸生编著《六十年来中国与日本》第6卷，第217~218页。

上意见。第二天有贺才见到井上，井上要求加藤将谈判情形随时报告元老。

4月23日，有贺长雄致电曾彝进称：

> 山县又告加藤云：凡事非深悉里面情形不易公平判断，各元老因有贺而知内情，所益甚多。元老之用有贺以此。诸君以有贺忠袁，但有贺亦日本人，彼之理想中日亲善，即是元老主义。有贺果系何种之人，判断之责，一任元老，诸君幸勿妄加猜疑。又加藤访松方时，松方亦以交涉拙劣为责，至二时许之久，加藤大屈。[①]

有贺虽然拿着中国政府的俸禄，但毕竟日本的利益高于一切，他要陆宗舆转告中国外交部，望中国以后谈判勿拘既往谈判形式，就大体先表同意。其有碍主权者，不妨彼此推诚熟商，并不宜拖长时日。

袁世凯对有贺在日本元老间的奔走功效深为满意，谕令曾彝进于4月25日致电有贺，以示嘉勉。电文说有贺"为中日亲善，惨淡经营，备受劳苦，感佩交深，元老以亲善主义，实获我心，堪为东亚大局幸贺"，"不徒为本国计，兼为友邦计，区区苦心，知时者当能见谅"。[②]

5月10日，曾彝进再次转达袁世凯对有贺的谢意：

---

① 王芸生编著《六十年来中国与日本》第6卷，第219页。
② 王芸生编著《六十年来中国与日本》第6卷，第220页。

有贺先生足下：前接惠书，当即译呈大总统钧阅。此次交涉，我大总统极欲敦睦中日邦交，保全东亚和平，其最真挚之情谊，直接见知于足下，间接见喻于贵国元老，徒以未能见谅于贵国内阁，以致生出种种误会，构成现今状况，良可叹息。在足下确知大总统亲日之真意，又灼见夫中日两国同处一洲，允宜交好，以享两利之福，不应交恶，以成两败之局，奔走调停，非为彼此一时计，实为两国百年计。使贵国内阁深明此义，最初即舍胁迫手段，而用真挚协商，何尝不可达此次最后通牒要求之口的。独惜此意惟足下与贵国元老远见及之，而贵国内阁未见及也。我大总统笃念邦交，力保和平，对于贵国最后通牒，业已完全答复，两国情谊当能渐次融洽。惟闻贵国内阁误疑足下，致使足下衷曲莫白，转涉嫌疑，我大总统深抱不安，嘱为转达，愿足下自今以后，善自智全，勿以敝国前途致累达士，是所至望。贵国元老阁下对于此次中日交涉力主和平，我大总统尤为感谢。如足下将我大总统感谢元老之意代为传达，于足下并无不便，即祈代为传达，至盼。①

但国内舆论界对有贺与袁世凯的密谋却另有评价，如有人指出："近来日本报章，每诋毁有贺长雄博士，评为卖国奴者，实日人之苦肉计一也。自中日交涉发生以来，有贺氏所主笔之《外交时报》，满纸无非为日本辩护画策者。今欲使我国不疑有贺氏，并

---

① 《曾彝进代总统袁世凯致有贺长雄感谢函副本袁的批复》（1915年5月10日），北京大学历史学系藏档案。

欲使我信赖其顾问，以为后日解决两国问题之地，我国宜注意焉。"①

当时国内舆论的这一观点，是值得关注的。近代以来，大部分日本人都主张侵华，攫取在华利益。即使是支持辛亥革命的日本人，其目的也是使中国政局混乱、分裂，以扩大日本在华侵略势力。

第四节　日本的最后通牒与中国的委曲求全

由于每次会议都没有完全达到目的，日方深表不满。第六次会议以后，日本施用恐吓手段，一面增兵南满，一面由日置益对华进行威胁。中国开始有所退却。当日本发出最后通牒，惊恐万状的袁世凯政府决定接受日本的要求。

一　日本对中国拖延策略的不满与威胁，直接增兵中国

在第七次会议上，日置益非常恼火。会议刚开始，他就叫嚣不已，埋怨会议进展缓慢，并以警告的语气对中国代表说，自第一次开议以来，进展极缓，今日已是第七次会议，而毫无进步。而且从第六次会议的情形看来，深觉可惜，讨论时间不少，不过仅为文字上之争执。此次交涉的是重大问题，对于中日两国关系的影响非同小可，万不可不急于进行。他还说，近来报纸传说，中国政府是为了借第三国之干涉而拖延时间，无论有无此事，都切盼中国政府极

---

① 《来函照登·来函二》，《北京日报》1915 年 5 月 25 日。

力维持，从速进行。

外交总长陆征祥简单明了地总结了历次谈判的内容和结果，指出会议并非毫无进步。他强调："本国政府尊重贵国政府之意思，考量而又考量，此次会期既促，讨论时间又长，当然可以进行。至报纸所云第三国干涉绝无其事。中日两国交涉，自应两国直接谈判，何能令第三国干涉？"① 日置益提出："此次交涉极愿速了，为本国政府最初之希望，谅贵国政府亦有同情。始奉本国政府训令，系欲每日开议，贵总长言部务甚忙，又请隔日开议，迄今尚未得同意。虽贵总长公务甚多，而此次问题关系至重，万一谈判决裂，不能得圆满之结果，必有危险，顾不可惜？此事本公使视之最重，似贵国政府不甚注意，是以进行不速。近来中国报纸攻击日本甚烈，然日本之舆论，则仍持谨慎之态度。故本国国民至为着急。日前东京时事新报及大阪每日新闻，均特派社员，来京调查交涉情形，并有熟悉中国之情形之中西政树其人者，亦来北京调查一切，彼等不能无所用意，故进行愈不能不速。"② 陆征祥指出："从速进行，不但为两国人民之所愿，本国政府亦有此意，即他国亦盼望早日解决此问题。但贵公使曾云照普通之交涉办理，若照普通交涉，则每星期仅能会议一次，今则会议两次，且时间甚长，并非不愿从速进行。即如贵公使最初要求发表意见，本总长即发表意见，嗣请再行考量，本国政府又赶紧考量，由曹次长告知贵公使。本国政府极愿从速进行之意，当早为贵公使所洞鉴。"③

---

① 王芸生编著《六十年来中国与日本》第 6 卷，第 173 页。
② 王芸生编著《六十年来中国与日本》第 6 卷，第 173～174 页。
③ 王芸生编著《六十年来中国与日本》第 6 卷，第 174 页。

1915 年 3 月 8 日，日置益访晤曹汝霖，威胁说，如果中国几天内没有提交使日本满意的答复，恐怕会有不测之事发生。

曹汝霖指出，以此次会议，中国方面力求从速，现在已允许每星期开会三次，而且对此等重大事件，绝非极短时期内所能了事。他举例说，西藏会议，八月无成；恰克图会议，已逾七月方告竣。此次仅历时月余，开议七次，而所得结果，如烟龙滩应向山东开埠，旅大展租，南满路约均已通过，不能再视为迁延时日。如果日本再以其他手段相逼，那将与双方维持和平、互谋亲善的本意不相符合。他希望日本体察中国政府用意，否则会延误两国前途方针。

除了表达不满和威胁，日本直接增兵中国。3 月 13 日，加藤致电日本驻彼得格勒大使，告知会谈虽已进行多次，但他认为有特殊意义的某些条款尚未被接受，日本正准备采取军事行动。日本帝国政府认为，在此问题上必须施加军事压力，日前已提前派遣一部分师团去满洲换防，而驻在满洲的师团虽然返期已近，但并不撤回，还决定原部队与新派的占领部队同时留下，因而实际上山东将驻扎更多的师团，这些师团和其他师团将于 3 月 16 日和 17 日乘船出发。

事实上，日本一直在做军事调动，时刻准备以武力威胁，甚至直接就此侵入中国。唯恐受西方国家干预的日本急不可耐地又一次使用军事威胁的套路，而且又一次获得成功。

外交部于 3 月 22 日致电陆宗舆，告知：接济南来电，坊子近到日本步兵 500 余名，炮马各一队，济南亦到日本步炮队约 700 人，尚有大队续到。奉天亦来电，日本在奉天军港增兵 3000 余人，大连湾东港亦到日兵 3000 余人。

外交部指出，胶澳战事早经解决，沿胶济铁路少数日军正在协商撤回，现今日本忽然增兵如此之多，而奉天地方更无增兵之必要。对此，外交部深感怀疑和惊讶，要求陆宗舆查明日本增兵的原因，并尽快复电。同日，外交部照会日使，质询增兵原因。

3月24日，陆宗舆会晤加藤后，致电外交部，告知日本以中国排斥日货为借口增兵等情况。

> 十九电悉。顷晤加藤，面诘增兵理由。渠云：此次不过新交代，其稍增人员者，实为中国各处有排日骚动，初则山东，近上海尤甚，天津亦然，自须相当警卫，如果有侮辱日人之事，交涉恐更为难。舆言排日货事，我政府早已严禁，即上海租界亦已严电警戒。商埠人心惶惑，实因日本增兵而然。渠言此皆贵国牵长谈判所致，如每次会议后外国记者即将内容通告英美，因用外人新闻政策，以致群言尤杂，人心摇动，甚为中政府不取。凡重要谈判不密，利少害多，本大臣非过急催，甚恐长此漏密，或致变生意外。现求将谈判速了，人心一定，当然将军队速退。现在谈判中，两国国民即有误解，事定后不特冰释，即我天皇亦当以专使特表敬礼云云。舆将新闻漏密力为辨明。渠又言：现日本新闻，固令坚守静密，但选举事了后，无责任言论杂出，万一因事鼓煽，亦非贵政府之利。排日等事，甚注意，至增兵公文，当即令日置答复。彼此谈甚长，余另详。舆，念四日。①

---

① 王芸生编著《六十年来中国与日本》第6卷，第201～202页。

关于增兵之抗议，日置益以口头答复，与加藤之言大致相同。日本军事行动日益频繁。3月25日，烟台交涉员吴永电外交部，日军有一师团在大连登岸。3月29日，日军在沙河增兵500人。

外交部于29日再次照会日置益，请他从速实行交涉，并转达照会于日本政府。外交部说明，目前中国并无不稳定情状，排斥日货一事，除上海租界外，各处都无此举。大总统又特别颁布命令，作为预防之告诫，绝不至于酿成风潮。至于镇压地方骚乱，是中国之责任。现在会议正在进行，日本国无端派兵，导致中国人心惊惶。

但日置益态度凶蛮，对中方第二号之修正案大为不满，尤其是对延长安奉铁路期限及日人因在南满东蒙杂居而要求的领事裁判权等问题，展开激烈辩论；同时一再逼迫中方讨论第五号，并威胁说：如果中国政府"不允照办"，"恐生不测危险之结果"。

与此同时，日本政府还以换防为名，往大连、青岛及塘沽等地增派军队，示以武力威胁。日军在沈阳、山东一带沿铁路掘壕筑垒，大力备战。4月2日上午，由张店开至济南日军270余人；下午，由坊子开至济南日军360多人。4月3日，日军步兵第41联1大队，工兵第17大队，乘亚细亚丸抵大连。4月10日，日军第17师团第24旅团司令部伊藤旅团长及第21联队，乘琴平丸抵大连，该队全部暂住大连埠。5月5日，秦皇岛发现日军兵船1只、鱼雷艇4只。至5月6日，开往中国沿海海域的日本舰艇序列如下：

（一）扬子江附近海域：鹿岛、三笠、常盘、日进、利根各舰及驱逐舰十一艘。

（二）马公海域：须历、明石、对马、音羽、秋津洲各舰。

（三）新加坡方面：平户。

（四）秦皇岛海面：周防、相模、千代田各舰及水雷艇四艘。

（五）青岛海面：宇治舰及水雷艇四艘。[1]

同日，日本陆军大臣通知外务大臣，已向下列部队发出紧急准备命令：驻满洲之第十三师团及第十七师团独立守备队、驻朝鲜之第九师团（师团司令部及步兵一个联队和骑兵、野炮各一个中队除外）。5月8日，日本驻汉口总领事濑川电告加藤，日军驻中国派遣队，已在相关包围兵营之地筑起防御工事，今后根据形势演变，此防御区域将更扩大。随着军事准备的完成，日本露出了真面目。中国处境更为艰难，不得不再三让步。

二　中国方面做出让步准备，提交最后修正案

在日本的军事威胁下，袁世凯政府不得已决定做出相当的让步。1915年3月9日，外交部致电驻日公使陆宗舆，告知中国将在以下问题上让步：政府对于南满收买期限分别定明，安奉不能并论，现拟撤回修正案，照南满提第一条完全同意；南满内居住贸易，期于不妨主权，另筹办法；耕作拟中日合办，垦务仿照采木公司之例，此于无可设法之中，为让步至极点之办法；至东蒙地方，

---

[1]　章伯锋、李宗一主编《北洋军阀（1912～1928）》第2卷，第813页。

尚未完全静谧，现已宣布开议之赤峰洮南尚未实行开埠，将来商业渐兴，似可续议扩充；惟我对于旅大南满安奉完全同意，满洲内地居住贸易耕作亦拟有办法。对于实在难让之第五号，亦将互让一步，声明不议，以期从速了结。

1915 年 3 月 10 日，陆宗舆回电外交部，报告日本方面加藤的意思：

> 九日两电悉。顷晤加藤，详告让步各情，先探询词气。渠谓前数日会议迟滞，正深忧虑，顷得日使电告，悉昨日会议情形极佳。中国政府真以诚意相见，余深满足。深望来次会议，从速进行，自即圆满解决。惟中国政府所提议居住及耕作办法，日政府尚难满意，当另行拟案。想南满已无荒旷大地，且组织大公司非易，或于东蒙用公司办法，似尚相宜云云。舆言：中国政府于居住耕作两项，须为永久治安计划，杂居办法固宜妥筹，而南满小耕作，即中华人亦多不便，故以合办公司为宜。渠谓此二问题，尚须详加研究，此外则东蒙要件不能不议。三号当易商议，五号虽推诚后议，却不能全置不谈。仍望贵国政府照昨议情形从速进行为祷云云。其词气极形满足。有贺拟不急托，但当令转达元老。今晨东报有青岛增兵号外，当系其早日计划，可置勿理。舆，十日。①

当陆宗舆与加藤会面时，加藤故意以缓和的语气和口吻交谈，

---

① 王芸生编著《六十年来中国与日本》第 6 卷，第 198 页。

使陆宗舆误认为加藤已有满意的表示。然而，令陆宗舆没想到的是，日本正对中国施加军事威胁，中国不得不让步，并提出最后修正案。

此时袁世凯通过有贺长雄及陆宗舆了解到，日本政府提出"二十一条"的"真意"在于获得在满蒙的扩张机会。于是他令中方谈判代表提出对日方第一、二、三号要求的修正案，基本上满足日本对满蒙的权益要求；对第四号主张由中国政府自行宣布，不将沿岸港湾岛屿让与外国，而不必订入条约；对第五号予以拒绝，表示"碍难商议"。

中国政府已做出巨大的让步，但日本因未完全达到目的而不甘罢休。外交部将最后修正案送交日置益后，日置益急电报告日本政府。1915 年 4 月 26 日，日本提出最后修正案，对于第一、二、三、四号要求，除文字上略有修改外，基本内容完全未变。对第五号要求，日方撤去第一、二、三、四、七条，保留第五、六条，但改为三项换文。

中国于 1915 年 5 月 1 日答复日本最后修正案，决定对第一至第四号原争议各款再作让步，但第五号仍然完全拒绝，据此作成最后修正案。

此案经袁世凯朱批修正，内容与日方修正案大致相同，第一、二、三、四号主要不同之处是要求日本将胶济地区归还中国，撤回日军，在华日人应服从中国违警律及违警章程，完纳一切赋税，与中国人无差别。对第五号同意不允许外国在福建沿海地区开设造船厂和建立海军基地。

"二十一条"交涉中，中国与日本的具体谈判由外交部进行，交涉步骤、策略、方针由袁世凯征求各方面意见后统一确定，但每一条具体的修改意见和接受日本条件的最低限度，都由袁世凯亲自确定。

曾任袁世凯总统府机要处长的唐在礼在《辛亥前后的袁世凯》一文中写道：早在 1914 年 5 月 9 日，袁世凯设立了陆海军大元帅统率办事处，由他亲自掌握。在中日"二十一条"交涉中，办事处也积极活动。

统率办事处也协助政事堂办了些有关政治的事务。比如，在袁与日本政府交涉"二十一条"的时候，全国各方面对这项交涉都很重视，群情激愤，都骂袁世凯卖国，各省常有很多电报质询情况。袁就吩咐政事堂、统率办事处，要合力把总统府为了军民人等的质责而发出的有关对日交涉情况的解释报道，充分地尽早地分发出去，以便使各省知道"政府处境的困难"。

蔡廷干是直接接受总统指使的外交大员。他跑进跑出，等于我们办事处的外交总长。当时外交部只料理些表面的公文，凡属袁世凯所重视的外交事务，都由蔡秉承袁的意志去交涉。接洽妥当，有了结果，再由袁衡量，把需要公开的事交由外交部办理；有些不宜公开的，就叫蔡直接办掉，到了适当的时候，有真正必要公开时，才通知一下外交部。比如哪条铁路让哪国去办，借多少钱，当交涉的时候，才交由外交部公布。有的只半公开地稍为提一提，还有越时很久仍未公布的。如西北的煤油矿，就我所知，是签了条约让给外国人开采而不许中国人开采的，由于外国人迟不动工，就宁可停在那里不开采。这

事也是很久未公开。当时不公开的原因，一面是瞒国人，一面
还是要瞒外国，因为当时各国之间争权夺利，处理不周密，常
会使事情办不成。到了既成事实阶段才公布出来，就不致在接
洽时横生枝节。所以，当时有不少的事，外交总长还没知道，
蔡却早已清楚。对袁世凯的卖国外交，蔡廷干起了确也起了很
大作用。蔡常到统率办事处来和我研究，尤其是关于日本方面
的事常来与我商量。请我估计日本究竟会怎样，会不会武力对
待，会不会大批出兵，他们的军事战略估计会怎样等等。①

唐在礼所述，既说明袁世凯直接掌握外交大权的情况，又反映
了袁世凯对日本的忌讳。"估计日本究竟会怎样，会不会武力对
待，会不会大批出兵，他们的军事战略估计会怎样等等"，即反映
了袁世凯在与日本的交涉中惧怕日本的军事威胁，极力避免发生战
事。这也是中日"二十一条"交涉的基本境况。

三　日本发出最后通牒

中日"二十一条"交涉中，日置益反复威胁陆征祥等人：中
国政府若不完全承认，日本政府将"执行严重手段"。5月2日，
日本外务次官松井、政务局长小池齐集于外相官邸商议，决定根据
4月26日日本最后提案发出最后通牒。

日本政府为表示强硬态度，派警察"护卫"有贺，限制他的

---

① 章伯锋、李宗一主编《北洋军阀（1912～1928）》第 1 卷，第 183～184
页。

行动。5月3日中午，先开元老会议，并实行动员戒严令。为迷惑广大中国民众，日本各报纷纷声言，此次交涉责任在于袁世凯，而不与四亿中国人为敌。

5月4日午时前，日本举行临时内阁会议，决定外务省议案。午后，又在首相官邸开元老内阁成员联席会议。会议先由加藤说明中日交涉经过，披露中国对日本最后修正案之修正内容，陈述所以不得不用最后通牒要中国承认，倘若不予承认，将诉诸最后手段。山县希望能提出："关于日置益公使之作法，时人议论纷纷，据予所闻，则临事颇为周密。然办此重大事件，即难免惹人疑惑，故日本应使人发生一种感想，皆认日本之作法为正当，以示信于中外，对于世界列强无所惭愧。此时加藤外相自为大使前往中国，向袁总统说明宇内之大势，使知我有诚意，袁必醒悟，倘仍不认日本提案，那时再用最后手段，乃不得已也。加藤外相自行携带最后通牒赴北京一行，不亦可乎？"松方也赞成此议。但加藤回答说，已没有"作此行之余地"。海相八代为缓和会场气氛，附和山县说："加藤外相或难前往北京，然则另择一人前往如何？"松方又质问："此举结果如中日断绝国交，则我经济上将受极大打击，此点不可不先觉悟。又事起时财政上之负担亦甚大，对此准备如何？"井上没有列席会议，而是从兴津用电话发表意见："时局情形无由知其详细，据报章而推测，或有不彻底之处。予之意见，今日望月小太郎回京，曾托其转达。予意帝国政府最初即行提出不必要之条件，已使谈判趋于复杂。南满治外法权、会审各项，于中国实属困难问题。又关于交还青岛，而欲收税关管理权实质上之利益，此于中国亦为难问题。如关于此点为贯彻主张而发最后通牒，事前须征求俄英美等国之意向。占有山东铁路等之德国权利，是否为万国公法所许，一千八百七十年普法战争之实例，亦应调查。要之，最后决定须先有细密之注意，万一有伤日本之威信，不得已而诉诸最后手段，须先疏通俄英美等国。又如出于最后手段而须占领要地时，将占何地，现虽不得而知，然如上海天津等与外国有关系之地方，则不可不力避之。时局发展后各地发生战事，不难预料，去年元老曾提倡日俄同盟，曾经首相外相赞成，此际须速进行"。①

会议中，加藤威胁说，如果不按他的方针行动，则请元老们负全部责任，自己立即辞职。于是，山县表态说，他所述意见只供各位参考而已，各位如何评议，可自行决定。各元老一齐走出会场，内阁成员继续商谈。会议最后决定第五号中除福建问题外，其余各款都留待日后协议。

翌日一早，大浦携带这一"让步案"，依次访问各元老，请求同意和谅解。午后，再次召开内阁会议，做政府内部决议。

5月6日午前，日本又召开御前会议，所有的元老阁僚都列席会议，也无异议，日本政府便决定向中国发出最后通牒。

5月7日下午3时，大隈政府向袁世凯政府外交部发出最后通牒。日置益将最后通牒送到中国外交部，并附"觉书解释"七款，参赞小幡还打电话给外交部，强调对此次通牒限48小时内完全"应诺"，不必做长文辩论。否则日本政府"将执认为必要之手段"。与此同时，日本政府颁布关东戒严令，命令山东、奉天日军备战，日舰游弋于渤海，进行武力威胁。

---

① 王芸生编著《六十年来中国与日本》第6卷，第236~237页。

　　日本政府在最后通牒中竟掩盖对中国威胁恐吓的事实，又一次往脸上贴金，把自己描绘成东亚救世主，通牒解释说："今回帝国政府与中国政府所以开始交涉之故，一则欲谋因日德战争所发生时局之善后办法，一则欲解决有害中日两国亲交原因之各种问题，冀巩固中日两国友好关系之基础，以确保东亚永远之和平起见，于本年一月向中国交出提案，开诚布公，与中国政府会议，至于今日，实有二十五回之多。其间帝国政府始终以妥协之精神，解说日本提案之要旨，即中国政府之主张，亦不论巨细，倾听无遗，其欲力图解决此提案于圆满和平之间，自信实无余蕴。"①

　　通牒还强调："帝国政府因鉴于中国政府如此之态度，虽深惜几再无继续协商之余地，然终眷眷于维持极东和平之帝国，务冀圆满了结此交涉，以避时局之纷纠。于无可忍之中，更酌量邻邦政府之情意，将帝国政府前次提出之修正案中之第五号各项，除关于福建省互换公文一事业经两国政府代表协定外，其他五项，可承认与此次交涉脱离，日后另行协商。因此中国政府亦应谅帝国政府之谊，将其他各项，即第一号第二号第三号第四号之各项，及第五号中国关于福建省公文互换之件，照四月二十六日提出之修正案所记载者，不加以何等之更改，速行应诺。帝国政府兹再重行劝告，对于此次劝告，期望中国政府至五月九日午后六时为止，为满足之答复。如到期不受到满足之答复，则帝国政府将执认为必要之手段，合并声明。"②

------

① 王芸生编著《六十年来中国与日本》第 6 卷，第 239 页。
② 王芸生编著《六十年来中国与日本》第 6 卷，第 241 页。

四 中国被迫接受日本最后通牒

面对日本的最后通牒，袁世凯政府既不愿完全接受，也不敢完全拒绝，但始终坚持不接受第五号内容。

据日置益 5 月 5 日向加藤的汇报电文透露，当日，曹汝霖与高尾见面，探讨日本的真实行动，高尾告知日本要求中国接受日本的最后修正案，否则无其他和平解决之途径。曹汝霖回答说："日本修正案如能全面接受，自当立即定案，又何需再费周折；经反复思索，万难全面接受，为此才日夜心焦。"[1] 曹汝霖还力陈日本最后通牒的不合法性，"激愤之情溢于言表"，"情绪颇为激越"。[2]

得知日本将发最后通牒，正积极地准备各种善后工作，身处日本的陆宗舆焦虑不已，担心战事一触即发，希望国内采取温和手段。5 月 4 日，他致电外交部，汇报了日本元老内阁大臣会议的情况，并建议"我国既决以和平对待，望勿遽行动员，为人借口"。第二天，又致电外交部和袁世凯说："大隈口气坚强，无从再商。明后日所发通牒，形式虽未可知，其决心谋我，形势已著，手段且甚恶辣。我国内外局势，万不宜战，英美又无力干涉，若待其兵临占地索赔，所损匪细，且恐横生意外，大局不堪设想。望速定方针，先发电示，庶通牒交到时，舆可先面告以和平解决，冀免有军事行动，多生枝节。国事危迫，望大总统钧断救国。"[3]

形势越紧张，陆宗舆越感到恐慌，他连连致电国内。5 月 6 日

---

① 章伯锋、李宗一主编《北洋军阀（1912～1928）》第 2 卷，第 809 页。
② 章伯锋、李宗一主编《北洋军阀（1912～1928）》第 2 卷，第 809 页。
③ 王芸生编著《六十年来中国与日本》第 6 卷，第 234 页。

早晨，陆宗舆电："今日已发南满戒严令，并开御前会议，事极切迫。来电普通让步意见，决难再商加藤。惟日日新闻载，因元老苦心调停，于最后通牒量加修正。虽确否未知，但现政府以命运相拼，如通牒果有修正，我只得见机转蓬。日政府确已准备一切，非前此增兵尝试之比。危机一发，惟乞预定是否方针。"①

5月6日傍晚，陆宗舆电："闻今日元老大臣会议，加藤颇有争论，顷闻最后通牒限九日午后六时答复，内容未详。惟望接牒后，先将诺否方针密示，以便准备，切祷。"②

5月6日晚7时，曹汝霖受陆征祥之托，前往日本使馆见日置益，再次表明中国政府对各号要求的意向，说明中国政府已做重大让步，希望日本能同意。但日置益认为，尽管曹汝霖所陈述各项与之前中国所提修正案相比已有"若干前进之处"，但与日方最后修正案之间仍有不少差距。因此，日置益明确告知日本已发出最后通牒。曹汝霖听闻日本已发出最后通牒后，"神色十分惊愕，连连解释、恳求，最后言称，将再作一番考虑，言毕辞去"③。

当日，袁世凯召开紧急会议，决定再做让步，并派遣外交次长曹汝霖面晤日置益，拟做最后请求。但已无济于事。

日本在向中国发出最后通牒的同时，做好充分的军事行动准备。加藤指示日置益，因日本方面已做好充分准备，即使中日两国断交，日本使馆人员不必担心安危，日本侨民也无须撤退。

对是否接受日本最后通牒，袁世凯政府内部有过讨论，主要是

---

①　王芸生编著《六十年来中国与日本》第6卷，第235页。
②　王芸生编著《六十年来中国与日本》第6卷，第235页。
③　章伯锋、李宗一主编《北洋军阀（1912～1928）》第2卷，第809页。

陆军总长段祺瑞表示反对，并做了一定的军事准备，但最终屈服于日本的军事压力，接受袁世凯的意见。8日上午10时，袁世凯在春藕斋召开会议。下午1时，又在纯一斋召集会议。副总统黎元洪、国务卿徐世昌、左右丞、参谋总长、各部总长、各院院长、参政院议长、参政、外交次长等出席了会议。

外交总长陆征祥因与英国公使朱尔典会晤，半个小时后才匆匆赶来。未及歇息片刻，陆征祥就报告与朱尔典会晤的情形。朱尔典担心中日开战，特意在袁世凯召开会议前委婉地对中国提出劝告。他对陆征祥说，今日中国所开大会，关系重大，所以在会议开始前来见。朱尔典指出，日本因各国忙于欧战，不遑东顾，提出最后通牒，意在挑衅以引发战争，而非恫吓，希望袁总统审查内外情势，不致中日本之诡计。朱尔典还指出，他听说陆军段总长（祺瑞）主张强硬对待，并已秘密动员，晚间运输彻夜不停，已达三星期之久，充分备战。但假如战端一开，后果不堪设想。作为与袁总统三十年老友，不愿见他遭此惨运，而希望中国暂时忍辱负重，力图自强，埋头苦干，十年之后，再与日本一较高下。他甚至声泪俱下地说，今日之会，重在外交，陆总长应负起责任力争，不可听陆军总长轻率之行动。他还坚持要陆征祥确实答复中国将慎重行事，才告辞离去。

袁世凯听了陆征祥的报告，感叹说，朱尔典所言实在是为中国的前途着想。他又称自己受国民付托之重，度德量力，不敢冒昧从事，愿听在座各位的意见。段祺瑞立即表示反对接受日本最后通牒，说，如此迁就，何能立国？宁为玉碎，不为瓦全！

袁世凯虽然认真听了各位的意见，但主意还是自己定。他以为段祺瑞所说完全正确，但更应审度情势，量力而行，倘若第五号不撤回，他也与段总长持同一意见。现在既然已经撤回，所议决的各条，虽然有损利益，但并不是亡国条件。段祺瑞仍持异议，他提醒说，民国肇兴即承认此案，倘若各国效尤，将无从应付。

袁世凯又分析中日两国国力的悬殊，声明自己本来不愿意屈辱承认，然而环顾彼此国力，不得不委曲求全。袁世凯发表讲话，指出外交部在"二十一条"交涉中的艰辛及取得的成效："此次日人乘欧洲方殷，欺我国积弱之时，提出苛酷条款，经外部与日使交涉，历时三月有余，会议至二十余次，始终委曲求全，冀达和平解决之目的。但日本不谅，强词夺理，终以最后通牒，迫我承认。我国虽弱，苟侵及我主权，束缚我内政，如第五号所列者，我必誓死力拒。今日本最后通牒将第五号撤回不议，凡侵及主权及自居优越地位各条，亦经力争修改，并正式声明将来胶州湾交还中国；其在南满内地虽有居住权，但须服从我警察法令及课税，与中国人一律。以上各界，比初案挽回已多，于我之主权、内政及列国成约，虽尚能保全，然旅大、南满、安奉之展期，南满方面之权利损失已巨。"[1]

袁世凯陈述完中日双方交涉结果后，表示今后要以此为耻，奋发图强，并激励大家："我国国力未充，目前尚难以兵戎相见，英朱使关切中国，情殊可感。为权衡利害，而至不得已接受日本通牒之要求，是何等痛心！何等耻辱！无敌国外患恒亡，经此大难以后，大家务必认此次接受日本要求为奇耻大辱，本卧薪尝胆之精神，预定计划，定年限，下决心，群策群力，期达目的。则朱使所

---

① 章伯锋、李宗一主编《北洋军阀（1912～1928）》第2卷，第822页。

谓埋头十年与日本抬头相见，或可尚有希望。若时过境迁，因循忘耻，则不特今日之屈服奇耻无报复之时，恐十年以后，中国之危险更甚于今日，亡国之痛，即在目前。我负国民付托之重，决不为亡国之民。但国之兴，诸君与有责，国之亡，诸君亦与有责也。"①

袁世凯一方面以国力薄弱为接受日本最后通牒的理由，一方面又警醒大家以此为辱。这也是导致历史上对袁世凯有两种不同评价的重要原因之一。一种观点认为他是极力维护国家主权，一种观点认为他是卖国求荣。

根据接受最后通牒的决议，会议接着商议如何答复日本，先是准备用长文答复，对日方各条逐条辩驳，后改为用简短的复文。

散会后，陆征祥、曹汝霖回到外交部准备起草复文。但陆征祥仍决定由因过度疲劳而发高烧，躺在北京一家德国医院里的顾维钧参加起草对日复文。拟稿人一致认为，虽然接受通牒，但我国应驳斥之处，仍然应该声明。复文经过仔细斟酌，三易草稿，由顾维钧用英文译述妥当。脱稿时，已过凌晨4时。天刚亮，曹汝林等人就携带复文稿前往总统府，袁世凯早已等候在办公厅，因紧张过度，神态有点异常，仿佛一夜未眠。

袁世凯正在阅稿时，日本使馆小幡催问中国的复文是否确定发出。小幡威胁说，最后通牒复文，只有"诺""否"两字已足，若杂以他语，彼此辩论，过了期限，反恐误事，务望注意。

日本还借口"免临时有误限时"，要求把中国的复文底稿，提早透露给日使阅看。紧接着，高尾来到外交部，审阅中国复文稿。

---

① 章伯锋、李宗一主编《北洋军阀（1912～1928）》第2卷，第822页。

高尾看后说"除第五项外"一语，不是通牒原文，必须照原文更正。秘书往还磋商，易稿数次，高尾始终不同意。

外交部秘书施履本亲持复文底稿至日使馆，给不久前坠马受伤的日置益公使阅看，日置益看到复文中有"第五号与此次交涉脱离"，并未注明"日后另行协商"，他大发脾气，表示拒绝接受这份复文。施履本只好持稿匆匆赶回外交部，向曹汝霖请示。经过几次修改，日本方面都表示不满意。反复好几次后，曹汝霖最后不得不在复文底稿上加了"容日后协商"字样，再由施履本送往日本使馆。日置益按照自己的意图，在复文上做了某些修正，直至8日深夜1时才告完毕。复文全文如下：

> 本月七日下午三点钟，中国政府准日本公使面递日本政府最后通牒一件，附交解释七条。该通牒末称，期望中国政府至五月九日午后六时为满足之答复，如到期不收到满足之答复，则日本政府将执认为必要之手段，合并声明等语。中国政府为维持东亚和平起见，对日本国政府四月二十六日提出之修正案，除第五号中五项容日后协商外，其第一号第二号第三号第四号之各项，及第五号中关于福建问题以公文互换之件，照四月二十六日提出之修正案所记载者，并照日本政府所交最后通牒附加七件之解释，即行应诺。以冀中日所有悬案，就此解决，俾两国亲善益加巩固，即请日本公使定期惠临外交部，修正文字，从速签字，为荷。[①]

---

① 王芸生编著《六十年来中国与日本》第6卷，第243页。

刚进入初夏的北京，显得格外令人郁闷，许多知情和不知详情的人都在忐忑不安中等待。5月9日下午1时，中国的复文由外交总长陆征祥、次长曹汝霖亲自送到日本驻华公使馆。从日本公使馆出来，陆征祥感叹说，自己曾参加俄国租借旅大的谈判，俄国财政总长维德因与中国代表不能达成一致意见，竟将条约摆在公案上，强令中方签字。中方代表答以未奉我皇命令，不能签字，维德拍案咆哮，出言不逊，骄横无礼。弱国外交，言之可叹！

5月10日，日置益前往中国外交部，代表日本政府申明答谢。11日，日使馆照会中国外交部，送来公文四件：（一）日本政府所交之条款；（二）会议后中国回答原案；（三）第二次之修正案；（四）中国第二次回答原案。当天，日本政府向全世界发布"二十一条"交涉声明。

5月25日，中日双方在北京正式签订了关于山东省的条约和关于南满、东部内蒙古的条约，还有换文十三件。条约和换文基本上是按照日本最后修正案的要求而定，只有一些非实质性的增删。因为这些条约和换文在民国四年达成，所以被统称为"民四条约"，即《民国四年五月二十五日中日两国政府所订之条约及换文》。这一条约包含《关于山东省之条约》、《关于南满洲及东部内蒙古之条约》及其他13项换文。

6月1日，袁世凯正式批准换文。8日，中日双方在东京交换文书。长达几个月的中日交涉宣告结束。①

---

① 程道德等编《中华民国外交史资料选编（1911～1919）》，北京大学出版社，1988，第205～206页。

在商讨如何答复日本最后通牒的同时，中国政府仍然采取新闻舆论手段，以获得民众的支持和谅解。5月9日，日置益在给加藤的电报中指出："5月9日当地发行的二十余种汉文报纸，俱将中国外交部提供的我最后通牒译成汉文刊出，慷慨悲愤，情绪激昂；并以5月7日为国民蒙受奇耻大辱之日，要作为纪念日永矢弗忘；痛呼国民今后卧薪尝胆，奋发图强，期于异日雪此耻辱。各报纸论调大同小异，关于交涉事项的报道与各种评论，几乎布满各报篇幅。"① "二十一条"交涉激发了中国人民强烈的反日爱国热情，中日"民四条约"这一不平等条约签订之日，便是中国人民强烈要求废除之日。

---

① 章伯锋、李宗一主编《北洋军阀（1912~1928）》第2卷，第815页。

第五章 中日"二十一条"交涉
对中国内政外交的影响

中日"二十一条"交涉与"民四条约"的签订引起中国人民的强烈愤慨,激起了强烈的反日浪潮。但是,它远远没有满足日本的侵华欲壑,成为日后中日外交"剪不断、理还乱"的争端,对中国内政外交产生了重要影响。等待中国的,是漫长的废除"二十一条"之路。

第一节 海内外反对"二十一条"的浪潮

从"二十一条"交涉伊始,至中国接受日本最后通牒,举国上下无不强烈抗议日本的强盗行径,群众爱国热情空前高涨。各地纷纷成立国民对日同志会、劝用国货会、救国储金会等团体,留学生、华侨也纷纷响应声援,爱国运动如火如荼,风起云涌。日本对此深为不满,胁迫中国严加镇压。袁世凯政府在内外压力下,做出种种姿态,一面发布申令镇压人民的反抗,一面向国内外宣布交涉经过,以求对内获得谅解,对外谋得同情,并待将来时机成熟,能在外交上获得突破。

一　国内各界反对"二十一条"交涉

中日"二十一条"交涉及"民四条约"对中国产生了巨大的影响，促使爱国主义不断高涨，不少人觉悟到中国人如要生存便必须抵抗外国的侵略。五四运动中"外争国权""外抗强权"的口号，各种反对"二十一条"的言行，外交家们为废除"二十一条"而做出的努力等，都是爱国主义的体现。

日本提出"二十一条"消息见诸报端之初，全国各省、各界纷纷要求政府宣示日本所提条件的具体内容。国内各报竞相刊载有关消息，发表措辞尖锐的言论。北京进步党机关报《亚细亚报》评论说："二十一条侵害我国重大主权，绝不应当与之谈判，坐而亡不如战而死。"群众的反对声更是一浪高过一浪。

1915年2月22日，浙江绅民朱福诜、徐定超、杨晨、王咏霓、虞和德、田世泽、徐光溥、林丙修、张世祯等致电袁世凯等人，要求将中日交涉内容择要宣示，以释群疑。他们表示，如果日本逼人太甚，国人将"忘身忧国、毁家纾难"，义不容辞。

几天后，南昌商务总会也要求政府"明白宣示，逐条拒驳，遍告友邦"。

2月24日，奉天农工商学各总会致电政事堂，揭露日本的阴谋，分析各种情形，要求政府慎重对待，说报载日本提议条件，不胜忧愤，欧战方酣，中日唇齿之邦，同种相亲总恐不逮，奥塞惨剧岂宜再见。况将来战事解决，各国歧义，亦非东瀛之福。果如报载所云，即使人有一二，亦复成何国家。日本长于外交，明悉事难办到，必先多方罗列，以验我国情。近来各省函电纷来，奉省各界人士因本省现处地位，利害尤切，尤复非常愤激，素念我政府洞悉外交，万不能稍为迁就，用敢电请严重交涉，早日解决，以保国体而安群情，则国家幸甚，人民幸甚。

湖南、广东、广西等省商务会、教育会、报界、进步党，都要求外交部将日本所提条件及交涉情形明白宣示，以期共图对付办法，救国于危难之际。

交涉过程中，举国愤慨，人人焦虑，无不强烈要求政府拒绝日本所提条件，并表示愿与政府共患难。

2月13日，安徽进步党、省教育会、商会电大总统、外交部、参政院，要求对日本的横蛮要索，毫无余地地"严词拒绝"，而且表示假如有意外，愿与政府共患难。

2月17日，上海洋货商业公会丁骏照、贝仁元、乐俊宝、项松龄、邹希曾、徐世堂致电袁世凯等人，指出：报载日人无理要求，国民都"同深愤激"，寝食不安，希望政府据理交涉，誓勿承认。

2月20日，浙江杭州商务、教育等会惊骇之余，痛心疾首，致电总统府说，报纸上登载日本突然提出条件酷烈的要求，逼迫万状，不仅严重损害我国统治权，而且将全国路矿精华一网打尽，此后本国工商业更无立足之地。他们以为，虽然大总统睿照四海，自有潜移默运之方，但考虑到此举为存亡所系，又因为近来各报宣传的原因，已导致商情惶惑，贸易减色，各业各界疑问纷纷，忧愤兼至，影响所及，关系甚巨，所以恳求政府宣示实情以安民业，以共图对付之方。他们还表示，"如其势逼不已，情有难堪，令我忍无可忍，则毁家纾难，正国民应尽之义，商民等宁以身殉，不求苟安"。

2月28日，张煦、黄金镕、江国魂、熊罴、李树勋、丁泽煦、陈南波、徐六成、杨超起、韩丽生、杨学义等致电外交部，痛斥日本的暴行，表达抵制日本不合理要求的决心，说：面对日本的欺凌，举国同仇，"民国自我造之，讵认自我失之"，强烈要求"外告万邦，内开国会"。他们以为，纵使两国邦交决裂，也要背城一战，"宁抛全国生命，不失一分主权"。

3月18日，上海国民对日同志会、中华民国请愿会、留日学生界代表等发起国民大会，到会者3万多人。会后以詹天民等人的名义致电袁世凯，电文指出："日人无理要求，增师威胁，一敌得志，均势破裂，列强复起，何以为谋？国家存亡，在此一举。"电文还表示，到会的3万人，"皆愿毁家捐躯，以纾国难"，希望政府"中止谈判，宣示条件，筹备武备"。①

3月20日，江苏沈朱轼、顾文濬、黄申锡、陆渠、朱祥、顾镜清、戴思恭、唐人杰等致电陆征祥、曹汝霖，希望他们在交涉中折冲樽俎，"责任两公，关系存亡，万勿迁就"。

同日，留日学生暨国民请愿会、对日同志会，用绅商学各界名义，刊发传单，于午后在张园开会，300多人到会。大会商定4条办法：一电请中央拒绝日本要求，二通电各省组织分会，三设立报馆鼓吹，四筹备二次大会。

接着，又有王丰镐等53人恳劝陆征祥、曹汝霖"宁可辱，不可让"。

---

① 《时报》1915年3月20日。

在中日"二十一条"交涉中向袁世凯政府发出电文的还有广州商务总会、安徽进步党、安徽教育会、安徽商会、杭州商务会、杭州教育会、湖南商务总会、奉天农工商学各总会、广东报界公会、成都商会、成都教育总会、广西进步党支部、南昌商务总会、广西商会联合会、上海国民大会、京师救国储金团、天津救国储金团、京师商务总会、甘肃兰州救国储金团等等。此外，各城市爱国团体如上海的"国民对日同志会""外交后援会""救国急进会"，杭州的"爱国会"，山东的"救亡团"，江西的"妇女救国会"，广东的"中华商务救亡会"，四川的"国事研究会"等，也纷纷集会，拒不承认"二十一条"，誓雪国耻。

中国民众的愤怒达到了高峰。"毋忘国耻"的标语在全国各处都可以看到，或涂写在墙壁上，或附在商品的商标上，或印在信封上。

中国各社会团体纷纷谴责日本的无理要求，请求袁世凯政府严词拒绝。还有很多社会团体召开会议，或抵制日货，以实际行动抗议日本对华提出"二十一条"要求。

周自齐是袁世凯政府参与谈判"二十一条"的特使。日本的亡我之心、袁世凯的无耻卖国，激起了他的愤怒。在日本向中国发出最后通牒的5月7日这天，他以北京市商会的名义，将"二十一条"内容通电全国，并亲自将电文写成"勿忘国耻，誓报国仇"屏幅，以永存于世，告诫国人，可谓"声声泪，字字血"。

各地青年学生尤为悲愤，有的愤而自杀，有的断指写血书，有的要求入伍，请缨杀敌。北京各学校学生议决，每日课余诵最后通牒一遍，以示不忘国耻。北京商会定5月7日为国耻日，全国教育联合会则决定各学校每年以 5 月 9 日为"国耻纪念日"。

上海为洋人聚集之地，上海人与洋人打交道的机会最多，也最易受外国人的影响，但始终具有诚挚的爱国热情，掀起了一次又一次的反对浪潮。袁世凯接受日本最后通牒当日，上海国民大会 5 万多人表决，"死不承认，恳政府本国民之决心，背城一战，民等愿毁家捐躯，后援政府"。

出口公会陆维镛等人表示，举国上下对日人无理要求无不愤激，如报载"重要条件大半承认"属实，中国必蹈朝鲜覆辙。又听说当局诸公决不甘忍辱迁就，不愿贻害国家，这一消息使各处商人寝馈难安，如有能为政府后盾者，虽牺牲生命亦不足惜。务望政府坚持到底，概弗承认，此实为国家之幸。

汉口、镇江、汉阳、福州等地纷起响应，相继发动反日运动。5 月 13 日，汉口日侨准备举行提灯会，庆祝日本所取得的"外交胜利"。当地学生和商民怒不可遏，群起捣毁日本商店，迫使日本侵略者取消了打算举行的"庆祝会"。

5 月 23 日下午，在天津广东会馆，直隶救国储金团召开成立大会，1 万多人到会。成立会上，储金团各干事纷纷登台演说，无不慷慨激昂，热心劝募的人更是泪流满面。台下的听众都极为感动，踊跃捐款。会场中还有人卖茶水、啤酒、点心、肥皂等小商品，售物所得款项全部充作救国储金。

救国储金团的计划主要是劝国民自行输款，存储于国家银行，待额满 5000 万时，由存款人议决用途，用作设立兵工厂、训练陆海军、振兴国内工业等。最初有人向上海各报投信发表这一意见，当即有多人赞成，于是在上海设事务所，这一计划得到政府有关部门的同意。4月9日，中国银行开始收到款项，广大人民踊跃储金，很快仅上海就存有50万元，各省都闻风而动，成立了70多处分所。政府与民间合力筹资兴办工业，民众积极参与，反映了广大人民高涨的爱国热情和振兴民族的强烈愿望。

5月24日，在上海城内九亩地新舞台，上海国民对日同志会等团体召开国民大会，"征集众意电请中央停止签字"，到会者七八千人。郑汝成派军警到现场镇压。大会代表至制造局表达众意，要求电达"政府毁约力争"，又被拘押在营仓。次日，仍在九亩地召开大会，郑汝成再次派军警前往"弹压禁阻"。①

中日"二十一条"交涉，对中国国民情感造成巨大的伤害，极大地激发了国民的爱国主义热情。人民的反抗浪潮给日本政府带来了一定的压力，又鉴于各种原因，在外交部的努力下，日本政府最后修正案中删去了第五号对中国主权危害最甚的内容。

在中国民族主义意识、废除不平等条约和收回国权的愿望日益强烈的形势下，日本提出"二十一条"要求，无疑加重了民众对日本的反感心理和抵抗情绪。由此，引发了第一次世界大战后中国废除不平等条约的强烈诉求，开始了坚忍不拔的修订和废除不平等条约的外交努力。

二　海外华人反对"二十一条"

中日"二十一条"交涉，也激发了海外华人强烈的爱国心和对日本的反感。在海外，各商会、华侨会、留学生等团体和个人也

---

① 《时报》1915年5月25日。

致电外交部抗议日本的无理要求。留日学生反应最为激烈。

1915 年 2 月 7 日, 50 多名留日学生在神田的广昌和 (饭店) 召开筹备会议, 推举 7 名总会筹备人员。

2 月 8 日, 50 多名留日学生在神田的中华第一楼召开筹备会议, 推举 7 名筹备人员。次日, 鉴于两个筹备会的宗旨和目的相同, 决定合为一体, 同时从各校各省的同窗会、同乡会中各选出 1 人作为筹备员。

2 月 10 日, 被推举的 60 多名筹备员在广昌和召开会议, 拟定了向 11 日的大会提交的五条 "办法大纲": "(一) 电政府力拒日人要求; (二) 发布印刷物, 敬告全国父老; (三) 以国民为立脚点, 对于友邦发表国人所持之态度; (四) 派遣代表回沪, 组织暂时机关, 联络海内外爱国人士, 合筹对外方法; (五) 筹备全体学生回国之事, 以备有事时不致临事张惶"。①

2 月 11 日, 留日学生千余人冒雨在东京集会, 反对日本政府对华提出 "二十一条", 大会决议: (一) 电政府力拒日人要求, 并请宣布该条件内容; (二) 发布印刷物, 敬告全国父老; (三) 自国民立脚点, 对于友邦发表国人所持之态度; (四) 派遣代表回沪, 组织暂时机关, 联络海内外爱国之士, 合筹对外方法; (五) 筹备全体学生回国之事, 以备有事时不致临事张惶。大会还决定 20 日派遣代表由长崎归国, 分赴京、沪等地。会议期间, "各家论事, 秩序井然不紊", "有号哭者, 有击案者, 有捶胸顿足者, 忧

---

① 《中日交涉中之留日学生大会》, 《时报》1915 年 2 月 12 日。.

痛之余，自然发露，究无妨于大体"。①

　　据驻日公使陆宗舆向外交部反映，2月12日，1000多名学生召开大会，电呈袁大总统："邻邦乘间要挟，志在役服我国，苟曲予承诺，即主权利权两失，民命何依。大总统受民托付，岂忍以国为牺牲，乞严正拒绝。倘或稍失利权，即伤国体，生等痛切剥肤，义难缄默，愿与国人一志保国，为外交后盾。又要求条件传闻异辞，秘密原防浮议，而适以张之，应否立予宣布。"②

　　大阪中华商会致电外交部警告说，中日交涉存亡攸关，一经承认，即失主权，此后虽欲自拔，万难脱其羁绊。对日本的横暴要求，普天同愤，"灭亡惨祸，环海共愤"。各侨民愤慨已极，虽命之赴汤蹈火，亦所不辞。乞求政府力拒日本要求，万毋畏缩，坠其诡谋，而蹈朝鲜覆辙。

　　神户中华商会指出，如果政府接受日本所提要求，将来各国必将效仿，国将不国，因此，请政府坚持公理，正式宣布真相，征求国民意见，如此，则内忧外患，或许从此可消除。

　　横滨华侨亲仁会也要求力拒日本无理要求。

　　菲律宾华侨发起反对"二十一条"的爱国活动。3月10日，发起者布告菲律宾华侨："近因中日交涉，我政府严守秘密，其实日人要索各条件，不待我政府承认，已极力进行。于此国家险象环生，转瞬失机，将为埃及、朝鲜之续，非急与维持不可。凡我华侨皆国民一分子，救亡责任是宜分担，与其坐而待亡，作日人牛马奴

---

① 《时报》1915年2月12日。
② 《中日关系史料·二十一条交涉》（上），第39页。

隶,孰若牺牲一切,乘时挽救,犹可希冀未然。第兹事体大,必集各界团结力,共筹对付,为政府后盾,乃克有济。"布告还提出:"不宜分党派,不宜畏烦难,只知有国不知其他,群策群力一致进行。"①

此外,印尼侨民、爪哇华商会、泗水商务总会、小吕宋华侨救亡团、檀香山少年演说社、留英学会等华侨团体不断电请政府坚拒日本的无理索取。欧美各留学生会、华侨团体、商会、华人会馆无不吁求袁世凯和外交部保全国家主权,拒绝日本强求,并愿筹款以作后援。

海外华侨及留学生反对中日"二十一条"交涉的各种宣言和活动,表现出强烈的爱国主义情感,也是对中国政府在对日交涉中的有力支持。

三 革命党人对"二十一条"交涉的态度

对袁世凯政府与日本交涉"二十一条",革命党阵营产生了两种不同的意见。其中,孙中山等人对袁世凯的反对,正为日本所利用。

一部分人主张暂时停止反袁,以便他专心对付日本。因为,被视为侵略的国外压力使全国在那一特定时期有团结一致的精神和行动。很多政治派系都联合起来支持袁世凯。当时最大的反对党是国民党,它在1914年已在东京改组成为地下革命组织,这时也宣布

---

① 章伯锋、李宗一主编《北洋军阀(1912~1928)》第2卷,第840~841页。

支持北京政府。一个国民党的领袖说，让我们停止内部斗争，团结
一致，面对共同的敌人。① 欧事研究会的黄兴、李烈钧、柏文蔚、
陈炯明、钮永建等联衔发表通电，表示在袁和日本交涉期间不予干
扰。他们认为，革命党人应先国家而后政治，先政治而后党派。
"国苟不存，政于何有？政苟有成，何分于党？"

　　有学者较为详细地论述了中日交涉期间部分革命党人对袁世凯
政府的支持。

　　　　在美国列名欧事研究会欧会的人士有黄兴、钮永建、林
　　森、李书城、石陶钧、唐琼昌等。……其对中山先生革命讨
　　袁的方式表示异议者，即在民国四年二月中日进行二十一条
　　交涉时，黄与钮永建、陈炯明、柏文蔚、李烈钧五人曾于二
　　月二十四日联名发表通电，对过去二次革命，颇有忏悔辩解
　　之言，曾谓："癸丑七月之役，固自弃于国人；然苟有他
　　途，国政于修明，兴等虽被万死，又何足惜。"对袁氏失
　　政，亦多指斥；但对当时中日交涉事，却曾表示："兴等流
　　离在外，无力回天，遇有大事，与吾徒有关者，亦惟谨守绳
　　墨，使不危及邦家而已。虽怀少卿不蒙明察之冤，犹守亭林
　　匹夫有责之志。"此原电经东京欧会人员李根源等集议，由
　　章士钊主稿；另有欧会人员林虎、熊克武、冷遹、张孝准、
　　耿毅、章梓、程子楷、陈强、龚振鹏、赵正平、程潜、李根
　　源等十二人的通电，即一般所谓的"暂停革命，一致对外"

---

① 周策纵：《五四运动史》，岳麓书社，1999，第26页。

的主张。

上电的发表，有谓因中日交涉起，梁启超等倡排日主张甚力，竟言募兵筹饷，供袁氏对日之需，而指斥革命为反于一致对外主义，故欧会人士有上电的表示。其时黄兴在美国费城，钮永建居纽约，当二十一条交涉时，黄亦曾致函在旧金山的冯自由（国民党美洲支部副部长及中华革命党党务部副部长），请其转告中山先生应即停止讨袁工作，免为日本所逞。不久，冯又接得林森自纽约的函电。谓连日来钮永建及马素约邓家彦、钟荣光、谢英伯、林森等联名致电中山先生，请示对日意见，可否暂停国内革命运动，实行举国一致御侮，免为国人借口攻击等语。中山先生对钮等的来电，颇不谓然，曾指出："袁世凯蓄意媚日卖国，非除去之，决不能保卫国权。吾党继续革命，即如清季之以革命止瓜分。"因此，中山先生即命革命党党务部长居正于三月十日发出通告，揭发二十一条和袁氏帝制阴谋有关。曾指出："此次交涉之由来，实由夫己氏（指袁）欲称帝，要求日本承认。日本政府欲先得相当之报酬要求，夫己氏已隐许诺之，故有条件之提出。讵知所提出之条件，即使中国为朝鲜第二。"今据日本方面资料的印证，日本二十一条的提出，事先曾有袁氏的暗示，讵知日竟提出亡中国的条件。但袁为罪魁，庶非一般人士所逆料。

欧会人士之放弃"暂停革命，一致对外"的主张，实由于袁氏于四年五月九日承认日本之最后通牒的要求，于是部分民党人士，豁然大悟，自愿团结一致，共谋讨袁。在美国的钮永建等决计东归，过旧金山访冯自由，讨论调解党内同志意见，以期团结一致进行讨袁之法；其他同志亦推冯赴东京向中山先生报告，愿一致讨袁，并请示促进各派同志合作办法。当冯于这年七月抵达东京向中山先生面陈时，中山先生深为嘉许。中山先生且告冯自由：旅居南洋的岑春煊已派周孝怀、章士钊来东商榷合作办法，正在洽谈之中。数日后，中山先生复招宴周、章于灵南坂寓所，冯及胡汉民、戴季陶、居正、廖仲恺、谢持、邓铿均与焉。席间欢谈甚洽。事后冯复约晤李根源，然后去神户访钮永建说明经过。①

孙中山对袁世凯政府是强烈反对的。他认为袁世凯是借日本人之手出卖国权，以博得日本的支持。"二十一条"交涉期间，黄兴也曾致函在旧金山的冯自由，请他转告孙中山应即停止讨袁工作，以免为日本乘机要挟。不久，冯自由又接到林森自纽约的函电，说连日来钮永建及马素约邓家彦、钟荣光、谢英伯、林森等联名致电孙中山，请示对日意见，可否暂停国内革命运动，实行举国一致御侮，免为国人借口攻击。但孙中山对钮等的来电指出，袁世凯蓄意媚日卖国，非除去之绝不能保卫国权。孙中山等人认为，此次交涉之由来，实质是袁世凯欲称帝，要求日本承认所致。而日本政府欲先得相当之报酬要求，故提出"二十一条"。"讵知所提出之条件，即使中国为朝鲜第二"。值得注意的是，为反对袁世凯，得到日本

---

① 蒋永敬：《欧事研究会的由来和活动》，台湾《传记文学》第 34 卷第 5 期，第 500～501 页。

方面的支持，此期间孙中山与日本方面签订了《中日盟约》①，其内容如下：

中华及日本因为维持东亚永远之福利两国宜相提携而定左之盟约：

第一条　中日两国既相提携而他外国之对于东亚重要外交事件则两国宜互先通知协定。

第二条　为便于中日协同作战中华所用之海陆军兵器弹药兵具等宜采与日本同式。

第三条　与前项同一之目的若中华海陆军聘用外国军人时宜主用日本军人。

第四条　使中日政治上提携之确实中华政府及地方公署若聘用外国人时宜主用日本人。

第五条　相期中日经济上之协同发达宜设中日银行及其支部于中日之重要都市。

第六条　与前项同一之目的中华经营矿山铁路及沿岸航路若要外国资本或合办之必要时可先商日本若日本不能应办可商他外国。

第七条　日本须与中华改良弊政上之必要援助且速使之成功。

第八条　日本须助中华之改良内政整顿军备建设健全之

---

① 参见藤井升三《二十一条交涉时期的孙中山和"中日盟约"》，陈明译，《岭南文史》1986年第2期。

国家。

第九条　日本须赞助中华之改正条约关税独立及撤废领事裁判权等事业。

第十条　属于前各项范围内之约定而未经两国外交当局者或本盟约记名两国人者之认诺不得与他者缔结。

第十一条　本盟约自调印之日起拾年间为有效依两国之希望更得延期。

中华民国四年二月五日即

大正四年二月五日作于东京

孙文　印

陈其美　印

犬塚信太郎　印

山田纯三郎　印

第一条约定外交上的协力提携，第二条、第三条规定军事提携，第四条规定政治提携，第五条、第六条规定经济提携，第七条、第八条约定日本援助中国的内政改革、军备整顿，第九条约定日本赞助中国确立平等主权，第十条规定从第一条到第九条的各事项与第三国的关系，第十一条规定有效期。第一、十、十一条是两国相对对等的内容，第二、三、四、五、六条是保障日本方面的利益乃至优先权的，第七、八、九条是关于中国方面的受益事项。《中日盟约》十一条，在政治、经济、外交、军事方面确立了日本的优越地位。

孙中山为抗衡袁世凯，一方面与日本方面签订盟约，另一方面要求国民党必须反对袁世凯，继续革命，正如清末之以革命制止列强的瓜分。他说："此次交涉，实由彼（袁世凯）请之。日人提出条件，彼知相当之报酬为不可却，则思全以秘密从事。""袁氏以求膺帝位之故，甘心卖国而不辞，祸首罪魁，岂异人任?"① 孙中山命令党务部长居正于3月10日发出通告，揭发"二十一条"和袁氏帝制阴谋有关。

袁世凯筹划帝制后，欧事研究会的成员立即放弃"暂停革命、一致对外"的主张，再次团结一致，共谋讨袁。

四　知识界对"二十一条"交涉的态度

"二十一条"交涉期间及其后，知识精英阶层如梁启超、蔡元培、胡适、李大钊、陈独秀等人都做出了及时的反应。

梁启超（1873～1929），字卓如，一字任甫，号任公，又号饮冰室主人、饮冰子、哀时客、中国之新民、自由斋主人。清朝光绪年间举人，中国近代思想家、政治家、教育家、史学家、文学家。"二十一条"交涉前后，他发表了《中日最近交涉评议》《外交轨道外之外交》《中国地位之摇动与外交当局之责任》《示威耶挑战耶》《痛定罪言》等一系列时评，痛斥日本罪行，告诫其恶化两国人民感情，攫得眼前之利益，甚至就算是一时征服中国，也绝非日本人民之福，而终将是自掘坟墓。梁启超严正指

---

① 中山大学历史系孙中山研究室等合编《孙中山全集》第3卷，中华书局，1984，第175～176页。

出，若有一国要承袭德人在山东的侵略主义遗产，就是为世界第二次大战之媒，这个国家便是和平公敌！同时，他批评和警示袁世凯政府，认为中国将来之一线希望，即维系于"至𬮿瘁至质直"的善良的下层人民身上，而不是那些地位优越但十中有九皆不善良的官僚士大夫。[①]

巴黎和会召开期间，梁启超积极活动，强烈呼吁废除中外不平等条约，要求中国收回原德国在山东的一切权益。1919 年 5 月 2 日，《晨报》发表了根据梁启超巴黎来电撰写的新闻《山东亡矣》，介绍和会的情况，惊呼"国亡无日"，呼吁"愿合四万万民众誓死图之"，对推动国内人民支持外交部在巴黎和会维护国权起了重要的作用。

李大钊（1889～1927），字守常，河北乐亭人，中国共产主义的先驱，伟大的马克思主义者，杰出的无产阶级革命家，中国共产党的主要创始人之一，党早期卓越的领导人，著名学者。李大钊参加了 1915 年 2 月 11 日 3000 余名中国留日学生反对"二十一条"大会，先后撰写《警告全国父老书》《国民之薪胆》《厌世心与自觉心》等文，揭露日本在 1894 年甲午战争、1904 年日俄战争和 1915 年"二十一条"中对中国的侵略，希望唤起国民救国觉悟。

中日"二十一条"交涉签字之后，李大钊在 6 月发表的《国民之薪胆》一文中说："弱国外交，断无不失败之理，吾人今欲论政府办理此次交涉之失败与否，惟问其失败之程度如何。然国家根

---

① 左双文、陈伟：《朦胧的、不确定的救国理念——"二十一条"交涉期间新式知识精英的初步反应》，《南京大学学报》（哲学·人文科学·社会科学版）2007 年第 3 期。

本之实力，既脆弱不足以自支，吾人亦何敢侥幸于外交当局一时比较之胜利……故对于政府，诚不愿加以厚责，但望政府之对于国民，亦勿庸其欺饰。盖时至今日，国亡家破，已迫眉睫，相谋救死之不遑，更何忍互为诿过，互相归咎，后此救亡之至计，端视政府与国民之协力。"他写此文的目的，"亦欲促政府之反省，奋国民之努力而已"。① 李大钊一方面表达了反帝爱国主张，另一方面又鼓励和激发国民树立自信心，挽救国家民族于危难。

蔡元培（1868~1940），革命家、教育家、政治家。民主进步人士，国民党中央执委、国民政府委员兼监察院院长。中华民国首任教育总长，1916年至1927年任北京大学校长，革新北大，开"学术"与"自由"之风；1920年至1930年，同时兼任中法大学校长。

蔡元培在得知日本提出"二十一条"的消息后，心情激动、愤慨，他说："日本竟下辣手，虽以我等之奄奄如陈死人者，亦大为之刺激，以为不可不采一种急进之方法，以为防御。"② 蔡元培与在法国的汪精卫、陈璧君、李石曾、谭熙鸿及在伦敦的吴稚晖等人会商和讨论，提出一些应对日本的方案与设想。他起草了"御侮会"会章若干条，设想唤起民众自发御侮。其主要内容为：

（一）本会以凭藉己力（不倚赖政府，不倚赖军队）、济

---

① 李大钊：《国民之薪胆》，《李大钊全集》第1卷，人民出版社，2006，第131页。
② 《复吴稚晖函》（1915年2月19日），中国蔡元培研究会编《蔡元培全集》第10卷，浙江教育出版社，1997，第230页。

度同胞、排除外侮为宗旨。

（二）本会会员应尽之普通责任：1. 锻炼体魄；2. 了解并自备适当之武器，如匕首、炸弹、手枪、毒物等；3. 养成抑强扶弱之习惯；4. 力持可杀不可辱之气节；5. 见敌人侮我同胞者击之，事变如有株连，则挺身任之；6. 不购敌人货物（书报及武器例外）；7. 不乘敌人船舶；8. 不与敌人之银行交易，亦不用其钞票；9. 不租屋给敌人；10. 不售地产给敌人；11. 不服役于敌人；12. 华人有犯 6~11 条者，竭力劝止之；13. 有华人助敌而侮我同胞者，诛之。

（三）本会会员得量力以尽之特别责任：1. 入敌境而侦探之；2. 入敌境而以相当之手段破坏敌侮我之阴谋及武器。

（四）本会劝导同胞之种种设备：1. 印刷品；2. 公开或秘密的演讲会。

（五）本会为会员尽责提供各种便利条件，如采运廉价货物，增设交通机关；收购地产，介绍职业；制备各种武器等。①

北京政府基本接受"二十一条"后，蔡元培设想三种方案，即（一）从根本上解决，即前在杜城所商之扩充教育事业。（二）提倡抵制外侮之精神，即从前汪先生在时所拟之御侮会之类。（三）先革政府而借政府之力以修战备，及振兴教育实业。即仍积

---

① 《华人御侮会》（1915 年 2 月 25 日），中国蔡元培研究会编《蔡元培全集》第 2 卷，第 351~352 页。

极以教育宣传唤起国民觉悟，振奋国民精神、共同抵制外侮，先推翻现政权，在新政府主导下充实国力、捍卫国权。[①] 这些方面都反映了蔡元培的爱国意识和承担国民责任的可贵精神。

胡适（1891～1962），原名嗣穈，学名洪骍，字希疆，笔名胡适，字适之。著名思想家、文学家、哲学家。胡适一直认为日本是将来中国最大的威胁，在日本提出"二十一条"前，他就指出："中国之大患在于日本。日本数胜而骄，又贪中国之土地利权。日本知我内情最熟，知我无力与抗。日本欲乘此欧洲大战之时收渔人之利。""总之，日本志在中国，中国存亡系于其手。"[②] 但胡适认为当时中国国力不强，必须养精蓄锐，以有效抵抗日本。

"二十一条"交涉开始后，胡适发表《致留学界公函》，主张"以镇静处之"。他说："以余观之，吾辈学子，远去祖国，当务之急，当以镇静处之。……不可让报章上所传之纠纷，耽误吾辈之学业。"要严肃、冷静、不惊、不慌，安于学业，力争上流，"为将来振兴祖国作好一番准备，只要她能幸免于难——余深信如此——若是不能，吾辈将为在废墟上重建家园而努力！"[③] 但胡适支持抵制日货运动，认为这是目前适宜的抗拒行动，"东京及祖国书来，皆言抵制日货颇见实行，此亦可喜。抵制日货，乃最适宜之抗拒，吾所谓道义的抗拒之一种也"，是不得已而求其次的办法。"上策

---

① 《复吴稚晖函》（1915 年 5 月），中国蔡元培研究会编《蔡元培全集》第 10 卷，第 245 页。

② 《胡适日记》（1915 年 1 月 27 日），《胡适全集》第 28 卷，安徽教育出版社，2003，第 26 页。

③ 《胡适日记》（1915 年 3 月 19 日），《胡适全集》第 28 卷，第 89～90 页。

为积极的进行，人人努力为将来计，为百世计……必不得已而求目前抗拒之策，则抵制日货是已。若并此而不能行，犹侈言战日，可谓狂吠也已！"① 胡适指出，由于中国完全无力抵抗，暂时接受日本的条件是无可奈何之事，并对袁世凯政府和日本存有幻想："此次交涉，余未尝不痛心切齿，然余之乐观主义终未尽消。盖有二故焉：（一）吾国此次对日交涉，可谓知己知彼，既知持重，又能有所不挠，能柔亦能刚，此则历来外交史所未见。吾国外交，其将有开明之望乎？（二）此次日人以青岛归我，又收回第五项之要求，吾虽不知其骤变初心之原因果何在，然日人果欲以兵力得志于中国，中国今日必不能抵抗。日之不出于此也，岂亦有所悔悟乎？吾则以为此日人稍悟日暮途远倒行逆施之非远谋之征也"。②

新文化运动、五四运动的发起者陈独秀，曾对刘仁静说，袁世凯承认"二十一条"，对他刺激很大，他认为中国还是军阀当权，革不成什么命，在中国进行政治革命没有意义，要从思想革命开始，要革中国人思想的命，因此他写文章批判孔子，批判旧礼教。③

"二十一条"交涉及"民四条约"的签订，使许多知识分子更加反感袁世凯，并坚定地走上反帝反封建道路。

五 袁世凯政府的回应和应对

早在 1915 年 3 月 25 日，日置益曾告知日本政府，说中国各地

---

① 《胡适日记》（1915 年 5 月 3 日），《胡适全集》第 28 卷，第 114 页。
② 《胡适日记》（1915 年 5 月 10 日），《胡适全集》第 28 卷，第 129 页。
③ 刘仁静：《回忆党的"一大"》，《"一大"前后》（二），人民出版社，1980，第 214 页。

方有不稳之状况，如上海集会排斥日货；山东铁路时有中国人妨害；日本人在山东地面，被中国人击毙及其他不稳情形之类。他还说，中国政府若不从速镇压各地方之风潮，恐实行交代之事，不能谓不难。他再次把责任推到中国"拖延"谈判上，声明各地方有此不稳情形，"亦系此次交涉迟延解决之所致"，故而盼望中国政府从速解决此次交涉，并镇压各地方的风潮。

日置益得到中国正式复文后，便电奏日本天皇，报告兵不血刃地在外交上获得辉煌的胜利。日本举国狂欢，大隈首相入宫向天皇祝贺，日本侨民公然在中国领土上举行侮辱中国人民的示威庆贺。北京城内，日侨饮酒舞蹈，高呼"大日本帝国万岁"。5月13日，汉口日侨准备举行提灯会，许多爱国学生激于义愤，准备示威游行，以阻止日侨庆祝，全汉口商店停止夜市，闭门熄灯。日本方面竟出动水兵弹压，后来由中国军警自行出面制止爱国游行，日兵才撤回舰上。事后，日置益竟以汉口暴动反日为理由向中国提出警告，同时要求中国取缔各省的排斥日货运动。

袁世凯一方面利用国民的爱国情感反对日本提出"二十一条"；另一方面又担心引发社会动荡，对反日爱国行动加以制止和镇压。

首先，袁世凯政府为避免引起日本的干涉或引发社会动乱，禁止各地排斥日货，激励国民奋发自强。

袁世凯于1915年3月25日发布禁止抵制日货的命令："中国与日本地居唇齿，素敦友睦。近有协议案件，外交部与驻京日使掬诚磋商，可望和平解决。乃商民不悉内容，多生误会，闻有排斥日货及有与侨寓日人偶生龃龉之事，殊为可惜。又有乱党包藏祸心，乘隙煽惑，尤堪痛恨。"袁世凯认为，既要维护权益，又要遵守既成约章，"查通商贸易及保护外人，均载在约章，凡我国民，共应遵守"。在多事之秋，只有遵守约章才能避免日本寻找借口。袁世凯还认为："值此欧洲多事，商务萧条，讵堪再生枝节，小则累及商家，大则牵动全局，明哲士庶，当见及此。"为防止出现动乱局面，被人利用，袁世凯要求"各将军、巡按使等有地方之责，务宜随时考查，剀切谕禁，认真防范。倘有乱徒假托名目扰乱治安，着即严拿惩办，用维大局，而奠民生"。①

但镇压没有使中国人民屈服，中日"民四条约"签订后，反对声浪更为高涨，举国上下、海内海外，无不愤慨地主张毁约决战，惩办卖国贼。袁世凯担心抵制日货活动会成为日本出兵的借口，同时又担心革命党乘机利用民众运动鼓动革命，从而加大了镇压抵制日货运动的力度。

袁世凯于5月26日再次申令各省禁止排斥日货，严防被借口煽惑生事。他指出，中国甲午战争、庚子之战惨败而致赔偿巨款、丧失国权，都是因为"不量己力，不审外情，上下嚣张，轻于发难"。袁世凯指出，国人有一个最大的问题，就是每当事发之时，都担心国之将亡，欲发愤为雄，但时过境迁之后，又"恬嬉如故"。这种社会状况，当为国人之戒，时刻警醒。袁世凯更担心有人乘民众情绪激愤之时煽动挑衅，他指出："近接各处函电，语多激烈，其出自公义者，固不乏人，亦有未悉实情，故为高论，置利害轻重于不顾，言虽未当，心尚可原。"但有些人却于此次交涉之后，以政府卖国为由，"遂其煽乱之私"。袁世凯指示："各省文武官

---

① 《政府公报》1915年3月26日。

员，认真查禁，勿得稍涉大意，致扰治安。倘各该管地方遇有乱徒藉故暴动，以及散布传单煽惑生事，立即严拿惩办，并随时晓谕商民，切勿受其愚惑。"袁世凯还要求各省官员群策群力，痛定思痛，力除积习，奋发自强，转弱为强。袁世凯希望国民"不可徒逞血气，任意浮嚣，甲午、庚子覆辙不远，凡我国民，其共戒之"。①

袁世凯更不敢任由反日情绪膨胀，面对难以遏制的反抗浪潮，不得不寻求和平解救和"减压"的办法。于是，他以大总统的名义通电各省文武长官，说日本已经做出了让步，最后通牒所开条件无损中国主权，所以决定由外交部即日答复。他还认为，"二十一条"结案，使得"中外敦睦"，皆大欢喜，各官应开导下属，避免不必要的麻烦。

内务部通电各省查禁拒约会，通电指出："中日交涉已经和平解决，凡属国民，均当仰体时艰，照常安业，乃有不逞之徒，竟敢借词组织拒约会，散派传单，摇动人心，莫此为甚。"②通电要求各省对此类似举动严加查禁，并于 5 月 16 日下令解散上海救国急进会。

6 月 29 日，袁世凯再次下令各地禁止抵制日货。他指出，抵制日货，中国商户利益将受损，且影响中国形象，关键时刻，不可"再生枝节"，"思想过于简单，适为借端煽乱者所利用，淆惑听闻，妨碍治安，尤为可虑"。袁世凯要求各省官吏设法开导，分别查禁，"着各该将军巡按使，遇有抵制外货及排斥外人之举，务竭诚谕禁，遇有扰乱行为切实查办，勿使商民重受苦累，国交增生困

---

① 《政府公报》1915 年 5 月 27 日。
② 《时报》1915 年 5 月 21 日。

难"。① 袁世凯严禁抵制日货运动，在很大程度上制约了民众的爱国行动，压抑了群众的爱国情绪，引起群众不满。

其次，袁世凯政府反复强调"二十一条"交涉及中日"民四条约"签订乃因国力衰弱所致，希望得到人民的谅解，并激发人民奋发图强的爱国心。

5月26日，外交部发各省将军、镇守使、巡按使、特派员、交涉员电文，简要陈述"二十一条"交涉经过及结果。电文说明外交部在交涉中始终维护国家主权："纵观以上各节，于我主权、领土、内政及列国成约，幸无损失，即失之胶澳，尚有交还之望。虽南满方面损失较巨，然日俄战争以后，日人在南满势力既已不可收拾，喧宾夺主已越十年，租借本根据成约，内地杂居亦久成事实，而欲于此积弱之时，求恢复已失之权利，断非口舌所能办到。"② 外交部在电文中揭示最终接受日本的最后通牒，是因为面对日本的军事威胁和压迫，中国国弱民穷，无力对抗。"政府殚精竭虑，虽迭经威吓强迫，而关于领土、主权、内政条约诸端，始终迄未松劲。及至谈判决裂，最后通牒限时答复，奉天、山东方面，日兵已备作战，各处日侨纷纷回国。当危机一发之际，政府外察大势，内审国情，不得不权衡利害，勉为趋避。诚以实力未充，万难幸胜，若逞一时之忿，将来损失必至倍蓰于今日。庚子前车，可为殷鉴。此中困难情形，及政府始终维持之苦衷，应为国民所共谅。"③ 外交

---

① 《政府公报》1915年6月30日。
② 章伯锋、李宗一主编《北洋军阀（1912~1928）》第2卷，第823页。
③ 章伯锋、李宗一主编《北洋军阀（1912~1928）》第2卷，第823~824页。

部在给各省的电文中特别就革命党的反应做了说明，希望广大人民认清形势，不为流言所惑，避免造成社会的扰乱举动。

6月14日，袁世凯向各级文武官吏发出"密谕"一道，告诫各省文武长官，不要忘记5月9日这个奇耻大辱的日子。"密谕"除了表明他拒绝承认侵犯中国主权最为严重的第五号条款的"功劳"外，也承认这次交涉"损失权利颇多！疾首痛心，惭愤交集"，还表示要"痛定思痛""力图振作"。"密谕"指出，日本出兵山东后，得寸进尺，向中国提出无理要求，其中，"最为难堪者"，一为"切实保全中国领土"，二为"各项要政聘用日人为有力顾问"，三为"必要地方合办警察"，四为"军械定数向日本采买，并合办械厂，用其工料"。他指出："此四者直以亡韩视我！如允其一，国即不国，牛马奴隶，万劫不复。"他曾向在京文武重要各员誓死表示，只要一息尚存，决不承诺，即使不幸交涉决裂，但有一枪一弹，也断无听从之理。正是具有如此决心，才饬令外交部人员坚持磋商，对于损失利权较重的条款，都必须逐字斟酌，竭力挽回。怎奈日本利用我国"乱党"，各处滋扰，又散布谣言，鼓惑各国，分遣大批陆军，直趋奉天沈阳、山东济南，海军也时时在渤海一带出没游弋。举国因此惶恐不安，全球震动，不知其用意之所在。他强调说，自己以保全国家为责任，对外力持定见，终始不移，对内则安抚人民。交涉将近四月之久，日本虽然以最后通牒迫使我国承认，但终于将损失权利最重的四条，"或全行消灭，或脱离此案"，其他损失较重的条款，也因再三讨论，得以减免。不过，总的说，已经损失权利不少，故而"疾首痛心，愤惭交集"。

他既做出自我反思，又开导、激励国人：

往者已矣，来日方长。日本既有极大政略，谋定已久，此后但有进行，断无中止。兼弱攻昧，古有明训，我岂可以弱昧自居，甘为亡韩之续。处此竞争世界，公理强权，势相对峙，人有强权之可逞，我无公理之可言，长此终古，何以为国？经此次交涉解决之后，凡百职司，痛定思痛，应如何刬鉥心神，力图振作。倘仍复悠忽，事过辄忘，恐大祸转瞬即至，天幸未可屡邀。神州陆沉，不知死所。予老矣，救国舍身，天哀其志，或者稍缓须臾，不致亲见灭亡，顾此林林之众，齿少于予者，决不能免，而子孙更无论矣。予为此奇痛之言者，万不愿予言之竟中，诚以存亡呼吸，断非予一手足之力所可转旋。持危扶颠，端资群策。我国官吏，积习太深。不肖者竟敢假公济私，庸谨者亦多玩物丧志。敌国外患，漠不动心。文恬武嬉，几成风气。因循敷衍，病在不仁。发墨针肓，期有起色。所望凡百职司，日以亡国灭种四字悬诸心目，激发天良，屏除私见，各习职守，协力程功。同官为僚，交相劻勉，苟利于国，死生以之。其有亲民之责者，尤当随时设法劝导人民，使蚩蚩者氓，咸晓然于各国之大势，国民之义务。但能治人者事事以循名责实为归，受治者人人以视国如家为志。能由此道，则中国可强，我人民及身与子孙可免亡国之痛，此则予所独居深念，寝馈不忘者。但坚忍始可图成，虚憍足以害事。京外各官，当规劝僚属，申儆人民，忍辱负重，求其在己，切勿妄逞意气，空言谩骂，非徒无益，反自招损。务各善体此意，努力为之。今之言革命者，动称排满，试思满洲以一二百万人入主中国，国祚尚近三百年，我汉族以四万万人如不能久主其国，人必视我汉族为天生受役之性质，无人类自立之资格，讵非奇耻？我汉族皆神明之胄裔，诘以斯言，能甘心忍受否？其亡其亡，系于苞桑，惟知亡庶可不亡。凡百职司，其密志之。①

袁世凯还授意参政院通过《惩治国贼条例》，于6月16日明令公布，下令"重申取缔排斥日货"的命令。湖南巡按使刘心源因取缔排斥日货不力，引起日本领事的不满而被撤换。

他又授意丁佛言撰写《中日交涉失败史》一书，印了5万册，秘密寄存在山东模范监狱中，预备有朝一日中国强大时公开发表。

曾叔度在《我所经手二十一条的内幕》中写道，袁世凯认为条约虽签订了，但可以不予执行，他说：我已筹画好了：（1）购地、租地，我叫他一寸地都买不到手；（2）杂居，我叫他一走出附属地，即遇危险；（3）警察顾问用日本人，用虽用他，月间给他几个钱便了，顾不顾、问不问，权却在我。我看用行政手段可以破坏条约，用法律破坏不了。又其他各条，我都有破坏之法。

为保持自己的体面和威风，袁世凯以国家主人翁的姿态发表声明，一再向人民解释"二十一条"被迫签订的经过和处境，劝诫民众为国家大局计，同仇敌忾，韬光养晦。

为冲淡人民的愤慨情绪，袁世凯还动员各省官吏发来贺电，颂扬"元首外交成功"，散发"双方交让，东亚幸福"的传单，有的地方竟开庆祝会，或举行提灯游行，庆祝"外交胜利"。此外，袁世凯政府及时对外发布"二十一条"交涉经过，寻求国际理解和支持。

---

① 王芸生编著《六十年来中国与日本》第6卷，第260~261页。

日本方面，积极地采取外交措施维护攫取的既得利益，在胁迫中国政府镇压人民反抗的同时，于5月10日向全世界发布"二十一条"交涉声明，企图在国际上为自己开脱罪责。

中国方面，自决定接受日本最后通牒起，有关人士就主张公布中日交涉始末，以对内向人民作一交代，对外向世界作一申诉。

莫理循在致蔡廷干的信件附函中呼吁中国政府立即公布详细声明，他说：

> 我遗憾地了解到外交部方面迟疑不决，还没有发表详细记述同日本政府谈判经过的声明；如这种迟疑辩解的理由是担心这样一件照会或许不合日本政府的口味。
>
> 再耽搁下去，不把中国方面对谈判全案所持的理由向全世界提出申述，等于证实人们的错误印象，以为中国没有值得一提的理由；而提出申述则可以抵消日本公告的影响，而且也是合乎正确外交程序的。国家的尊严和荣誉，要求毫不迟疑地写出谈判的全部经过，并立即为进行同日本为她的声明所做相同的广泛宣传。[1]

顾维钧等人也建议政府发表一份详细声明，说明中国政府在整个谈判过程中所持立场及被迫签订条约的情况。外交部内部经过争论，最终决定采取这一建议。在陆征祥的支持下，躺在病榻上的顾

---

[1] 骆惠敏编《清末民初政情内幕——〈泰晤士报〉驻北京记者袁世凯政治顾问莫理循书信集》下卷，第429页。

维钧开始起草这一文件。5 月 13 日，北京外交部向各国宣布中日
交涉始末，声明中国是被迫接受日本的要求，而且如果门户开放、
利益均沾等原则因此而受到影响，并非中国所致，中国不能负责。
宣言书指出："盖中国政府区区拥护之精神，仅仅与保全自国主权
之完全、各国在华条约上之权利及机会均等之主义而已。但无效
果，深为愧惜。于五月七日下午三时，日本公使竟将最后通牒递送
前来。日本政府最后通牒内污蔑中国，兹中国政府希望上列交涉经
过情形，可以作为一种明切和平完全之答复。至当时中国政府答复
日本最后通牒应用何种方法，曾以保存国民多数旅华外人不致遭无
辜之殃，并保存各友邦利权不致伤失为念，为此中国不得不勉从最
后通牒所开各节。如列强对于保持中国独立及领土完全暨保存现状
与列强在中国工商业计划相等主义所订之各条约，因此次中国承认
日本要求而受事实上修改之影响者，中国政府声明非中国所致
也。"[1] 这一声明，成为日后中国在巴黎和会以及华盛顿会议上讨
论山东问题的重要证据之一，也是向国民说明交涉经过及为日本所
胁迫的情形和结果，其重要性是不言而喻的。

第二节 "二十一条"与袁世凯称帝

日本对华提出"二十一条"要求，到底与袁世凯称帝有没有
关系？袁世凯称帝到底与日本有什么关系？笔者以为，袁世凯并没
有向日本政府承诺接受"二十一条"换取日本对其称帝的支持，

---

[1] 《东方杂志》第 12 卷第 6 号，内外时报，1915 年 6 月，第 6 页。

日本对华提出"二十一条"要求是长期预谋、策划侵华的重要步骤和结果之一，而袁世凯早在日本提出"二十一条"前即与日本元老有接洽称帝事宜。但袁世凯称帝心切，正好为日本所利用，"二十一条"的提出也正当袁世凯谋划帝制之时。

当中国还没从"二十一条"艰难交涉的压力下缓过劲来，全国人民仍处于群情激愤的时刻，袁世凯不合时宜地选择了帝制之路。这恰恰中了日本人的下怀，日本再次乘机干涉中国内政，威胁袁世凯政府的生存和发展。

正如莫理循所说，袁世凯"对于日本，就象青蛙见了毒蛇一样，吓得昏迷瘫痪了"，而那条毒蛇却仍在恶毒狠狠地盯住青蛙，看它是不是会蹦到皇帝宝座上去。因此，袁世凯这时选择称帝，无异于选择自杀。莫理循认为：袁世凯显然因为他把事情搞得一团糟而苦恼，指望能用某种戏剧性的事情来挽回他的威信。这一戏剧性的事情很快就导致了他的彻底覆灭。

袁世凯之本意，既想在帝制路上得到日本元老势力的支持，又希望尽可能保全国权，这是他的矛盾之处，也是为日本政府所利用之处。日本以提出某些要求作为支持袁世凯的诱饵，并以此为借口，进一步干涉中国内政，从而达到其侵华目的。

一 日本提出对袁世凯的引诱条件

日置益向袁世凯提交"二十一条"文书时提出，如果袁世凯爽快接受"二十一条"，那么日本在其需要时会支持他，"日本政府从此对袁总统亦能遇事相助"。日本所指的"遇事"，一是指革命党反对袁世凯，一是指袁世凯政治地位的稳固甚至恢复帝制。日置益曾向外交次长曹汝霖明确表示：日本向以万世一系为宗旨，中国如欲改国体为复辟，则日本必相赞成。暗示将以支持袁世凯称帝为交换条件——这是日本政府胁迫中国政府承认"二十一条"的重要交涉手段。

极力鼓动和怂恿袁世凯称帝的人有日本驻华公使日置益，袁世凯的日本顾问坂西利八郎和有贺长雄，英国公使朱尔典，美国公使芮恩施和顾问古德诺，德国公使穆默。

据唐在礼《辛亥以后的袁世凯》所述："日本帝国主义者对袁的包围已是多少年了，公使日置益以外，有坂西利八郎和有贺长雄等。"① 坂西利八郎与袁世凯私交甚好，常常私下密谈。唐在礼指出："单凭坂西利八郎的劝进，袁还不大放心。后来一位日本著名的'政治学家'有贺长雄到了中国，几次见袁，向袁陈说中国应当实行君主立宪，劝袁自己就皇帝之位，对袁备极推崇。袁这才相信日本朝野都赞成中国恢复皇帝制，拥护他做中华帝国皇帝。因为有贺长雄过去与中国本无甚关系，袁虽久仰其名，但没有通过消息；他来中国，从袁和袁周围的人们看来，是日本政府所指使的，所以有贺的态度对袁来说是个极大的鼓励。"②

不过，尽管袁世凯与某些日本人早有接洽帝制事，但他并没料到日本提出"二十一条"。

1915 年 1 月 19 日，日置益在给加藤的电报中汇报了他当面向袁世凯提出"二十一条"要求的详细过程，并提到，"晤谈中，袁

---

① 杜春和等编《北洋军阀史料选辑》（上），第 126 页。
② 杜春和等编《北洋军阀史料选辑》（上），第 127 页。

世凯态度极为严肃，自始至终专心听取本职陈述；对于我方提案之内容，则只字未曾言及，似有意加以回避，也许是因为事出仓卒，不能立即陈述任何意见"。① 日置益电文中所述，说明袁世凯事先并不知晓日本会突然提出"二十一条"要求。当天，曹汝霖到日本驻华使馆会见日置益，对日本提出"二十一条"要求也深感激愤，他讽刺日本将"二十一条"要求作为土产礼物送给中国："日前贵公使返国述职之际，关于中国问题所订各节，原指望阁下归国后当与贵国政府有关当局进行磋商，或能带回良好之'土产'。孰意贵公使已于昨日将贵国之'土产'手交袁大总统，实令人'感激'莫置。"② 事后，日置益向加藤报告，指出曹汝霖对日本的指责之意，他在电文中说："曹氏为人向属温厚，而言时词色异乎寻常，已露其内心之感慨"。③ 可见，日本朝野上下做足功课后，突然向中国提出无理要求，不仅出乎袁世凯意料之外，也是曹汝霖等与日本交往密切的中国人士所不曾料想到的。

1月20日，日置益在给加藤的电文中转述了袁世凯对日本提出无理要求的愤慨。电文称，坂西利八郎在1月19日私下谒见袁世凯时，袁世凯以颇为激愤的口吻质问坂西利八郎，并表明对日本所提要求的极端不满："日本国本应以中国为平等之友邦相互往还，缘何动辄视中国如狗彘或奴隶？如昨日日置益公使所提出之各项要求条件，我国固愿尽可能予以让步，然而不可能之事就是不可

---

① 章伯锋、李宗一主编《北洋军阀（1912~1928）》第2卷，第803页。
② 章伯锋、李宗一主编《北洋军阀（1912~1928）》第2卷，第803页。
③ 章伯锋、李宗一主编《北洋军阀（1912~1928）》第2卷，第803页。

能，毫无办法。"① 电文还称袁世凯"言时情调激切，似乎已有坚定决心"。据日置益称，自其向袁世凯提出"二十一条"后，袁世凯不再像以前一样经常私下见坂西利八郎，也未向坂西利八郎做任何咨询。

袁世凯对日本突然提出"二十一条"并强迫中国尽快答复，深感震惊、愤慨和不安。在"二十一条"交涉中，他希望尽力维护中国的利益和主权，采取各种措施对付日本的威压。然而，"二十一条"交涉结束后，袁世凯称帝为日本干涉中国内政提供了可乘之机。

20世纪20～30年代的许多学者都认为，在袁世凯秘密派顾问有贺长雄前往日本与大隈首相及元老商谈时，就有以帝制为条件进行交易的意图。其证据为1915年4月6日有贺长雄致总统府参议曾彝进的电文。

> 松方今晨约长雄面谈，言加藤曾对山县、松方有报告谈判经过之约，迄今未来。大隈昨访山县，关于谈判事，只言当由加藤面述，松方意欲履行秘密一事，而以谈判未结，有所不便，极盼适当机会发生。数月来元老散在京外避寒，故威力不行。四月十一、十三两日为照宪皇后周年，山、松现皆归京，井上亦将至，三元老同时聚集东京。为结了谈判起见，并使松方向各元老发表秘密一事，均系不可错过之机会。否则临时议会召集，政界动摇，转多不便。鄙意谈判大局既定，民国宜以

内政有种种困难为理由，要求结了，其关满蒙问题极力让步，并声明第五号毫无让步之余地。结了之期，四月初十日以前为宜。日本若欲加以强制手段，诸元老必制止之。乞代陈。有贺长雄，初六。①

一些学者指出，电文述及"松方意欲履行秘密一事"，及"使松方向各元老发表秘密一事"，暗示有贺受袁之托运动元老，完全是有条件的。

1915 年 4 月 10 日，陆宗舆在致外交部电文中提道："有贺电已转，顷有贺密告，松方甚感大总统盛意"。电文所述日本元老"甚感大总统盛意"，说明袁世凯与日本元老之间有秘密交易存在。

据刘彦《欧战期间中日外交史略》考证，1914 年，德国将与俄、法宣战，为维持中、德和平关系，青岛总督有秘密承认袁氏称帝之文件，青岛被日军攻克后，此项文件落于日本之手，日本始悉袁氏称帝之决心，视为奇货可居。

正是出于这一不可告人的目的，日本才在向袁世凯做出种种空洞的承诺，获取在山东、南满等地的利益后，突然改变态度，玩弄袁于股掌之间。

1914 年 9 月初，大隈对报界发表谈话，说帝制比较适合中国国情，袁世凯是皇帝的最佳人选。但同时又对陆宗舆说，"惟万勿因此致乱，有妨邻国商务"，为将来进行干涉埋下伏笔。

9 月下旬，大隈再次对陆宗舆说：大总统如果诚意联日，日本

---

① 王芸生编著《六十年来中国与日本》第 6 卷，第 208 ~ 209 页。

国自当力为援助，可除一切故障。如有密谈，可由高田达我。暗示袁世凯提出交换条件。显然，日本一面诱导袁世凯称帝，一面做好以此为干涉中国内政借口的准备。

为了扰乱中国，在中华民国建立之初，日本就一直利用袁世凯及某些中国人的心态，散布中国不适宜共和体制的谬论。当袁世凯开始酝酿帝制时，日本政府有关要人及报界纷纷表示赞成，给袁世凯制造假象，并声称中国如实行君主立宪，对日本国体也是有利的。

日本朝野都鼓吹借欧战和袁世凯称帝确立在华主导地位。《申报》载，日本有志团在北京发布宣言称："总之，欧洲战乱，列强未惶东顾，是为根本解决对华问题绝好之机会，切望政府不固执己见，各政党亦不发挥党派的感情，举国一致，为国家永远大计起见，确立对华政策。至于帝政问题，日本合纵连横欧洲列强，自取牛耳，提出第三次劝告于中国；此劝告提出后，中国帝政因之中止，则袁总统威信失坠愈甚，南方独立军势焰自高，或袁政府为之推翻，或南北两政府分立，或又各地独立政府群起，全国糜乱，其势所及固不可逆料，真是我日本崛起之好机会。世之近视者不能洞观国家百年之大计，窃其与其性格冰炭不相容之袁总统缔结姑息的亲善，自失此千载一遇之好机会，其愚不可及也。"①

二　袁世凯谋划帝制，日本干涉中国内政

国内反对"二十一条"的余波刚平，袁世凯很快就从一把鼻涕

---

①　《要闻二——北京日人有志团之宣言》，《申报》1916 年 2 月 10 日。

一把泪向人民申述的"悲愤"中缓过神来，全力以赴地实施他的帝制计划。而日本方面，则利用袁世凯谋划称帝之机，扰乱中国。

1915年7月3日，袁世凯改定宪法；8月14日发起筹安会；8月23日通电各省军民长官、商会，派代表来京会议国体请愿；10月8日公布国民大会组织法。一时间，帝制运动搞得颇为热闹。

在袁世凯紧锣密鼓地筹备帝制之初，陆征祥声明在外交上难以周旋，曹汝霖表示将不负责任。袁世凯却信心十足地回答说，在外交方面，自己早已办妥，必无差错。他深信与日本元老在"二十一条"交涉中已就此达成默契，故而自以为是地相信："此为表面文章，我早有把握矣。"袁世凯不识时务地落入了日本的圈套。日置益当日违反外交惯例向他提出"二十一条"时，所说"若开诚交涉，则日本希望贵总统再高升一步"等话，时时在他的耳边回响。

然而，当他决定召开"国民代表大会"，准备伪选时，日本视为干涉时机已到。10月28日，小幡代办联络英、俄公使向外交总长陆征祥提出口头劝告，指出中国各地不安情势弥漫，要求缓行帝制。接着法、意公使也分别提出劝告，只有美国没有参加。

不过，日本又唯恐袁世凯果真不走帝制之路，就失去干涉中国内政的直接借口，因此，又给他仍出一颗烟幕弹，威胁中夹杂着引诱，提出"延期"要求，让他继续走向帝制的深渊。

当外交部向各国公使保证中国内部治安不成问题后，日本又单独提出要求，要中国将选举延期六个月或四五个月。新任外相石井菊次郎对陆宗舆说：如果中国肯将帝制延期至适当时机，日本自然会给予便宜援助，但必须在实行之前，与日本确实接洽，倘若突然实行，将视为对日本的侮辱。他还暗示，日本并不是绝对反对中国实行帝制，而是要先得日本的认可，并讲好条件方可实行。

为了圆皇帝美梦，面对日本的诱惑，袁世凯不能自拔，并一再设法亲近日本。当中国尚未从日本的威胁和恐吓中回过神来，中日两国的实质性矛盾仍然十分尖锐时，袁世凯却忘记了日本所带来的累累伤痕，违心地称两国"邦交最睦""友邦日益巩固"等。日皇大正定于11月10日在西京举行即位大典，袁于6日提前致以贺电，电文说中日两国"谊属同洲，邦交最睦"，"欣逢贵大皇帝陛下即位大典，本国政府同深庆幸"。

在讨好日本的同时，袁世凯也寻求英、美等国的支持。1915年10月初，他接见了朱尔典和芮恩施。当时，德、奥公使利用帝制拉拢中国，正在给他写信表示祝贺；英、美为了不让德、奥拉拢袁世凯，同时也为了讨得他的欢心以便战后争夺在华地位，都表示赞同中国实行帝制。但事情很快发生了变化。等待时机的日本迫不及待地将干涉中国内政再次提上议事日程。

1915年10月28日，驻日公使陆宗舆致电外交部，告知与石井会晤情形，日本政府已训令小幡转达劝告展缓变更国体的意见，而且从石井的口气中得知，日本已与其他国家联络，准备干涉帝制。当日下午，日本代理公使小幡酉吉、英国公使朱尔典、俄国公使库朋斯齐一同会晤外交总长陆征祥。

外交部于11月1日口头答复日、英、俄三国公使，声明中国实行帝制，是顺从民意，因为大多数国民认为共和制度不适合中国，"若因国体迁延不决，酿成事端，本国人固难免受害，友邦侨民亦难免恐慌。国体问题一日不定，人心一日不安，即有一日之危险，是甚显著易睹之事"。答复还保证说，对国内的"小乱"，经各省防范扑灭，断无可虑之事。最后还说："此次贵国政府为友谊的劝告，并声明决不干涉中国内政，厚意为本国政府所重视。贵国政府之有此劝告，完全为维持东方之和平，既与本国政府之意见相同，为达此目的，本国政府自应尽力，希望贵国政府深信。"①

日本视中国的答复为拒绝劝告。11月3日，石井接见陆宗舆，再次质问帝制一事，措辞毫不掩饰虎视中国的野心。陆回答说"本政府初无急速谋变更国体之心，现在仍无此意"。

11月5日，小幡再次到外交部质询帝制一事，要求得到是否延期的准确答复。同日，在东京，日置益与陆宗舆接洽，要求帝制延期。

11月6日，日置益向陆宗舆私下透露，如果得不到延期的确切答复，恐怕难以化解两国的矛盾。

同日，石井再次威胁陆宗舆说，如中国数月内仍改帝制，此时本大臣无以上对皇帝，下答议会，日本国民将认中政府为欺侮日政府之举。陆宗舆极力辩解说，投票虽有期，改制无期，且以内政关系，政府万不能以延期一言，外告友邦，内告国民。石井听陆宗舆如此解释，马上狡猾地兜揽说："历史上他国干涉内政之事甚多，惟日政府只求诚意相孚，决不欲稍干内政。如以延期说体制不佳，即说若干月以前不行帝制，亦可。"②

当天，陆宗舆致电外交部，告知石井质问帝制之事，并已探知有两艘日本海军舰艇南行，日本外务省准备做第二次警告，以借口

---

① 王芸生编著《六十年来中国与日本》第7卷，生活·读书·新知三联书店，1981，第11页。
② 王芸生编著《六十年来中国与日本》第7卷，第14页。

保护而出兵。

此时的日本军人，无不摩拳擦掌地准备向中国发动侵略战争，纷纷攻击外交束缚其自由，攻击政府实行"和平主义"。

此时的袁世凯对日本的模糊态度理解为认可。11 月 15 日径自举行了伪选，成为"中华帝国皇帝"。12 月 12 日接受"推戴书"。13 日接受百官朝贺。

1916 年 1 月 1 日，袁世凯举行颁布洪宪纪元大典。为得到日本的支持，他决定再次以某项权利为交换条件，先与日置益商量，日置益电告本国政府，得到日本的承诺。于是，便以赠送勋章祝贺日皇即位为名，派农商总长周自齐为赴日特使。

1916 年 1 月 4 日，外交部电陆宗舆：

> 大总统将素所佩带之同等勋章一座，赠与日本大皇帝，并派农商总长周自齐充大使，前往呈递，希照会日外部。此次赠勋章，不用国书，由元首亲笔作书，以表格外亲密。奏调随行员五人，刘崇杰、周家彦、施履本，陆海军部人员各一人，又秘书于许二金事，拟二十一日到东京，住七日即回国，希先与外部接洽。所有七日内事宜单，预为商定，大使应送何人礼物，及见元老各事宜，希酌定一并电复。外部，四日。①

外交部在电文中提到的礼物是什么呢？黎元洪继大总统位后，迁入新华宫居仁堂，负责打扫卫生等事务的总务唐中寅发现周自齐

---

① 王芸生编著《六十年来中国与日本》第 7 卷，第 24 页。

准备随带赠日本元老的礼物单，礼物单经袁世凯用虎文体签字。主要有大五彩瓶一对，大青色樽一对，均康熙瓷，赠松方正义；大蓝色宋瓷宝塔一座，高六尺，又康熙瓷五彩大樽一对，赠大隈重信；颜鲁公墨迹十幅，宋高宗墨迹一大幅，雨过天青大瓷樽一对，赠山县有朋；康熙瓷高六尺屏风一座，宋徽宗画鹰一轴，赠井上。其他重要人物，都有赠品。这些礼物都是从原清廷内务府所得。

1916 年 1 月 14 日晚，日置益宴请周自齐等人，席间致辞表示日本政府对周"十分欢迎"，将以亲王之礼予以接待。

外交部和陆宗舆商定周自齐的行期和路线，预定 1 月 24 日抵达东京。

可日本的态度很快就来了 180 度的大转弯。1 月 16 日，日本政府严词拒绝周特使赴日。日使馆以电话通知中国外交部："接政府急电，请周特使暂缓赴日。"

同日，外交部三次接到驻日公使陆宗舆的急电。在第一封电文中，他汇报说，当天早晨日本各报纷纷登载消息说，日本政府已辞退中国特使，其理由主要是：中国政府扬言待周使归国后，将实行帝政，将招致列国的猜疑；中国南方也有卖国使节。又说废弃的共和勋章不能再赠送与日皇。

在第二封电文中，陆宗舆直白地向袁世凯揭露日本的包藏祸心和最新意向，说日政府于此十日半月内，肯定会有一定的行动，不会再抱观望态度。此次拒绝周使，即是蔑视元首之发端。其机关报口气谋划，都已不再以友谊姿态相待。他建议说，面对日本的干涉，如自量可以一战，则早日决行；否则须趁其未劝告未干涉之前，改图政策，以自留地步。改变政策表面看来虽然损失了威信，但一可激起群众因外侮而生爱国爱元首之感念，乱源转易消弥；二则日本政府不再有干涉借口，而徒树恶感，一无所得，必将逐渐招致国民的攻击。他还报告说，此时日本元老的态度已大变，不仅仅是谢绝特使而已，"彼政府乱暴举动，每出意外，其欲倒我政府，计划已非一日"，因此总统应以大局为重。

在第三封电文中，陆宗舆告知日本外务部以签订《马关条约》的李鸿章遇刺为例，对中国进行威胁："顷外务次官面告，请周大使缓来一节，昨仅电告日置，以宫中都合关系，未及其他。今外务大臣命将情由面告贵使，谓日政府接待周大使，并无政治意味，无奈二国新闻过于哄传利权交换等事，不但支那乱党群起暗算，即一般日人以不赞帝政之心理，难保无疯癫之徒为万一之暴举，日政府深以为虑。并历举李文忠及大隈遇险故事，特请延缓，以待时机，希将此情况报告贵政府云云。"①

1月17日，陆宗舆报告日本干涉中国内政的决心：日本坚决阻止中国派遣特使，为此，在外交方面已做好相关接洽工作，在军事上也正着手准备，探得我国南方军情和人心向背情况，并拟联络南方，多方鼓煽。其内部也宣示决不承认及临时处置的方针。陆宗舆表示自己难以完成对日工作，"我于现政府任内，不但无握手希望，更有祸祟不测之虞"，他劝告袁世凯"延缓帝政"，这样，如果日本仍有不光明举动，则"英美理直气壮，必帮我忙，而其内部之攻击亦起"。

---

① 王芸生编著《六十年来中国与日本》第7卷，第28页。

三 日本乘机制造中国社会动乱

日本以袁世凯称帝为借口，乘机挑起中国内部矛盾，支持中国各派反袁力量。日本内阁通过《对于中国目下时局日本所执政策》提出："观中国之现状，袁氏威权之失坠，民心叛离及国内不安渐渐显著，该国前途实不可测，此际帝国所执方针为在中国确立优越之势力，该国国民自觉帝国之势力，建立中日亲善之基础。""袁氏在中国之权威不免为帝国达成如上目的之障碍，为遂行前述帝国方针，必须让袁氏自中国势力圈脱退，何人取代袁氏，无疑要比袁氏对日本更有利。"① 日本还以各种实际行动大力援助中国国内外反袁势力，制造各种混乱。

1915 年 10 月 28 日，小幡西吉口述日本政府的训令，说中国近来加紧进行变更国体的计划，现在似乎有急遽发展之势。中国各地的情势，虽然外表看来对于实行帝制反对不甚激烈，可实际上，反对之感情广为酝酿，不安之形势弥漫于各地。现今大总统如有突建帝制之举，则易惹起意外之扰乱，使已形平静之各地再成危险不安之域。目睹中国将发生此种危险之情况，日本帝国政府鉴于世界大局之利害，不胜忧虑。训令称：

> 与中国有深切关系之各国及与中国有特殊关系之日本，所蒙直接间接之影响真有不可计者，东洋之和平亦不无因是陷于

---

① 《阁议决定》（1916 年 3 月 7 日），《日本外交文书》，大正五年，第 2 册，第 45 页。唐启华：《洪宪帝制外交》，第 304 页。

危殆之虞。事态既如上述，是以帝国政府本防祸未然维持东洋和平之衷心，兹对中国政府先告以中国今日之情况最堪忧虑，敢问果自信不致发生异变而得平稳实现帝制耶？帝国政府既已坦率披沥其所见，决以友谊劝告大总统善顾大局，延缓其变更国体之计划，以防祸未然，而固远东和平之基础。此乃最为贤明之措置。现已对小幡代理公使发出必要之训令，帝国政府决非欲依此种措置而干涉中国之内政，不外欲尽其邻邦所应尽之友谊耳。①

朱尔典、库朋斯齐也做了意见大致相似的劝告。1915 年 11 月 3 日、5 日，法国公使康悌、意大利公使华蕾也先后到外交部提出劝告。

远在日本的陆宗舆深知日本的真正意图所在，因此也劝袁世凯从长计议。他告知袁世凯，大隈重信曾表示，如果中国不乱，则日本不会干涉；又保证如果中国有需要日本的地方，日本将无事不帮。但这些只不过是虚逶之词。而今，日本唯恐英、俄对中国帝制先表示赞成而占尽先机。日本报刊又起哄攻击政府，要求乘机解决中国的军政等问题。

把袁世凯赶下中国的政治舞台以扰乱中国、干涉中国内政，自始至终是日本的目的。自从拒绝周自齐赴日后，日本政府开始大张旗鼓地反对洪宪帝制。日本总理大臣大隈在 1916 年 4 月初曾对《朝日新闻》的记者说：袁如果真心诚意想要中国和平，他就该引

---

① 王芸生编著《六十年来中国与日本》第 7 卷，第 7 页。

退，离开现在的职位。我认为那是袁的上策。有人说假如袁引退，这个国家就没有有能力统一的人了，国内的形势会更加复杂。没有必要操这个心。要是袁引退，中国目前的局势反会平静下来。至于将来，自然会出现某种处理它的办法。

日本一方面以帝制将引起动乱为由牵制袁世凯，一方面却早已乘机插手支持各派反袁势力，故意制造混乱。在国内，唐继尧于1915年12月23日宣布，如果不取消帝制并严惩倡议者，云南将宣布独立，揭开了反对帝制的运动。蔡锷、梁启超等人云集云南，得到日本的支持。这对袁来说，是一个极大的威胁和无奈。

1916年1月20日，日本首相大隈、外相、陆军大臣与各元老以宫宴为名，召开对华专门御前会议。

石井称：英日向有维持东亚和平之约，日本有维持东亚和平之举，英国当然赞同。法国怕安南有乱，驻兵甚少，亦望日本维持；俄则惟日本之命。外交既已妥洽，当再严词警告中政府，延缓帝制，如不听，则出自由行动，派兵驻中国要地。一面认云南为交战团体，一面宣告中国现政府妨害东亚和平。

大隈还强调日本内部要消除意见，一致进行对华政策。与会各人都表示同意大隈的意见。

"二十一条"签订后，袁世凯一心认为既然日本政府在元老的干涉下对第五号问题做了让步，那么在他称帝的问题上会完全给予支持，便积极筹备帝制。但日本在达到目的后，竟一反常态，违背诺言，这是袁始料未及的。

袁世凯得知日本态度强硬，而且准备加以军事干涉，"二十一条"交涉的恐惧感再次盘旋在他的脑海中，使他烦恼不已，不得不令外交部电告各国公使："现因平滇乱，政务殷繁，元首不肯正位。二月初旬登极之期，现已作罢。"

在帝制运动的关键时刻，对于袁世凯来说，另一严重的问题是日本对革命党的支持。

中日"民四条约"签订后，日本在山东占领地区不仅实施恫吓政策，允许中国革命党人从这个基地展开活动，而且派出日本国民进入山东，在内地鼓动骚乱。山东省政府面对这些活动，一筹莫展，几乎陷于瘫痪。他们一方面害怕地方上万一发生骚乱，会招致日本的干涉；另一方面，又担心逮捕或杀死日本捣乱分子会惹起日本的报复。

这是中国人所遇到的另一种两难处境，是应该对于日本帮助中国的爱国者表示感激还是应该对于日本的两面三刀手段表示反对？

日本对反对袁世凯帝制又做了怎样的解释呢？

1916 年 8 月 16 日下午，莫理循前往加藤私邸拜访，谈到袁世凯的时候，加藤如此回答：他个人认为袁世凯是个有能力的政治家。但是他本国的人是用日本的标准，感情上的标准来衡量袁世凯的，日本作为与中国同文同种的民族，认为中国人具有和他们相同的文化，也具有或应该具有和他们相同的对帝制和君主本人的尊敬。袁世凯于 1898 年出卖了他的皇上，也出卖了维新派人士，他的行为导致康有为、梁启超和其他的人逃亡国外。辛亥革命时期他得以重新掌握权力是由于他得到皇室信任，都以为他会挽救他们。当时只要他愿意，他是有办法镇压这次革命的，但是他却采取了另一套办法。他的建议或许会被认为是好的，他的行为也还有理可说。可是他做了些什么呢？他做出了与日本人的信誉和忠君观念格格不入的行为，使自己变为统治者，以代替由他建议退位的皇帝，而且后来索性妄想自己登上帝位。

加藤在指责袁世凯对清政府不忠的时候，也许忘了，正是日本利用中国革命获取在华利益而加速了清政府的灭亡；尽管袁害怕日本如绵羊之避恶狼，可他统治中国仍为日本所不容，日本不希望中国统一强大，因此日本利用他的弱点诱使他向帝制迈进，而后借口道德和仁义，对他猛烈攻击，大加鞭挞，直至陷他于绝路。

袁世凯被迫于1916年3月22日宣布撤销帝制。6月6日，主宰中国政治舞台近6年之后，袁世凯离开了人世。莫理循遗憾地说：当时的中国原本还需要他，可他的行为使中国人民不愿要他。他的死亡给中国留下了难以控制的政治真空，长达十多年的内争和战乱，正是日本所希望看到的景象。

曹汝霖曾评价袁世凯说，自屈服于日本的压力接受最后通牒后，袁世凯发表告诫百僚书，一时曾力图振作，督促各部，于兴利除弊应行建设之事，指示周详，以期百废俱举。于国务会议时，时时警惕，愤懑之情，现于辞色。每次会议，必有新案提出讨论，且令各部按照新案，克期拟成计划，付之实行。对于军事格外注意，他鼓励各部说，正值欧战之时，不能有外力援助，只有自己努力进行，他筹建炼钢厂，添设巩县兵工厂，整顿各兵工厂、福建造船厂，又练模范团三混成旅。对于整理财政，发行国内公债，改革币制（废两为元），整顿税收，请各国退还庚子赔款，专办学校，有的已施行，有的正在筹备。各部都振作精神，努力从事建设，一时颇有朝气。由于日本议院抨击政府对华政策失当，西方各报夸奖他以弱国外交得此结果，总算胜利等语，他遂渐生自满之心。他还以

为日本伎俩不过如此，只要用心对付，不足为虑。他环顾世界，以
为除美国外，君主国居多，日本与中国同处亚洲，种族相同，我国
为共和政体，与日本政体不同，易生隔阂，终于酝酿帝制自为思想
于胸。加以张勋、倪嗣冲之流，常说地方民情与共和制度格格不
入，杨度等又以中国实行共和制度尚早，并引用美国顾问古德诺的
话为证。袁世凯"受此浸润之言，政事激生懈怠。曾几何时，朝
气又成暮气矣，真是可惜"。

四　日本乘机干涉中国参战

中日"二十一条"交涉结束后，袁世凯不仅在帝制问题上被
日本所左右，而且在中国参战问题上也看日本的眼色定夺。

1915 年 11 月，在袁世凯筹备帝制期间，英、俄、法三国鼓动
中国参加欧战。袁世凯想通过参战争取英国对他改行帝制的支持，
但日本闻风而动，大力阻挠，袁世凯政府的软弱再次暴露无遗。

11 月 25 日，曹汝霖致电陆宗舆，告知日置益曾质问有关英、
俄、法三国鼓动中国参加欧战一事，外交部答复说根本未曾接洽，
三国并未来商，政府更未尝提议。不过，曹汝霖又说明："惟此间
英、俄确系间接以法希望我加入敌德之意，达之于我；我正以慎重
研究，未与接洽。"英国也以日本的意向为转移，导致中国处于被动
局面："闻先由英国与日本国切商，日因首相病，尚未开阁议，我居
被动……坚拒。惟此事重大利害所关，公意如何，乞以私电密示。"[1]

当中国参战机会来临的时候，中国对日本的恐惧却一天比一天

---

[1]　王芸生编著《六十年来中国与日本》第 7 卷，第 17 页。

严重。11 月 26 日，外交部再次致电陆宗舆，详细告知日置益质问中国拟参战一事，要求陆宗舆不就此事表示意见，并探听日本的口气，表现出对日本态度的急切关注。

陆宗舆特别强调，为防止日本寻找借口干涉中国内政，国内需要格外保密此事。当天，陆宗舆回电，通报日本朝野对此事的态度：

> 润田兄：二十五电悉，昨某馆员密谈，英已将中国加入事情请日本赞成，日政府尚未答复。惟外边故放中国无加入资格之议论。但英政府意似日本即不允英中日三国同盟，而英中二国亦可另订密约，一面再拉美国，美必欢迎。英海军六倍于日本，德海军势力薄弱，英可移六分之一舰队，由太平洋东来，以护东亚，有此计划。以上尽可从容静观日本态度，并甚愿大总统英明云云。彼之谈，有备我参考之意也。顷探悉，日内阁三日前几为此问题被元老推倒。闻日内稍已挽回，海陆军人深恨外交失着，致无措手。舆意为走稳着起见，可否先与英商妥后，中国亦出面稍稍敷衍日本面子，为欧战时中英缓患之计。否则，另作计议。惟须请极密，因东报已有传中英密约条件。①

中国畏惧日本，英国也以日本的态度为转移。英国本来向日本列举了中国参战的种种好处，如把德国势力永远驱出中国，制止德

---

① 王芸生编著《六十年来中国与日本》第 7 卷，第 18 页。

国所做威胁东亚安宁的种种阴谋，摧毁德国的贸易，并使日本从中获利，等等。但是，日本的态度使英国望而却步。日本各界无不以为中国参战将在中日纠葛中处于有利地位，朝野都视为重大问题，议论纷呈，报界还认为中国从此将抑制日本。显然，日本不可能无动于衷地让中国在各国间的地位提高，它强烈反对中国作为参战国出席战后的和平会议。11 月 27 日，英国声明，"英国苟非先与日本协议，决无与中国为政治性质之协商"。

不少关注英国在华利益的人士，如莫理循等人认为，中国参战的前途困难重重，因为日本是相当难以对付的：她在这场战争中大发横财，她的财政地位已经得到大大地改善；她所有的兵工厂自从战争开始以来就已经全部更新了装备，而且是由欧洲出资置办的；国际贸易方面她有顺差；她的航运事业获得意外赢利。战争拖得越长，日本得到的好处越多。日本自战争开始以来，已经提供了不少劳务，她也将为这些索取应得的代价。而这笔代价，恐怕要由中国来支付了。

中日"二十一条"交涉中，日本没有完全如愿，所以不断在各种问题上要挟中国，干涉中国内政。由于日本从中阻挠，中国参战问题延而未决，直到 1917 年 2 月和 3 月，日本分别从英国和法国处获得保证：在日后的和平会议上支持她所取得的在山东的权益，才在中国参战问题上有所松口。日本强迫中国签订"二十一条"，打破了帝国主义在华的均势。同时，英、法、俄、德、意、奥等列强正在竭力酣斗，都希望利用中国的人力、物力以孤立对方。而英、法、俄为让中国参战，一方面与日本密约承认日本在中国的既得权益，要求日本促使中国参战；另一方面以战后给中国大国地位的许诺诱使中国参战。日本为进一步全面控制中国的军事、政治、经济和外交，劝诫中国对德宣战；美国对德宣战在即，为孤立德国，亦希望中国加入协约国。参战使得中国的国际地位在形式上有所提高，为向各列强提出修约和解决"二十一条"问题提供了机遇。

　　早在一战初期，统治阶级内部即有人提议与德国交涉收回山东一切权利，如地方官员中江汉关监督兼湖北交涉员丁士源、山东将军靳云鹏、山东巡按使蔡儒楷等，就先后电陈北京政府，请向德国驻华公使要求收回青岛及胶济铁路，① 由于当时的北洋政府受日本操纵，中德交涉未能成功。围绕"要不要加入协约国、要不要参战"，北洋政府内部展开了激烈的争论。顾维钧等人通过对局势的分析，主张参战，因为"为使山东问题获得解决，为在战争结束时提高中国的国际地位，中国必须参加协约国"。② 1917 年 2 月 14 日，北洋政府国务院和外交部致电驻日公使章宗祥，希转达中国参战的意愿和希望条件。2 月 28 日，陆征祥与协约各国驻华公使商谈中国参战条件；3 月初，北洋政府制订了加入协约国条件节略。为了促成中国对德宣战，日、英、法三国公使于 5 月 2 日下午向中国表示：协约国愿以诚意与中国商议中国参战后实现中国的要求。列强的许诺使主战派压倒了反对派，8 月 14 日，中国对德宣战。9 月 8 日，协约国各国公使照会中国，部分同意中国所提条件。③ 顾

---

① 黄嘉谟：《中国对欧战的初步反应》，《中国近代现代史论集》第 23 编 "民初外交"，台湾商务印书馆，1986，第 266 页。

② 顾维钧：《顾维钧回忆录》第 1 册，第 152 页。

③ 王芸生编著《六十年来中国与日本》第 7 卷，第 82～83 页。

维均就参战一事主张，"不以德战则已，战必以助美为宜"，这样方可"与美各自处于第三交战团之地位"，不仅可以保持自由行动，还可以此抵制日本侵略，而追随操世界政策之美国，"于战后在国际上大有为"。① 顾维钧这一策略是正确的，中国正是作为战胜国之一，才有机会在国际大会上提出收回原在山东的主权、废除"二十一条"、收回旅大租借地等要求。一战结束后，北洋政府立即实行联美方针，以图迫使日本放弃"二十一条"及中日军事协定等，公正解决山东问题。

第三节 废止"二十一条"的外交努力

日本乘西方列强暂时无暇顾及中国之机，胁迫中国签订丧权辱国的"二十一条"，把中国的民族意识激发到了一个新的高度。废止"二十一条"，成为不可逆转的时代要求。这既为北洋政府以后的修约外交凝聚起强大的民众后援推动力量，又对北洋政府的修约外交起到或促进或支持或监督的作用。

一 向各国宣布中日交涉为日本所胁迫，寻求各国支持

民国时期，一批外交官懂得国际法知识，知道如何运用国际法维护国家利益。"二十一条"交涉刚结束，根据顾维钧等人的建议，外交部在 5 月 13 日向各国宣布中日交涉的始末，再三指出中国政府的原则是"保全自国主权之完全，各国在华条约上之权利

---

① 章伯锋主编《北洋军阀（1912 ~ 1928）》第 3 卷，第 155 ~ 156 页。

及机会均等之主义",但在日本的胁迫之下只得妥协勉从。这对日后中国废止中日"民四条约"起了重要作用。无论是在巴黎和会上还是在华盛顿会议上,顾维钧等人都指出,条约是在日本的威胁下签订的,中国早已告知各国,并发表了声明,因此,是不符合国际法的,是不平等条约,是应该被废止的。

根据中国提供的信息,中外有关各方面也纷纷表达了日后解决这一问题的政策和方针,为废止"二十一条",特别是为解决山东问题寻找出路。西方各国有关人员"出谋划策",主要提出以下预备性的"策略"。

荷兰媒体主张中国将问题留待将来解决。1915 年 5 月 12 日,中国外交部收驻荷兰公使唐在复电,荷兰各报刊称,"中国必不忘此要挟,后有机会,必图恢复",又称日本实行硬持亚洲政策,各国在亚地位十分摇动,各国现在虽然暂时被迫屈从,"但事之实在结束,须俟欧洲讲和时"。

美国主张"君子报仇,十年不晚",先行忍让,忍辱负重,日后再行收回所失权利。1915 年 5 月 10 日,中国驻俄公使刘镜人电外交部告知美国驻俄国公使的意见:"二日电悉,报载纷传中日交涉吃紧,日本决议致最后要求。顷询承美使面告,为中国计,此项要求万不可直行允认,应答以中国无力抵抗,故不作抵抗。但应声明出于违心,一面通告各国,谓中国对于日本强迫,因国势薄弱,无力抵抗,但应声明彼所要求,不能认为合理。如此办法,免将来日以中国允认为辞,并以留各国干预地步等语。"①

---

① 《中日关系史料·二十一条交涉》(上),第 300~301 页。

6月9日，外交总长陆征祥会晤美国公使芮恩施，就处理"二十一条"善后问题进行协商。

芮恩施建议中国与美国保持密切联系，他主张中国处理中日交涉的善后办法：第一步，应与英、美等国力求亲善，以得到他们的完全信任，这样，如遇事请其协助维持则较为容易。第二步该如何走呢？那就是在战后国际公会上设法巩固中国的国际地位。他提出的具体筹备办法是："夫召集远东公会，须详细筹画，在先定有应议问题，说明范围，然后可以举行。如修改税则应如何次第进行，收回领事裁判权应如何订定阶级、逐渐办理，若无事前之预备，则恐临事仓遽，反恐及不应议之事。且此种公会，凡与贵国有条约之国，均须与焉，即与贵国感情不甚友挚者，亦不得不邀之派员列席，所以此种会议难保必无有损贵国之提议。至战后公会，如以交战国为限，则所议必以因战事而发生之各问题为限。如修改疆界、规定补偿等问题也。在此公会，中国问题势难提及。本公使以为交战国公会告竣后，必有如海牙和会之一种大会，讨论弭兵免战问题，世界各国均得与会。在此大会，可设法提议一种间接有益贵国之问题，如推广国际仲裁问题是也。"①

陆征祥表示赞同芮恩施的建议，但还是有所担忧，他指出："本国最近与荷兰已订有广义之仲裁条约，所云远东公会，诚如贵公使所言，恐有流弊。交战国公会除划界及补偿问题外，或鉴于青岛问题，复议及将来限制战区问题，然亦不能说定。至第三次平和会对于中立国之权利义务问题，度必重行规定，此亦是有益本国之

---

① 《中日关系史料·二十一条交涉》（上），第397页。

举。"①

芮恩施又强调美国政府的作用，说自己正在研究平和大会问题。此次回国，亦拟与政府商议，将来对于中国国际上之地位，如何能巩固，此层亦拟与政府筹划，期望对中国有益。

陆征祥诚恳地表达了对美国的感激之情，他强调："贵国与日本亦系友邦，且值欧战时代，而对于此次中日交涉，仍能多方关切，本国甚为感谢。从前本总长在第二次海牙平和会遇事时，与贵国代表接洽，彼此受益。中美两国通好以来，睦谊缠绵无间，历史上亲密之纪念甚多，如葛兰脱总统之与李文忠公之为挚友。且现在彼此政体一致，人民观念相同，日后睦谊之亲密，比之今日定能倍蓰。"芮恩施再次表示："本国所冀于贵国者，即是富强之中国。将来凡有益贵国之举，本公使可以声明本国政府必乐为之助。"②

陆征祥又指出："再前者关于中日交涉事，贵公使所致本总长之公事，本国政府甚为看重，实系贵国睦谊之一种表示。不但有维持东亚和平之影响，且与日本要求条件第五号之将来，亦有密接关系。因闻日本方面虽未答复，亦颇了解此公事之意义故也。本国因有不便，故未答复，然此举与寻常之不复不同，业经电令夏公使，将本国看重该件公事之意，及不便答复之处，面达贵国政府。用告贵公使，以资接洽。"③

此后，在协约国和美国保证"尽力赞助中国在国际上享得大国当有之地位及其优待"的承诺下，中国经过内部的反复争论，

---

① 《中日关系史料·二十一条交涉》（上），第397页。
② 《中日关系史料·二十一条交涉》（上），第397~398页。
③ 《中日关系史料·二十一条交涉》（上），第398页。

于 1917 年 8 月 2 日对德奥宣战，因此得以参加日后的和会，并通过和会向世界人民宣告废除"二十一条"的决心，进而展开了废除"二十一条"的斗争。

二 在巴黎和会上争取"二十一条"交涉丧失的权益

1919 年 1 月 18 日至 6 月 28 日，英、美、法、意、日等 27 个"一战"战胜国于巴黎召开所谓的"和会"，中国人民和中国政府视此为国运的一大转机。美国驻华公使芮恩施描述"五四"前夕中国人民和在中国的美、英人士的情绪时说，世界上可能没有任何地方像中国这样对美国在巴黎的领导抱着如此大的希望。中国人信任美国，信任威尔逊总统时常宣布过的原则，他的话语传播到中国最远的地方。[①]

中国政府为参加会议做了充分准备。早在 1918 年夏，中国驻欧美使馆成立了一个专门小组，收集各种资料，"包括美英等国不时出版的各种计划草案，对之进行研究、分析，以确定中国应采取何种政策以及应支持这些计划草案中的那些部分"。[②]北京政府与驻欧美各国代表频繁往来通电，研究加入和会各种策略，最后确定在和会上要达到四个主要目标：收回战前德国在山东省内之一切利益，不由日本继承；取消"二十一条"之全部或一部；取消外人在华之一切特殊利益；结束德奥两战败国在华之政治及经济特权。

由于这一问题与欧战爆发有关，深知日本奸诈又有恐日症的中

---

① 周策纵：《五四运动史》，第 134 页。
② 顾维钧：《顾维钧回忆录》第 1 册，第 162 页。

国政府，坚持把它作为国际性问题，而非单纯中日间的问题提出于国际性会议，以求公断裁决。在巴黎和会召开前，日本多方阻挠中国提出山东问题于和会，但中国仍把山东问题作为最主要的问题提出。当和会决定根据所谓的中日条款及换文把德国原在中国山东的一切权利转让给日本时，中国代表坚持保留山东条款，日本驻华公使小幡酉吉忽然向北京政府施加压力，提议由中日互换文件，声明日本将来交还山东之意。但中国代表团识破其阴谋，力主避免中日直接交涉，要求"政府镇静行事，不必多此一举"，指出日本的行动为"釜底抽薪之挑逗手段，俾使中国自乱其外交步骤"。①

　　日本的阴谋得逞了，和会上中国没能享受战时协约国所承诺将给予的"大国地位"，中国全权代表席位只有两席，陆征祥等人从日、法傲慢的态度中预感到，中国将在会中处于不利地位，"我国在会中之结果，毫无把握"，并深感列强气势咄咄逼人，"弱国无外交，危险状态于此可见一斑"。和会上，日本对中国提出的收回山东权益的骄横态度和英、法的支持及美国的妥协，使得中国的希望化为泡影。尽管如此，出席和会的中国代表陆征祥、顾维钧、施肇基、魏宸组、王正廷等人，并没放弃力争收复国权的努力，他们提出要求修约的说帖，要求废弃中外条约体系中的不平等因素。

　　在巴黎和会上，中国代表向大会提交了要求废除中外不平等条约的各种说帖，其中有《要求废止1915年5月25日中日条约换文事之说帖》，说帖分三章详细说明中国所提要求的理由，在结论部分总结道：

---

　　①　王芸生编著《六十年来中国与日本》第7卷，第348页。

观于上文所论，中国要求废除一九一五年条约之理由，可作一总结如次：

（一）因一九一五年条约全因欧战所发生，而条约中所拟定之事件，其解决之权利，又完全属诸和会。

（二）因一九一五年条约违反各协约国所主持之信条，即所谓公道正义，为今日和会所视为金科玉律，而为解决各国事务，以免除或减少将来战事之标准者。

（三）因一九一五年条约破坏中国之领土完全与政治独立，即英、法、俄、美四国与日本所订条约担保者。

（四）因一九一五年条约系先以恐吓，使中国不得不与之磋商。继以最后通牒逼中国不得不签字而订结者。

（五）因一九一五年条约本非定局，即日本亦自知之，故于中国将加入战事之时，日本设法与他国订立山东秘密条约，其实违反交战国所承认和平解决之基础主义。①

中国方面要求收回山东主权和废止"二十一条"，一是依据情形变迁原理，二是强调"二十一条"及中日换文是在日本的威胁和逼迫下签订的，属于不平等条约。

顾维钧在 1919 年 1 月 28 日法国外交部举行的"十人会"上提出山东问题时，坚持认为战争的爆发已废止了中国与德国政府的成约。1919 年 4 月 22 日，和会召开由英、美、法三国首脑参加的

---

① 北洋政府外交部编《外交公报》第 7 期，1922 年 1 月，专件，第 1～14 页。

"三人会议",中国代表列席。会议就中日问题进行了讨论。

威尔逊表示,他已仔细地阅读了中国提交的文件,从而了解了事情的来龙去脉。威尔逊指出,中日间曾有过换文,在那次换文中,日本政府提出战后德国在胶州的利益转让给日本以后,由日本把它们交还给中国,中国政府已经注意到这一点。后来又有一次换文及合同,虽然他只见过换文,但日本政府提出了某些条件,中国政府接受了这些条件。英国和法国与日本达成了大致相同的协议,大意是说英、法将支持日本政府对大陆及赤道以北岛屿的要求。

威尔逊认为,战争并没有废止中国与日本政府在战前就达成的成约。他曾促使日本将胶州租借地交给五强,如太平洋上的岛屿一样作为托管地处理。威尔逊又提出,要遵守条约,在会议上达成一项修改条约的协议是可能的。他还建议,所有外国政府都应该取消在华的特殊权利,从而使中国摆脱强加在她身上的限制。日本不愿意将胶州交给五强,英国和法国政府又被成约所拘而处境为难。威尔逊曾要求日本方面对他们协议的内容做一解释。日本回答说,对两个煤矿和一个铁矿的开采并不成功,这样就牵涉与之密切相关的铁路问题。日本方面提出愿意撤除日方的行政管理部门,只在铁路终点站保留军队,如果达成一项协议,他们愿意取消领事裁判权,但要保留在胶州辟一居住区的权利。

顾维钧强调,1915 年的条约以及后来的换文,是日本强加于中国的产物,并且一次就达成了所有的重要条款。他还强调他在"十人会"上已说清楚了这一点。缔结条约和换文是在日方递交了哀的美敦书以后进行的,这不符合正常的缔约规程,因为它们与战事引起的事件有关。顾维钧解释说:在日本占领胶州之后,1915

年1月，这个口岸被开辟为商埠。中国曾要求日本从山东省腹地撤军。日本抓住这一机会，称它为不友好的行动。不久就向中国提出了"二十一条"，分成五号，其中要中国接受日本顾问，要中国放弃与其他西方列强有关的铁路特许权。他提醒劳合·乔治注意英国也与此铁路特许权有关这一事实。中国被置于一个十分困难的境地，她再三反抗，最后被逼得万般无奈才屈服。5月7日，日本向中国发出最后通牒，提出了"二十一条"中的大部分要求，限中国在48小时内接受，否则日本就将不受限制采取行动。中国政府为此大为惊愕，不得不屈服于武力胁迫。

顾维钧指出，日本曾用严厉的处罚方式来强迫中国保守秘密。曾有过这种说法，即日本告诉协约国政府与美国政府，日本只向中国提出了11条要求，但实际上它强加于中国的有21条要求。中国政府认为，条约和换文是以用最后通牒作后盾的"二十一条"要求的结果出现的，是违反常例的。中国一向努力以信义行事。但是，这次是违背中国的自由意志的，同时以前的换文也有类似的情况。自从日本占领胶州四年以来，日本军队向有3600万人口的山东省内渗透，其结果是民不聊生。中国政府曾为此提出抗议，要求日本撤除它驻扎在250里铁路线上的军队。日本拒绝了，还进而在山东省内设立了地方行政机构进行控制，向中国人民征税，甚至行使司法权。中国人民的反日情绪异常强烈，中国政府感到民意的压力，要采取紧急措施使日本撤除军队与行政机构。只有当和会最后解决这一问题后，这种紧张状态才能消除。顾维钧还强调，日本的位置与中国太接近，尤其是在满洲，它在那里占有一条直达北京的铁路，如果将德国权利转让给日本就会造成一个非常严重的局面。

如果日本占领满洲和山东的铁路，北京就将处在一个被钳制的地位。

劳合·乔治问顾维钧，如果各大国要做出决定，由日本继承德国在山东的权利或根据中日之间的成约履行权利，中国倾向于哪一种？他表示英国要遵守由日本继承德国权利的协议。

顾维钧发表中国代表的集体意见，说明中国不能对此做出选择，因为两者都是不能接受的。只能将它们做一比较。与日本的成约及换文提出在一定条件下将租借地归还中国，但这种归还仅仅是名义上的。两者比较，他认为德国的权利较之日本在条约及换文中所要求的权利要少些。但即使只是让日本继承德国权利也将对中国的未来造成严重的影响。他还进一步说明，在要求直接归还德国原来在山东的权利时，他并不是要对中国的参战索取赔偿，而是视其为远东和平的必需。

威尔逊解释说，他已向日本代表团提出中国问题。他曾强调过日本和中国之间互相信任和友谊的极端重要性，他认为这对远东和平是至关重要的，中国应该自由地不受拘束地得到她自身的发展。他现在所要求的仅仅是摆脱目前这种极度困境的办法。在这次会议上，美国是唯一的完全不受约束的国家。英国、法国、中国和日本都被条约所束缚。他们之所以要这样遵守条约，是因为过去的战争的目的在很大程度上是为了使条约不受破坏。

劳合·乔治想把责任推给中国，认为在1918年9月换文之前，中国本可以抵制到底。顾维钧仍强调，1918年的换文是根据"二十一条"要求而订立的山东条约的产物。

至此，威尔逊也指出，中国当时别无其他选择，只能接受这个条约。威尔逊还强调，"二十一条"中还有排斥其他列强在商业和工业发展中的内容。接着，他宣读了关于汉冶萍公司的条款。

顾维钧马上指出，汉冶萍公司是中国最大的煤铁矿业公司，位于长江流域。他要求宣读更为严重的第二条。顾维钧强调，中国政府除了做一些细小改动外，不得不接受"二十一条"的大部分内容。这就是中国要求纠正的理由。

威尔逊问中国代表是否会重视以下看法：不管做出什么安排，日本与中国都将成为国际联盟的成员，而这一国际组织将保障它们的领土完整与政治独立。这就是说，国联将关注这些问题。中国将来会得到前所未有的保护，将来如再有强力欺凌中国者，在会各国自有鼎力援助的义务。他本人就准备在国联行政院和代表会议上号召各国放弃它们在华的特殊地位。日本已声称，她将支持这一行动。中国的利益不能忽视，如果列强现在不能应允她希望得到的条件，那么，他提出的这一点完全是为中国将来的安全考虑，希望中国代表考虑这一点。中日之间的条约和换文还存在疑点，但是和英、法签订的协议并没有疑点。所以，即使它们与日本之间的成约被废除了，这两国政府还是不得不支持日本取得德国在山东的权利。因此，中国代表必须要考虑的问题是，他们究竟倾向哪一种选择，是让日本取得中日成约中的权利，还是让日本继承德国在山东的权利。从威尔逊的提议看，如果中国加入国联，将有利于中国今后在国际舞台开展外交活动，有利于中国维护国权，逐步废除不平等条约。

对中日条约和换文，顾维钧再次强调中国是被日本胁迫签订的，其法律效力是有疑问的。他强调，中国人民现正处于分叉路口，中国政府的政策是既与欧美合作又与日本合作，但如果不能得到公正的解决，中国有可能被推入日本的怀抱。顾维钧还指出，中国内部有一个小派系是信仰"亚洲人的亚洲"，主张与日本密切合作的。然而中国政府的立场是相信西方的公正并寄希望于西方。如果正义不能得到伸张，后果将会非常严重。进一步说，根据以下几点事实，成约的法律效力是有疑问的：（1）它们是在战争中出现的；（2）中国本身后来也参战了；（3）各国现已接受了新的原则作为和平的基础，与日本的成约和它们是有矛盾的。顾维钧指出，应该防患于未然，如果不幸的条约对未来的持久和平不利，现在就应该解除这些不幸的条约。但威尔逊、乔治、克里孟梭都表示，要遵守条约的神圣性，不能随便视之为一堆废纸。

巴黎和会期间，中国要求解决山东问题最重要的依据和理由是日本迫签"二十一条"，而情形业已变迁。1919 年 1 月 28 日，顾维钧在巴黎和会五国会议上发言指出，即使 1915 年中日条约有效，而由于中国已向德国宣战，情形大不相同，"根据 Rebus Sic Stautibus 之法理言之，亦为今日所不能执行"，"且中国对德宣战之文，业已显然声明中德间一切约章，全数因宣战地位而消灭。约章既如是而消灭，则中国本为领土之主，德国在山东所享胶州租借地暨他项权利，于法律上已经早归中国矣"。① 此后，中国代表在这一问题上继续声明，中日条约之签订，一为日本强迫，一为设想中国始终中立，不能参与最后之平和会议，而"中国既入战局，则该约所设想之情形，既已根本改变，故依据事变境迁之法理，此约

---

① 王芸生编著《六十年来中国与日本》第 7 卷，第 266~267 页。

已不复有效"。①中国一再重申这一原理，完全暴露了日本侵华野心，获得世界舆论的同情与好感。中国代表在巴黎和会上曾指出，"1878 年柏林会议，曾经联合列强修正俄土两国所订之条约，当时列强修正俄土条约之主要原因，则以该约全出于俄国之所指挥，其结果将不利于欧洲和平故也"。②而 1915 年之中日条约，则完全出于日本之操纵与强迫、威胁，不仅不利于远东之和平，也不利于世界和平，此层与俄土条约相似，既然俄土条约可废，那么中日条约当然亦在废除之列。

近代中国的不平等条约，都是帝国主义通过各种威胁手段强迫中国订立的。"从现代国际法的观点说，凡是非法地对别国施加威胁，不论是以武力、哀的美敦书或其他强制手段迫使接受的任何掠夺性的不平等的条约，应该一概认为是无效的。"③ 在"修约"交涉中，中国多次引用这一原理。顾维钧在巴黎和会上指出，中日"二十一条"系日本提出最后通牒后中国被迫签订的，1918 年 9 月的换文只是该约的继续。而"和平时期的条约，如系以战争威胁迫签，则可视为无效，这是公认的国际法准则"。④ 尽管中国依据国际法及情形变迁原理据理力争，仍未能在巴黎和会上取得废除"二十一条"和收回山东主权的成功。4 月 30 日，美、英、法三国在关于凡尔赛和约中山东条款的决议中，决定将原德国在山东所享有的一切权利转让给日本。

---

① 王芸生编著《六十年来中国与日本》第 7 卷，第 267 页。
② 程道德等编《中华民国外交史资料选编（1919~1931）》，第 23 页。
③ 周鲠生：《国际法》（下），商务印书馆，1976，第 612 页。
④ 顾维钧：《顾维钧回忆录》第 1 册，第 199 页。

1919 年 5 月 4 日，中国代表团向三国会议提交正式抗议书。抗议书指出，按此种解决方法，中国代表团不独大不满意，且十分失望，"大会之认可日本要求，乃所以保全国际同盟也。中国岂不知为此而有所牺牲，但中国有不能已于言者，大会何以不令一强固之日本放弃其要求（其要求之起点乃为侵犯地土），而反令一软弱之中国牺牲其主权？代表等敢言：此种解决方法，不论何方提出，中国人民闻之，必大失望，大愤怒。当义大利为阜姆事决裂，大会议已为之坚持到底；然则中国人所提出之山东问题，各大国反不表同情乎？要知山东问题，关系四万万人民未来之幸福，而远东之和平与利益皆系于是也。中国代表以为，对于三国会议对山东问题之解决办法，提出正式抗议，乃其职责也"。①

6 月 24 日以后，北京外交部接连电告代表团，说明国内局势紧张，全国人民要求拒签和约，政府所受压力极大。在巴黎的各种中国学生组织以及华侨代表，纷纷前往中国代表团总部，强烈要求代表明确保证：如果和约不允许保留即予拒签。

在这种情况下，经过权衡利弊，分析得失，中国代表毅然拒签对德和约。这不但打击了日本的嚣张气焰，还使日本不能合法继承德国在山东的权利，为日后收回山东主权和废除"二十一条"留下余地。

1921 年 5 月，中德经协商，正式签订《中德协约》，规定：德国放弃中德 1898 年条约及在山东的一切特权；取消在华协定关税、领事裁判权及在北京使馆区享有的特权；两国关税自主；等等。这

---

① 程道德等编《中华民国外交史资料选编（1919～1931）》，第 55 页。

向日本及世界宣示了中国收回山东主权和废除"二十一条"的坚强决心。

三　华盛顿会议与废止"二十一条"交涉

1921 年美国哈定总统上台后，第一个重大的外交举措就是提议召开华盛顿会议，会议的主题一是限制军备，二是远东太平洋问题。当得知美国将召开华盛顿会议后，历经巴黎和会之失望的中国，对于太平洋会议，几视为中国复生的大好机会，可以"一洗巴黎和会之耻"，希望能借此解除势力范围，废除"二十一条"，收复山东权利，停止列强违反中国政治独立与侵害中国主权的非法行为，"这种种奢望，在当时社会上各团体人士几乎众口一辞"。① 1921 年 8 月 16 日，北京政府在复美邀请照会中亦称："近日国际形势，骎骎趋于重于太平洋及远东一带，以中国土地之广，户口之繁，在地理上又居重要之位置，中国政府深愿与各国一律平等参预，共襄盛举。"② 而在这些期盼中，"中国政府和人民最关切的是两个主要问题：马上解决山东问题，立即废除那些不平等条约，废除不平等条约在当时尤其是针对日本，要免除日本在中国大陆推行领土扩张和经济渗透政策之害"。③ 1921 年 11 月 12 日至 1922 年 2 月 6 日，中、美、英、法、日、意、比、荷、葡九国召开了华盛顿会议。在得到美国允诺"中国代表在会议中之地位应与各大国代

---

① 俞诚之录，叶遐庵述《太平洋会议与梁士诒》，沈云龙主编《近代中国史料丛刊续编》第 19 辑 189 册，台北：文海出版社，1975，第 150 页。
② 《外交公报》第 3 期，1921 年 9 月，条约，第 12 页。
③ 顾维钧：《顾维钧回忆录》第 1 册，第 220 页。

表在会议中之地位完全平等"后，中国政府乃欣然接受美国政府的邀请。

中国政府对华盛顿会议高度重视，代表团成员规模之大，前所未有，共派出以顾维钧、施肇基、王宠惠为核心的代表 130 多人。中国为在会上取得胜利，厉兵秣马，做了充分的准备，设全权代表会议和代表团会议。前者以中国政府总的指示精神为基础，决定方针、政策和在大会上应取的态度，后者经常根据大会工作召开，通知有关事宜，给技术专家分派工作，并征求大家的意见。北洋政府于 10 月 31 日对出席会议代表颁发训条，训条中列出十条应修废条约的提案，"二十一条"问题被列为乙项次要提案中（共有两条）。

华盛顿会议上，山东问题及废除"二十一条"始终是中国政府及人民期望得到公道解决的最重要问题之一。中国代表顾维钧指出，山东问题与太平洋及整个远东形势有关，华会应直接解决这一问题，"中国的一贯立场是绝不直接与日本谈判山东问题"。① 而中国这一立场与日本的立场是针锋相对的。在日本的压力下，会议最后采取了一个折中方案：由英美居间调停，中日在会外进行"边缘"谈判，达成的协议载入华会记录，作为会议所接受的记录的一部分。这一解决方式，在当时在经济上军事上都无法保护自己的北洋政府看来，已属相当"灵活"的变通办法。1921 年 12 月 11 日，北洋政府外交部发表关于胶澳问题的宣言，指出"胶澳问题，久悬未定，此次英美出住调停，以提出大会为发端之始，以大会公认为解决之终。每次会谈，均有英美代表之参预，即议而不协。仍

---

① 程道德等编《中华民国外交史资料选编（1919~1931）》，第 23 页。

以大会讨论为后盾，实与我国向来希望尚无抵触"。①

为通过美国对日本施加压力，1922 年 2 月 3 日，王宠惠在华会上提醒美国，美国在 1915 年 5 月 13 日致中国及日本两国政府的照会中曾首先声明，"不承认中日两国政府间所订足以侵害美国及其人民在中国之条约权利，及侵犯中国政治或领土完全，或关于中国之国际政策，即普通所谓开放门户政策之一切协定或谅解"。② 而且华会之目的在于"变更太平洋及远东之现在情形，以图增进各国间之久远亲善"。③ 如果不合理解决山东问题，不废止"二十一条"，则美国等国无异于自欺欺人。

顾维钧、王宠惠等人的说理，为中国解决山东问题和中日条约、换文打下了法理基础及舆论基础。

四 签署《解决山东悬案条约》，废止中日"民四条约"

"二十一条"签订后，山东问题成为中日交涉的焦点，双方经过八年时断时续的谈判，于 1922 年 2 月 4 日终于签订了《解决山东悬案条约》，条约规定：(1) 日本将胶州德国旧租借地交还中国，包括土地、房舍、工程及一切设置等公产；(2) 日本立即撤退现驻胶济铁路及其支线的日军，该铁路产业由中国赎回；(3) 青岛海关完全为中国海关一部分，取消 1915 年中日关于重开青岛海关临时合同；(4) 日本声明放弃其历来主张由德国转移日本之烟潍铁路优先权及中德条约中的各项优先权；(5) 日本声明青岛、烟台间及青岛、上

---

① 《外交公报》第 7 期，1922 年 1 月，政务，第 2 页。
② 程道德等编《中华民国外交史资料选编（1919～1931)》，第 117 页。
③ 程道德等编《中华民国外交史资料选编（1919～1931)》，第 118 页。

海间前德海底电线之权利、名义、特权均归中国等。

1922 年 11 月 1 日，北京众议院以"民四条约"为日本胁迫所订立，未经国会同意，议决无效，请政府向中外宣布废止。

1923 年 1 月 19 日，参议院通过该案，并咨请政府照办。参议院以以下三大理由通过了决议案：该协约系迫胁而成，按之国际法，当然无效；该协约未经国会同意，按之约法，当然无效；该协约迭经政府代表根据上述理由在国际会议席上声明取消，当然无效。

1923 年 3 月 10 日，中国外交部向日本政府提出照会，声明废止"民四条约"。

中日《解决山东悬案条约》的签署，标志着中日"民四条约"、中日山东问题换文以及巴黎和会上的《对德和约》关于山东问题的规定全部被推翻。这是北洋政府修约外交上的一个重大成果。究其原因，一是主导华盛顿会议的美国为打破日本在华的优势而从中对日施加压力。在会上，美国明确表示："山东问题会谈虽然是华府会议的'边缘'举行，其实是会议的一部分，只有解决了山东问题，这个限制军备大会才能圆满结束"。[1] 二是中国人民和北洋政府对废除"二十一条"的坚持。

第四节　废止"二十一条"对中国政局的影响

自"民四条约"签订后，废止"二十一条"就成为中国政府

---

① 顾维钧：《顾维钧回忆录》第 1 册，第 233～234 页。

和人民不懈努力奋斗的目标之一，也是近代中国废除不平等条约运动的重要内容之一。正如废除不平等条约运动对中国内政外交都有重要影响一样，废除"二十一条"也对中国内政产生了重要的影响。在巴黎和会、华盛顿会议、中日外交谈判期间，有关废止"二十一条"的交涉对民国时期北京政府内争、中国南北政局变动等都有一定的影响。关于废止"二十一条"外交对中国内政、政局的影响，拙著《废约运动与民国外交（1919～1931)》有较为详细的论述，在此拟作一概述。

一 "二十一条"与五四运动

1919年，因巴黎和会引发的五四爱国运动，主要内容之一就是反对"二十一条"、谴责和要求惩办交涉"二十一条"的相关外交人员。

当时有一副挽联：

> 卖国贼曹汝霖、陆宗舆、章宗祥遗臭千古
> 卖国求荣，早知曹瞒遗种碑无字；
> 倾心媚外，不期章惇余孽死有头。

在关于"外争主权"或"外抗强权"方面的标语中，许多内容都与"二十一条"有关：还我青岛、不复青岛宁死、头可断青岛不可失、誓死力争青岛、取消二十一条款、誓死不承认军事协定、中国被宣告死刑了、拒绝签字巴黎和会、抵制日货、保卫国土、保卫主权、中国是中国人的中国、民族自决、国际公理、反对

强权政治、宁为玉碎勿为瓦全。在关于"内除国贼"或提倡爱国方面的口号和标语中，有"打倒卖国贼""卖国贼曹汝霖""章宗祥、曹汝霖卖国贼""卖国贼曹、陆、章""诛卖国贼曹汝霖、陆宗舆、章宗祥""国民应当判决国贼的运命""日本人之孝子贤孙四大金刚三上将，卖国贼宜处死刑"等等。①

时人都认定陆征祥、曹汝霖等人为亲日派，他们实际负责签订这个卖国条约，因此便成为众口所指的卖国贼。五四运动时期，全国各地纷纷电请"诛卖国贼曹汝霖以谢天下"。

驻日公使陆宗舆是亲日分子，美国驻华公使芮恩施曾评论说：陆宗舆是一个身材瘦弱、态度和蔼、思想敏锐并且喜欢玩弄手段的人。陆先生曾留学日本，他和曹汝霖、章宗祥都是早稻田大学的第一批中国学生。曹汝霖这时候担任外交次长，后来在中日外交方面也扮演过重要角色；章宗祥那时担任大理院院长，此人曾在把日本的司法程序和组织的观念介绍到中国来方面有过很大的影响，1916年，他任中国驻日公使。这三个人的联合，一般称之为"三钻石"。②

曹汝霖对人们的指责倍感委屈，对此次交涉，他曾在《我与廿一条》中总结说，整个谈判都是遵从袁大总统的意旨而进行。他和陆总长殚精竭虑，谋定后动。袁每天根据具体谈判情况下达指示。曹汝霖每天早晨七点到总统府，与他在公事厅同进早餐，报告前日会议情形，并讨论下次应付方针，有时会议刚结束就入府请

---

① 周策纵：《五四运动史》，第153~154页。
② 保罗·S. 芮恩施：《一个美国外交官使华记》，第92页。

示。谈判中，陆总长恪遵总统批示，决不越出批示范围。正式会议之外，又有侧面商谈。

曹汝霖还辩驳说，会议结果虽然不能令国人满意，但他与外交总长陆征祥已尽到最大的努力。

诚然，外交家在谈判中应坚持自主原则，充分发挥自己的主观能动性，锐意进取，恪尽职守，不辜负国家和政府的信任与期望。但谈判代表的权力又是有限的，在重大原则上只能按既定方针办理，不能越雷池一步。何况，有谈判，就会有某种程度的妥协，在外交舞台上，任何一个外交家在谈判过程中都会遵循实力原则，谈判中不示弱，但要从本国的实际能力出发，避实就虚。

五四运动中民众强烈反对"二十一条"，要求惩办签订条约的相关外交人员的呼声高涨，正是"二十一条"交涉的后续影响。

协约国议决把德国原在中国山东的一切权利转让给日本，消息传入国内，五四运动随即爆发，"归还青岛，取消中日密约、军事协定，以及其他不平等之条约，公理也，即正义也"的声浪迭起。[1] 5 月 5 日，国会电告代表团，"此间自青岛交涉恶耗，人心非常激昂，各政团纷纷开紧急会议力谋救济"，并嘱"勿稍退让，国人愿为后盾"。[2] 5 月 24 日，北洋政府惧于列强压力，通电各省，提出第一步主张保留，以俟后图；如果保留实难办到，只能签字。北洋政府的屈膝态度，震惊了中国各界，五四运动由上海迅速燃遍各地。

群众火热的爱国运动促使中国代表拒签巴黎和会上的对德和

---

① 《五四爱国运动资料》，科学出版社，1959，第 181 页。
② 《申报》1919 年 5 月 15 日，专电。

约。6月24日以后,北京外交部接连电告代表团,说明国内局势
紧张,人民要求拒签,政府压力极大,同时,"在巴黎的中国政治
领袖们,中国学生各组织、还有华侨代表,他们全都往中国代表团
总部,不断要求代表明确保证,不允保留即予拒签。甚至威胁说,
如果代表团签字,他们将不择手段加以制止"。① 在这种情况下,
经过利弊权衡,分析得失,中国代表毅然拒签对德和约,这不但打
击了日本的嚣张气焰,还使日本不能合法继承德国在山东的权利,
为日后收回山东主权和废除"二十一条"留有余地。

中国在巴黎和会上的失败,粉碎了中国人对北洋政府和帝国主
义抱有的幻想。"我们且看巴黎和会所议决的事,哪一件有一丝一
毫人道、正义、平和、光明的影子,哪一件不是拿着弱小民族的自
由、权利,作几个大强盗国家的牺牲!"② 中国人民再也按捺不住
的激愤终于爆发了出来。规模空前的五四运动进一步发展壮大,使
中国的民族民主思想广为传播,一直处于社会底层的工人阶级也加
入斗争行列,并且与马克思主义初步结合起来,淘洗出了一个面貌
全新的革命政党——中国共产党。

二 巴黎和会对德和约引发北京政府内争

巴黎和会上的对德和约关系到中国废止"二十一条"的诉求,
不仅激发了中国民众的爱国主义热情,也引发了北京政府的内争。

首先,为转移五四爱国运动中的群众视线,安福系对以研究系

---

① 顾维钧:《顾维钧回忆录》第1册,第206页。
② 李大钊:《秘密外交与强盗世界》,《每周评论》第22号,1919年5月。

为主要成员的外交委员会进行抨击。自五四运动爆发后，安福国会有人提出《裁撤公府外交委员会建议案》，指责"该委员会对于政府之外交方针毫无建白，惟以少数人之私利是图，坐视外交失败至于此极，其罪可胜言哉"[1]。安福系干将光云锦等人提出《请惩办妨害外交无责任之官僚政客建议案》，指责外交委员会的汪大燮、林长民、梁启超等人"冒称以个人之资格为议和委员之后盾"[2]，咨请裁撤外交委员会。在安福系的强烈攻击下，5月3日，汪大燮、林长民不得不解散外交委员会。

其次，安福系还攻击钱能训内阁和中国代表团，指责政府任命赴法全权委员未经国会通过，钱能训内阁"违法失职，辱国丧权"，责备陆征祥"庸碌无能，依庇外国妇人以自重"；顾维钧"少年轻躁，略善英语"；王正廷则"卑污龌龊，才可传教"，而"政府不察，乃以此辈为专使"，斥责政府"昏庸错乱，轻举妄动，竟演成今日之失败"[3]。

中国在巴黎和会上的失败，使北京政府内部固有的矛盾随之尖锐化、公开化，各派互相指斥对方"卖国""失职"，极大地制约了政府在内政和外交上做出种种正确决策。

三 收回原德国在山东的权益问题引发钱能训内阁辞职

1919年5月12日，政府邀请参、众两院议员在中南海怀仁堂

---

① 李新、李宗一主编《中华民国史》第2编第2卷（1916～1920年）上册，中华书局，1987，第431页。
② 《公言报》1919年5月10日。
③ 《公言报》1919年5月10日。

开茶话会，商讨对德和约签字问题。13 日，政府再次邀集两院议员商讨，议员们再次主张拒签和约。当日，国务院电各省督军、省长，征求意见，大多数督军、省长都主张拒签和约。① 5 月 20 日，北京政府正式向国会提出山东问题咨文，表明政府"保留签字"的态度。

5 月 26 日，众议院在讨论政府送交的山东问题咨文时，表示赞成政府提出的"保留签字"方案，但以该咨文并非条约，难以开议为由，拒绝列入议案，随即将该咨文退还政府，又将这一棘手问题推给钱能训内阁。

面对棘手的外交问题和难以平息的民众怒潮，徐世昌和责任内阁难以承担关系国家巨大利益的责任。1919 年 6 月 11 日，徐世昌向国会参、众两院提出辞职。他在辞职咨文中说："原拟全约签字，惟提出关于胶澳各条声明保留，此项原属不得已之办法。但体察现情，保留一层，已难办到。……内审国情，外观大势，惟有重视英、美、法各国之意见，毅然全约签字，以维持我国际之地位。……惟是国内舆论，坚拒签字，如出一辙……欲以民意为从违，而熟筹利害，又不忍坐视国步之颠踬。此对外言之不能不引咎者一也。"② 当徐世昌的辞职咨文送到国会后，当天便由参、众两院议长李盛铎、王揖唐亲自登门退还，并发表通电："查现行约法，行政之组织，系责任内阁制，一切外交、内政，由国务院负其责任，大总统无引咎辞职之规定。且来文未经国务总理副署，在法

---

① 《五四爱国运动档案资料》，中国社会科学出版社，1980，第 320～321 页。

② 《总统辞职问题昨闻》，紧要新闻，《晨报》1919 年 6 月 12 日。

律上不生效力。"① 全国各地纷纷发出挽留徐世昌的电文。但参、众两院议长都认为一切问题应由内阁负责，将矛头指向钱能训。钱能训不得不提出辞职。6 月 13 日，徐世昌下令："国务总理兼内务总长钱能训，迭呈辞职，情词恳挚，钱能训准免本职。"② 自此，钱能训内阁成为民国时期第一个为外交问题担责的北京政府内阁，也开启了民众就外交问题向政府问责的先例。此后，在 20 世纪 20 年代，经常有报刊刊文就外交问题，特别是针对废除不平等条约、收回国家权益等外交事务指责北京政府，甚至将矛头直接指向外交当事人。

四 华盛顿会议中有关山东问题的决议和处理，引发北京政局纷争

首先，由于传出梁士诒与日本直接交涉山东问题的说法，引发内阁变动，梁士诒遭到攻击。

华盛顿会议期间，在中国强烈要求废止"二十一条"、收回山东权益的紧要关头，总统徐世昌与总理靳云鹏之间发生矛盾。靳云鹏辞职赴天津，徐世昌命外交总长颜惠庆暂代国务总理。随后，又由旧交通系首领梁士诒出任内阁总理。颜惠庆在自传中曾写道："时当我出席华盛顿会议代表，努力折冲，希冀提高国际地位，俾得与列强共跻平等之列。同时正在英、美环伺之下，与日本代表短兵相接，谈判山东问题。靳内阁因遭遇奉系之反对，被迫

---

① 《总统辞职问题昨闻》，紧要新闻，《晨报》1919 年 6 月 12 日。
② 《政府公报》1919 年 6 月 14 日。

辞职。"① 梁士诒就职后第三天，日本驻华公使小幡酉吉向外宣传，称奉政府命令请求会晤颜惠庆讨论山东铁路事。这一消息立即在国内外引起轰动，舆论界一致认为中日在北京的直接交涉远比华盛顿会议会外谈判更为不利。

直系吴佩孚攻击受奉系支持的梁士诒。1921 年 12 月 5 日，以抨击鲁案为由，通电攻击梁士诒："当此一发千钧之际，梁士诒不问利害，不顾舆情，不经外部，迳自面复，竟允日使要求借日款赎路，并训令驻美各代表遵照。"他一方面要求梁士诒下台，一方面号召国内各方"群策群力"，致电华盛顿会议的代表，要求他们"坚持原案"。

梁士诒于同日以国务院会同外交部的名义，发表对外宣言，辩明自己并未与日使小幡在京直接谈判，而是小幡公使前来贺任，属礼节之交。他在宣言中强调新内阁对于山东问题完全赞同中国代表团在华会之宣言。1921 年 12 月 13 日，梁士诒不得不以个人名义再次通电各方，加以解释。为表明自己的清白，梁士诒还表示自愿承担筹措国内款项三百万元，作为立刻赎回胶济路的倡始。

然而，梁士诒的通电无法平息各种指责。吴佩孚于 1921 年 12 月 8 日、10 日继续长篇大论地通电驳诘。11 日，直接致电梁士诒，敦促他下野。19 日，吴佩孚见梁士诒毫无去位之意，便联合苏、赣、皖、鄂、鲁、陕、豫七省督军、省长，电请徐世昌罢斥梁士诒，并准备诉诸武力行动。梁士诒不得已于 23 日托病请假赴天津，徐世昌于 25 日照准，仍命颜惠庆暂兼代国务总理。

---

① 沈云龙：《徐世昌评传》，台北：传记文学出版社，1979，第 675～676 页。

其次，山东问题成为第一次直奉战争的重要导火线。

梁士诒辞职，既打击了交通系，又损及其幕后最力支持者奉系。因此，张作霖于外交部公布鲁案交涉经过前夕致电徐世昌，要求将梁士诒内阁办理胶济路有无卖国行为明白宣示于国人。他还将矛头指向吴佩孚："若代表力争于华府，而梁阁退让于京师，天地不容，神人共怒。吴使并各督军责其卖国，夫谁曰不宜？但事必察其有无，情必审其虚实。"① 梁士诒内阁问题引发奉直之争，并最终不得不兵戎相见，诉诸武力解决。张作霖于 1922 年 1 月 19 日通电各方，声明以武力为统一后盾。他在通电中指出，自华盛顿会议以后，内乱不止，外侮频来，而"匹夫横行，昔人所耻"，为解决内政外交的困顿，不得不诉诸武力。吴佩孚方面也于同日以复直隶省议会为名，发表通电，声称自己攻击梁士诒，仅仅是因为其外交不利于国家，并无他意，但奉系却以此为战争的借口，故而自己决不会退让："佩孚攻击梁氏，纯为其祸国媚外而发，并无他种作用，孰是孰非，自有公论。至对于奉军，佩孚上月蒸（十）日通电，业已明白表示。是否退让，昭昭在人耳目。"② 1922 年 4 月，奉直大战爆发。半年后，奉系大败，退到关外，宣布"东北自治"。与此同时，徐世昌去职，黎元洪继任。

以上各种冲突和变局的产生，虽然根本原因在于政治争斗，但中国为废除中日"民四条约"及其他不平等条约而参与的巴黎和

① 沈云龙：《徐世昌评传》，第 697 页。
② 沈云龙：《徐世昌评传》，第 702 页。

会、华盛顿会议及其后展开的中日直接交涉谈判也是重要引发原因之一。

五 "二十一条"与国民革命

1915 年 5 月 7 日，日本向中国提出"二十一条"最后通牒，5 月 9 日，袁世凯政府被迫接受日本的最后通牒。此后，一些民众和社会团体将 5 月 7 日定为国耻纪念日，袁世凯政府确定 5 月 9 日为国耻纪念日。在其后的反日运动和中国社会革命中，这两个纪念日都有人在报纸杂志刊文或是纪念活动中纪念。

民国时期，各种"二十一条"国耻纪念日纪念活动激发了爱国情感，振奋了民族精神，为北伐和抗战提供了广泛的舆论动员和民众基础。

一是国民政府参与前的"五七""五九"国耻纪念日活动。

国耻纪念日活动，在形式和实际行动上，首先是采取通电、示威游行、宣传博取国际同情、国耻教育等方式激发爱国热情，其次是采取抵制外货、提倡国货、经济绝交等手段对付敌国。与此同时，编辑出版一些国耻纪念日书籍。如《国耻小志》，为达"全国国民痛定思痛，速自图强"，"实行勾践之故事，冀达雪耻之目的"，编录"二十一条"内容，编辑一些国耻诗文、歌曲、对联等;① 《五月九日国耻通史》，深入研究中日关系，下卷提出中国应对中日关系的对策，内容有中国存亡问题、中日关系之利害、中日两国的前途、警告全国救亡书、警告全国同胞书、警告全国父老兄

---

① 牙浦郁幕侠:《国耻小志》，上海格言丛辑社，1919。

弟书、对中日交涉意见书、提倡尚武精神说、中国之地位动摇等等；《绘图官话国耻演说》①，下卷主要涉及"二十一条"交涉和山东问题，附有中日交涉地理关系图、山东青岛地理关系图、中国借债一栏表、国耻一栏表、边界重地一览表。

袁世凯称帝前，全国人民大多数只将"二十一条"国耻矛头指向日本。袁世凯称帝后及其后的军阀混战，使很多人认识到，不仅要将矛头指向日本，也应反思种种内政纷扰因素，即"一为对外，一为对内"。有人指出："中国之耻，中国人召之，反躬自省，不足尽责列强之谋我也。"② 有人直接将国耻之源指向北京政府及军阀派系纷争，认为"外侮之来，吾人自召"，"系对内之国耻而来，则政治不良，法律失效，军阀披猖，教育腐败，视野疆坏，民生憔悴，何莫非吾民之大耻，又何莫非召致外侮之根由"。③但也有人指出，国耻的承担者不仅为政府，全民必须肩负一定的责任，即"国耻者，非国中少数人之耻也，亦非多数人之耻也，乃全国国民之耻也"。④

在纪念国耻日和雪耻的目标上，中国人民对外交收回国家权益的期望落空，内政不振更多地被暴露出来，许多人将雪耻视线转移到整顿内政上。如旅大期满，仍抗不交还；南满东蒙，日人仍有特别权利；汉冶萍公司，日人亦有管理之权。⑤ 其主要原因实为内政

---

① 沈亮：《绘图官话国耻演说》，上海著易堂书局，1920。
② 叔雍：《国耻感言》，《申报》1923 年 5 月 10 日。
③ 政之：《国耻纪念与东南战争》，《国闻周报》第 1 卷第 6 期，1924 年 9 月 7 日。
④ 庸：《国耻》，《申报》1919 年 5 月 9 日。
⑤ 从予：《国耻纪念与中日交涉》，《东方杂志》第 21 卷第 10 号，1924 年 5 月。

纷扰，"至今'五九'国耻纪念，已几十次，而中国内政之纷扰也如故"。① 如果"不能整顿其内，而欲御外侮"，则是"舍其本而求其末"。② 若"欲涤除对外之奇辱，必须祛此对内之大耻。否则旧耻未去，新耻且来"。③ 因此，"国民而欲雪对外之国耻乎，其先雪对内之国耻"。④ 正如《东方杂志》所揭示的："无如欧战以还，公理正义之美名，习闻已熟，乃巴黎和会，则以山东予日本；华盛顿会议，虽略略交还中国之主权，而事后各国又多食言自肥，恬不为怪，反引华会结果为列强无上之恩施，中国不知感德，自当保留勿予。此则假面尽除，真情毕露，华人纵欲信赖外人为正义公理之维护者，而事实有所不许。于是发愤自起，团结而为收回国权之运动，此亦列强迫之使然，而绝非由于华人之故意排外。"⑤ 所谓"华盛顿会议的决议案"，那完全是帝国主义的"滑稽骗局"，"越来越多的中国人相信，如果要提高国家地位，就不得不采取激进的措施"。⑥

　　二是国民政府参与和主导的"五七""五九"国耻纪念日活动。

---

① 冷观：《"五九"纪念之一种感想》，《国闻周报》第 2 卷第 17 期，1927 年 5 月 10 日。
② 费文宝：《雪国耻当从国民重道德求学入手》，《申报常识》1923 年 5 月 9 日。
③ 政之：《国耻纪念与东南战争》，《国闻周报》第 1 卷第 6 期，1924 年 9 月 7 日。
④ 箴：《国耻有对内对外之别》，《申报》1923 年 10 月 17 日。
⑤ 《东方杂志》第 21 卷第 16 号，1924 年 8 月。
⑥ 波赖：《中国外交关系（1917～1931）》，纽约麦克米兰公司，1933，第 289 页。

国民革命前，国耻日的主要宣传口号为"国耻纪念在家默想""五月九日勿忘国耻""收回旅顺大连湾""取消二十一条件""抵制日货""坚持到底""万众一心""誓雪国耻"等。还有传单警示国民："我们最亲爱的市民呀，今天是什么日子呢？今天是五七国耻纪念呀，我们记我民国四年五月七日，日本用最后通牒强迫我们政府承认他提出的'二十一条'……我们痛定思痛千万不可忘记了民国四年五月的今日呀"。① 国民革命前的国耻日目标主要是撤销"二十一条"。国耻日市民大会或国民大会，主要讲述"二十一条"，表决提议案。提议案一是提出对日本不平等条约的抗议，要求撤销"二十一条"，收回旅大；二是提出经济绝交、抵制日货等对付日本的办法；三是提出推翻内阁或罢免一些官员职务。②

国民革命开始后，随着国民党对国耻日宣传反封建军阀重点的突出及宣传政策的制定，不少人开始认同武力革命。

国民党组织或参与的国耻纪念日在口号、议案和演讲的内容上出现了新的政治主张，除提出"废除二十一条""废除不平等条约""抵制日货""经济绝交""铲除卖国贼"等要求，还以"打到军阀""民族解放""反抗列强侵略""打倒帝国主义""国民革命万岁""促成真正国民会议"为重要宣传目的。③ 1928 年 5 月 6 日，为使青年明白纪念国耻之真谛，国民政府大学院院长蔡元培通电各大学与各省教育厅、教育局，令各学校于"五七"至"五九"国耻纪念日讲授特种课程，包括民族主义，日本研究如地理、历

---

① 《京津之国耻纪念》，《申报》1921 年 5 月 10 日。
② 《南京之五九纪念日》，《申报》1924 年 5 月 11 日。
③ 《天津市民筹备五七纪念》，《申报》1925 年 5 月 8 日。

史、人口、经济、兵力、文化，中日交涉史等题，① 强化了国耻纪念日的教育意义。南京国民政府成立后，逐渐地建立起"五月九日国耻纪念日"纪念制度，颁布雪耻救国的方针和策略。1929 年 7月 1 日，国民党中央第二十次常务会议通过了《革命纪念日简明表》《革命纪念日纪念式》，将"五月九日二十一条国耻纪念日"列入其中，规定"由各地高校党部召集各机关各学校各团体代表举行纪念并全国下半旗以志哀耻，不放假"。② 明确规定了"五月九日二十一条国耻纪念日"的纪念史略、仪式以及宣传要点。宣传要点有：讲解废除不平等条约的意义、"二十一条"全文及袁世凯卖国真相，讲解本党对外政纲并阐明其真义。③ 1930 年 7 月 10日，国民党第三届中央执行委员会第一百次常务会议通过修正的《革命纪念日简明表》《革命纪念日史略及宣传要点》，明确将"五月九日国耻纪念日"归入"第一类国定纪念日"中，完善了纪念史略和宣传要点，指出"日本及各帝国主义侵略我国尤急"等史实，明确规定纪念办法，"全国党政军警各机关团体学校一律分别集会纪念，停止娱乐宴会，并由当地高级党部召开民众大会兼作废除不平等条约运动，不放假"。④ 1940 年 5 月 2 日，国民党第五届中央委员会决定将"五九国耻纪念日"的纪念活动并入 7 月 7 日抗战建国纪念日举行。国民革命开始后，民众和社会团体在国耻纪

---

① 《国耻纪念日之讲题》，《申报》1928 年 5 月 7 日。
② 中国第二历史档案馆编《中央党务月刊》第 12 期，南京出版社，1994，第163 页。
③ 中国第二历史档案馆编《中央党务月刊》第 12 期，第 157 页。
④ 中国第二历史档案馆编《中央党务月刊》第 24 期，第 292 页。

念日也提出反对帝国主义、反对封建军阀，反对日本帝国主义、废除一切不平等条约等要求，纪念活动与国民党政府的活动逐渐趋向一致。

不论国耻纪念日的实际反日成效如何，随着国耻纪念日活动的逐年开展，国人对"二十一条"的抵制心理不断加强，废除"二十一条"及其他不平等条约的要求日趋强烈，表现了实现中华民族的独立自主和自由平等的愿望。这一过程为北伐战争和抗日战争提供了广泛的民众基础。

结　语

从日本对华提出"二十一条"要求，到中日"二十一条"交涉；从中国外交人员辨析力争，到海内外华人反对"二十一条"；从中国被迫签订"二十一条"，到最终废止"二十一条"，揭示了近代以来中日矛盾和冲突的根源，反映了近代中国外交的艰难，体现了中国人民和中国政府不屈不挠外抗强权的顽强毅力，也彰显了中国人民追求民族复兴的坚强决心。

一　日本侵华野心不眠与中国政治势力对日的矛盾心理

自中日甲午战争以来，日本朝野侵华野心不断膨胀，不断提出侵华方案，并付诸行动。日本朝野始终忌讳中国有一个团结统一的政府。无论是支持孙中山、黄兴等革命党人"革命"，还是后来支持蔡锷、梁启超等人反对袁世凯称帝，其根本目的，在于扰乱和分裂中国，以攫取更多在华利益。

在日本侵华野心不断膨胀的情况下，中国各派政治势力往往对日本抱有"既恨之又爱之"的矛盾心理。中华民国成立以来，中国政治势力为维护国权，往往对日本怀有一定的戒备心理，但为了维护集团利益或个人利益，又希望得到日本的支持。无论是袁世凯还是孙中山等革命党人，对日本始终抱有矛盾心理。袁世凯既希望维护中国的统一和主权以及个人权威，又害怕日本军事侵略，忌讳日本支持革命党人，同时，还希望在某些方面得到日本的支持。而革命党方面，很大部分人在国家利益面临威胁的关键时刻是坚决反对日本的；但另一部分人则认为，袁世凯的行径是卖国求荣，因此，不惜取得日本的支持而反对袁世凯政府，甚至承诺让与某些利益给日本。

日本的侵华野心与中国政治势力对日的矛盾心理相互纠缠，一方面，便于日本利用各派势力的争斗，进一步在中国制造混乱，扩大侵华权益；另一方面，由于各派政治势力相互攀缘外国势力，特别是攀缘日本，致使收回国权不力，甚至导致内争不断、政局动荡。

二　列强始终视中国为利益瓜分之地与中国的夹缝求生

近代以来，列强始终将中国视为利益瓜分之地，在中国争夺权益。无论是日本还是欧美列强，在处理对华问题上始终以其本国利益为终极目的。当中国面临日本的威胁和侵略而向英、美、俄等国寻求援助时，列强只关心其在华利益是否受损，或是只考虑日本的行径是否违反列强在华利益均沾原则。中国外交家们在国际舞台的夹缝中顽强抗争，体现了中国近代外交的艰辛。虽然中国经过不懈的努力，逐渐修改和废除了不平等条约，但这一过程是曲折而屈辱的。中国于巴黎和会提出《修约希望条件说帖》后，会上"云谲波诡，五强操纵，盈庭争扰，各怀贪图，而彼号称和会盟主，庸懦无能之美前总统威尔逊氏，且牺牲其十四信条民族自决主张"。① 在华盛顿会议上，对于"二十一条"及不平等条约这样的问题，只做了一般性辩论，而没有采取任何积极措施，因为"在华盛顿与会的美、英和日人，关心的既不是中国的发展，也不是对中国的保护，而主要关心如何在这个国家进行稳定的竞争"。② 标榜维护中国主权和领土完整的美国，在支持中国反对势力范围上，似乎表现积极，因为美国本身在中国没有势力范围，在理想和切身利益两者之间不存在矛盾。然而，美国为保住太平洋协定，对日本在中国满洲的"特殊"地位毫无异议，而且"对美国分享的一些帝国主义特权，它就采取比较暧昧的态度"。③

　　尽管面临各国在中国不断争夺利益的局势，但自提出废止"二十一条"要求以来，中国开始在国际舞台维护和争取国家权益。中国代表在巴黎和会中就废止中日"二十一条"及其换文、收回山东主权据理力争，使中国首次以独立的外交姿态与帝国主义做斗争，"此后不管情况如何变化，中国至少在国际性会议上赢得了同情"。④ 这不仅使日本不能合法继承德国在中国山东的一切权利，而且中国的坚定立场，在国内外获得良好的印象。驻美代办容揆报告北京政府："美国舆论与我颇表同情。如前美外部东方股长卫廉言：中国之不签字，深堪赞美。"⑤ 驻英专使施肇基也报告，

---

① 郝立舆：《领事裁判权问题》，商务印书馆，1935，第83页。

② 孔华润：《美国对中国的反应——中美关系的历史剖析》，复旦大学出版社，1989，第92页。

③ 孔华润：《美国对中国的反应——中美关系的历史剖析》，第93页。

④ 波赖：《中国外交关系（1917~1931）》，第212页。

⑤ 中国社会科学院近代史研究所编《秘笈录存》，中国社会科学出版社，1984，第226页。

英国《泰晤士报》等登载关于中国及和约之论文，"其中措词，对于中国方面比诸向时较为和平"。①美国参议院对威尔逊提出批评，并对和约内关于山东之各条款不予批准。中国代表为收复部分失去的国权不懈努力，使中国外交奋战之里程碑已从此竖起，国家民族之生机亦从此开始展现。华盛顿会议上，中国代表提出了十项原则，会议通过的对华原则使中国又恢复到一战前受几个帝国主义国家共同支配的局面，但另一方面，无疑又表明了，国际社会已公认任何国家再也不能在中国攫取特权或划分新的势力范围，也不得互相签署条约，自由划分其在华的权益。而对中国代表提出的各项修约要求，各国虽只做了一般性讨论，但"中国七十年来所受的各项不平等待遇，得以首度在国际性会议中具体讨论，而引起全球人士的广泛注意"。②

三　弱国无外交与民国外交家的冲折

"弱国无外交"，国富民强才是维护国家主权和利益最根本、最可靠的保障。外交必以国力为后盾，以民意为依归。中日"二十一条"交涉及其后的废除历程，再一次充分说明了国家实力在外交事务中的重要作用。"实则外交之为用，形变之术，因在乎外交家之智敏手腕，而万事成功之基本关键，未有不以其国力如何以为断者。"所谓国力，指一国军备、经济、文化诸方面的综合力，"即外交有力之武器，可使外交之运用，得以有机化、机能化，而

---

①　中国社会科学院近代史研究所编《秘笈录存》，第 227 ~ 229 页。
②　刘彦：《被侵害之中国》，沈云龙主编《近代中国史料丛刊三编》第 25 辑 245 册，台北：文海出版社，1987，第 3 页。

加倍的发挥其效能。然则国力如何能强，又必须修明内政"。① 在中国人民的强烈反对和谴责下，历经"二十一条"交涉、巴黎和会、华盛顿会议及中日关于山东问题的谈判与交涉，日本逐步控制中国主权的美梦破灭了。有关"二十一条"的交涉似乎结束了，但由于日本侵华野心未泯，国未强、民未富的中国并没有摆脱日本的侵略和纠缠，等待中国人民的将是更为艰辛的奋起和抗争。直到第二次世界大战结束后，日本从满洲撤退，与"二十一条"有牵连的问题和交涉才宣告彻底结束。

外交是国家意志的体现。民国外交家绝大多数都竭力为维护国家权益而抗争。民国外交家们在中日"二十一条"交涉中，在争取废止"二十一条"和其他不平等条约的过程中，在巴黎和会与华盛顿会议及直接对日谈判中折冲樽俎。一方面反映了他们以国家利益为上的职业道德精神，另一方面也体现了中国外交的近代化。当时的外交家如陆征祥、顾维钧、颜惠庆、王宠惠等人虽都为北洋政府服务，但在处理对外事务上，"都坚持维护中国和主权，愿意尽自己最大努力使中国与其他国家在国际上处于平等的地位"。②尽管他们有时在策略问题和谈判方式上可能存在意见分歧，但都认为有关国家主权的问题中国不应该屈从于外国，要力争国权。巴黎和会上，为收复国权，中国代表据理力争，并在会上公布了中日间历年所缔结的各种密约，揭露日本侵华野心。日本政府对此提出抗议，指为手续不合，并诬赖中国"不守信用"，但中国代表无所畏

---

① 刘达人：《外交科学概论》，《民国丛书》第四编 28，上海书店据中华书局1941 年版影印，第 74 页。
② 顾维钧：《顾维钧回忆录》第 1 册，第 272 页。

惧，继续抗争。北洋政府认为，"代表团在维护国家权益，保持国家独立自主的立场，举措正当，外人无权干涉"。① 日本曾试图对北京政府直接施加压力，陆征祥等人立即致电政府，主张坚定立场："此事关系我国存亡，千钧一发，如再为其所动，在会稍有退让，则爱我者必将鄙我"。② 中国代表还顶住美、英、法等国的压力，着眼于国家整体利益，指出："弱国交涉，始争终让，几成惯例，此次若再隐忍签字，我国前途，将更无外交之可言。"③ 因而坚决拒签对德和约。此后，日本继续对北京政府施加压力，要求直接交涉山东问题，但北京政府坚持拒绝与日本直接交涉，使中国在外交上取得主动地位，并为华会解决山东问题及其后宣布废止中日"二十一条"及换文创造了有利的态势。

四　国民爱国热情高涨与民族复兴意识增强

国民爱国主义热情在反对"二十一条"活动中不断高涨。近代以来，特别是中日展开"二十一条"交涉后，中国人民维护国家权益、反对列强侵略的决心越来越强烈，爱国主义情感不断迸发。海内外华人的反日行动和对废除"二十一条"及其他不平等条约的支持，成为中国外交的坚强后盾。反映了中国人民民族意识的高涨和现代化国家观念的增强。北洋政府在修约外交中，以政府外交为主轴，在国民外交意识日益强烈的情况下，国民外交促进了政府外交。外交主要解决的问题之一是依靠谁的问题，"外交依靠

---

① 《颜惠庆自传》，姚崧龄译，台北：传记文学出版社，1973，第100页。
② 王芸生编著《六十年来中国与日本》第7卷，第270页。
③ 王芸生编著《六十年来中国与日本》第7卷，第353页。

的是本国的力量"，这力量"不只是物质上的，也包含精神上即道
义上的力量，外交的落脚点还是在影响和争取人民"。① 一些学者
认为北洋政府的外交是纯"腐败官僚式""买办式"的。② 事实
上，客观地说，自清末民初以来，中国政府及外交人员在屈辱中谈
判，希望在外交上得到民众的支持，特别是民国时期，国民的爱国
主义热情不断影响国民外交及政府外交。如巴黎和会伊始，一些官
方半官方外交机构相继成立。1919 年 2 月 9 日，以梁启超为理事长
的"国际联盟同志会"成立，从事对国联的研究；随后，张謇、
熊希龄、王宠惠、林长民等又发起成立了"国民外交协会"，各政
党团体派出一大批人作为政府在巴黎外交的后援咨询力量。1921
年，美国准备发起华盛顿会议，中国社会各界为"一洗巴黎和会
之耻"，在会议召开前夕成立了各类组织，如 1921 年 8 月在北京成
立了"太平洋会议后援会"，9 月成立了"北京国民外交联合会"，
11 月在上海成立了"全国国民外交协会"，全国其他各地也相继成
立了"国际研究社""太平洋问题讨论会""太平洋问题研究会"
"国际联盟同志会"等，这些组织于 1921 年 9 月 20 日在北京组成
了一个统一的机构——国民外交联合会，为政府外交出谋划策。中
国代表团为收回德国原在山东的权益做了不懈的努力，为给帝国主
义施加压力，他们把和会上出卖中国的卑鄙交易透露给巴黎的华人
和国内新闻界，由此激发起的民意及"还我青岛""取消二十一
条""废除不平等条约"的强烈呼声，成为中国在巴黎和会上行动

---

① 裴默农：《周恩来外交学》，中共中央党校出版社，1997，第 6 页。
② 周鲠生：《革命的外交》，上海太平洋书店，1928，第 1 页。

的强大后援力量。① 1919 年 5 月 13 日，国务院电述巴黎和会交涉情况："近日外交艰棘，因之风潮震荡，群情庞杂，政府采纳民意，坚持拒绝，固以表示态度对我国人。"北京政府认识到国民支持外交的作用，同时也希望国民冷静，"在国人亦当共体斯意，勿再借口外交有所激动"。② 在华盛顿会议期间，日本多方诱使中国直接交涉山东问题，遭到中国人民的强烈反对。上海国民大会发表对外宣言，表示："海可枯，石可烂，而吾人对于否认山东直接交涉及二十一条件不能更易。"③ 尽管废除"二十一条"的过程是曲折艰难的，但中国在"二十一条"交涉过程中所表现出的寸权必争的外交努力和举国上下的同仇敌忾，展现了中华民族的不屈气节。

国民废除"二十一条"与不平等条约的愿望不断增强，激发了中华民族的觉醒，民族复兴意识随之不断增强。巴黎和会上中国要求废止中日条约及换文，争取收回山东主权的失败，激起了中国人民对日本的深切痛恨。五四爱国运动以后，抵制日货、提倡国货运动更形高涨，其影响甚至及于遥远的边疆地区，它使"全国风靡，各地学生组织相继响应，虽在穷乡僻壤，亦莫不有热烈之反日表现，诚为中国历史上所仅见者"。④ 至华盛顿会议闭幕，国民意气激昂，人心振奋，各处爱国的中国人民，不再满意于华盛顿会议所通过的议案，主张立即废除"二十一条"、收回一切租界、撤退

---

① 李斌：《试析北洋政府修约外交的特点》，《安徽史学》2002 年第 1 期。
② 《东方杂志》第 16 卷第 6 号，1919 年 6 月。
③ 《民国日报》1921 年 12 月 9 日。
④ 王芸生编著《六十年来中国与日本》第 7 卷，第 325 页。

外国驻军、废除治外法权、实现关税自主。在历经巴黎和会期盼与
愤懑、华盛顿会议的热情与失望后，国民的民族复兴意识空前高
涨。一方面，一大批民众深刻认识到帝国主义的本质，认识到只有
民富国强才能抵御外侮；另一方面，大量民众对北洋政府失去了信
心，纷纷选择支持国民政府进行国民革命，希望新的政府带给国家
新的希望。在追求民族复兴的道路上，中国社会各界、各阶层纷纷
提出改造社会的政治主张，有的还付诸实践。在救国救民社会思潮
的不断更迭交替中，在革命的艰难征程中，在顽强抗击日本帝国主
义侵略战争中，中华民族复兴意识不断增强，并最终取得民族独立
自主的胜利。

主要参考文献

一　民国报刊资料

北京《法政学报》

北洋政府外交部编《外交公报》

晨《报》

成都《戊午周报》

《东方杂志》

《公言报》

《每周评论》

《民国日报》

民国《政府公报》

上海《大陆报》

《申报》

《时报》

天津《大公报》

二　资料汇编、回忆录

《蔡元培全集》，浙江教育出版社，1997。

《帝国主义时代的国际关系、沙皇政府和临时政府档案》第3辑第7卷下册，黄纪莲译，陈春华校。

《顾维钧回忆录》第1册，中国社会科学院近代史研究所译，中华书局，1983。

《胡适全集》，安徽教育出版社，2003。

《李大钊全集》第1卷，人民出版社，2006。

《颜惠庆自传》，姚崧龄译，台北：传记文学出版社，1973。

《中美关系资料汇编》第1辑，世界知识出版社，1957。

《中日关系史料·二十一条交涉》（上），台北：中研院近代史研究所，1985。

保罗·S. 芮恩施：《一个美国外交官使华记》，李抱宏、盛震溯译，商务印书馆，1982。

北京大学法律系国际教研室编《中外旧约章汇编》第3册，生活·读书·新知三联书店，1962。

曹汝霖：《一生之回忆》，台北：传记文学出版社，1970。

陈志奇编《中华民国外交史料汇编（民国元年—五年)》，台北：渤海堂文化公司，1996。

程道德等编《中华民国外交资料选编（1919~1931)》，北京大学出版社，1985。

杜春和等编《北洋军阀史料选辑》，中国社会科学出版社，1981。

复旦大学历史系中国近代史教研组编《中国近代对外关系史资料选辑（1840~1949)》，上海人民出版社，1977。

黄纪莲编《中日"二十一条"交涉史料全编（1915~1923)》，

安徽大学出版社，2001。

季啸风、沈友益编《中华民国史史料外编——前日本末次研究所情报资料》第 1 册，广西师范大学出版社，1997。

来新夏主编《北洋军阀》，上海人民出版社，1988。

刘成禺：《世载堂杂忆》，山西古籍出版社，1995。

陆征祥：《我经手签订"二十一条"痛史》，（台北）《艺文志》1967 年第 22 期。

罗元铮：《中华民国实录》第 1 卷上册，吉林人民出版社，1997。

骆惠敏编《清末民初政情内幕——〈泰晤士报〉驻北京记者袁世凯政治顾问莫理循书信集》，刘桂梁等译，知识出版社（上海），1986。

沈云龙：《徐世昌评传》，台北：传记文学出版社，1979。

孙曜：《中华民国史料》，上海文明书局，1929。

陶隐菊：《北洋军阀统治时期史话》，生活·读书·新知三联书店，1983。

王建朗主编《中华民国时期外交文献汇编（1911～1949）》第 1 卷，中华书局，2015。

王铁崖编《中外旧约章汇编》，生活·读书·新知三联书店，1957。

王芸生编著《六十年来中国与日本》第 6 卷、第 7 卷，生活·读书·新知三联书店，1980、1981。

曾叔度：《我所经手"二十一条"的内幕》，《近代稗海》第 3 辑，四川人民出版社，1985 。

张允侯等编《五四时期的社团》（一），生活·读书·新知三联书店，1979。

章伯锋、李宗一主编《北洋军阀（1912～1928）》第 2 卷、第 3 卷、第 5 卷，武汉出版社，1990。

中国第二历史档案馆编《中华民国史档案资料汇编》第 3 辑"民众运动"，江苏古籍出版社，1991。

中国第二历史档案馆编《中华民国史档案资料汇编》第 3 辑"外交"，江苏古籍出版社，1991。

中国第二历史档案馆编《中央党务月刊》第 12 期，南京出版社，1994。

中国科学院近代史研究所近代史资料编辑组编辑《一九一九年南北议和资料》，中华书局，1962。

中国社会科学院近代史研究所、中国第二历史档案馆史料编辑部编《五四爱国运动档案资料》，中国社会科学出版社，1980。

中国社会科学院近代史研究所编《近代史资料》第 34、35 号，中华书局，1964、1965；第 38 号，科学出版社，1979。

中国社会科学院近代史研究所编《秘笈录存》，中国社会科学出版社，1984。

中国社会科学院近代史研究所编《五四运动文选》，生活·读书·新知三联书店，1959。

中山大学历史系孙中山研究室等合编《孙中山全集》第 3 卷，中华书局，1984。

三 著作

波赖：《中国外交关系（1917～1931）》，纽约麦克米兰公司，1933。

曹明道：《最近中国外交关系》，正中书局，1935。

东亚文化研究所编《东亚同文会史》，东京霞山会，1989。

费正清：《美国与中国》，商务印书馆，1987。

费正清主编《剑桥中华民国史（1912～1949）》（上），中国社会科学出版社，1994。

洪钧培：《国民政府外交史》第一集，上海华通书局，1932。

洪钧培：《国民政府外交史》第一集，上海华通书局，1932。

胡绳：《帝国主义与中国政治》，人民出版社，1954。

华善学：《中华民族解放运动史》，汉口新知书店，1938。

怀德：《中国外交关系略史》，王茝孙译，商务印书馆，1938。

黄嘉谟：《中国对欧战的初步反应》，《中国近代现代史论集》第23编"民初外交"，台湾商务印书馆，1986。

蒋恭晟：《国耻史》，中华书局，1931。

孔华润：《美国对中国的反应——中美关系的历史剖析》，复旦大学出版社，1989。

李斌：《废约运动与民国外交（1919～1931）》，湖南人民出版社，2011。

李新、李宗一主编《中华民国史》，中华书局，1987。

李育民：《近代中外关系与政治》，中华书局，2006。

李育民：《中国废约史》，中华书局，2005。

李毓澍：《中日二十一条交涉》，台北：中研院近代史研究所，1982。

梁敬镦：《在华领事裁判权论》，商务印书馆，1930。

刘达人：《外交科学概论》，《民国丛书》第四编28，上海书店据中华书局1941年版影印。

刘彦：《被侵害之中国》，沈云龙主编《近代中国史料丛刊三编》第25辑245册，台北：文海出版社，1987。

刘彦：《帝国主义压迫中国史》，上海太平洋书店，1931。

刘彦：《最近三十年中国外交史》，沈云龙主编《近代中国史料丛刊三编》第16辑154册，台北：文海出版社，1986。

潘君祥主编《中国近代国货运动》，中国文史出版社，1996。

彭明：《五四运动史》，人民出版社，1984。

钱亦石：《中国外交史》，《民国丛书》第四编29，上海书店据生活书店1947年版影印。

石源华：《中华民国外交史》，上海人民出版社，1994。

石源华主编《中华民国外交史辞典》，上海古籍出版社，1996。

唐启华：《洪宪帝制外交》，社会科学文献出版社，2017。

吴东之主编《中国外交史（1911~1949年）》，河南人民出版社，1990。

吴东之主编《中国外交史（中华民国时期1911~1949年）》，河南人民出版社，1990。

吴君如：《帝国主义对华的三大侵略》，上海民智书局，1929。

夏天：《中国外交史及外交问题》，沈云龙主编《近代中国史料丛刊三编》第45辑450册，台北：文海出版社，1988。

项立岭：《中美关系史上的一次曲折——从巴黎和会到华盛顿会议》，复旦大学出版社，1997。

谢晓钟：《国防与外交》，沈云龙主编《近代中国史料丛刊正编》第15辑150册，台北：文海出版社，1967。

徐世昌：《欧战后之中国》，沈云龙主编《近代中国史料丛刊正编》第3辑28册，台北：文海出版社，1967。

叶祖灏：《废除不平等条约》，独立出版社，1944。

俞诚之录，叶遐庵述《太平洋会议与梁士诒》，沈云龙主编《近代中国史料丛刊续编》第19辑189册，台北：文海出版社，1975。

曾友豪编《中国外交史》，《民国丛书》第四编29，上海书店据商务印书馆1926年版影印。

张廷灏演讲，高尔松笔记《不平等条约的研究》，上海光华书局，1926。

张宪文：《中华民国史纲》，河南人民出版社，1985。

张忠绂：《中华民国外交史》，《民国丛书》第一编27，上海书店据正中书局1945年版影印。

周策纵：《五四运动史》，岳麓书社，1999。

周鲠生：《革命的外交》，上海太平洋书店，1928。

周鲠生：《国际法》，商务印书馆，1976。

四　期刊论文

陈廷湘：《1920年前后两次争国权运动的异样形态及形成原因》，《近代史研究》2005年第2期。

龚炳南：《"二十一条"最后通牒的时限》，《近代史研究》1986 年第 5 期。

郭剑林、王继庆：《北洋政府外交近代化略论》，《学术研究》1994 年第 3 期。黄自进：《从"二十一条要求"看吉野作造的日本在华权益观》，《中央研究院近代史研究所集刊》第 23 期上册，1994 年 6 月。

郎维成：《日本的大陆政策和二十一条要求》，《东北师大学报》1984 年第 6 期。

马良玉：《袁世凯与"二十一条"》，《历史教学》2005 年第 2 期。

尚小明：《"二十一条"交涉的另一条管道——总统府相关活动透视》，《安徽史学》2017 年第 2 期。

苏全有：《袁世凯与〈二十一条〉新论》，《船山学刊》2005 年第 4 期。

苏全有、邹宝刚：《从〈申报〉的报道看"五九国耻纪念日"的兴衰》，《开封大学学报》2011 年第 3 期。

王海晨：《张作霖与"二十一条"交涉》，《历史研究》2002 年第 2 期。

左双文、陈伟：1《朦胧的、不确定的救国理念——"二十一条"交涉期间新式知识精英的初步反应》，《南京大学学报》（哲学·人文科学·社会科学版）2007 年第 3 期。

后　记

　　早在 2006 年，恩师李育民教授与中华书局欧阳红老师策划了一套丛书，其一即我承担写作的《中日"二十一条"交涉》。由于时间关系等原因，书稿初稿完成后未再修改，丛书亦未出版。外交与政治始终是不可分割的，二者相互影响至深。民国时期的重要外交事件，对民国政治、社会产生了重要的影响。深化民国外交与政治的关系研究，对我们今天正确处理外交事件，对当今广大民众正确看待外交工作，都有重要的借鉴意义。在国际风云变幻之际，随着国民对外交关注度的日益增强，我多次想到未修改完善的关于中日"二十一条"交涉的书稿。

　　当我把修改这一书稿的想法征求李育民老师的意见时，得到他的肯定与支持。2017 年 10 月，把书稿发给社会科学文献出版社李期耀博士后，他很快就提出了详细的修改意见。其间又听取了华南师范大学左双文老师的意见。历经十多年的书稿终于得以付梓，亦是欣慰之事。衷心感谢李育民老师、欧阳红老师、左双文老师、李期耀博士以及责任编辑赵晨！由于种种原因，书稿讹误和不足之处在所难免，恳请师友谅解并批评指正。

李　斌

2018 年 6 月

图书在版编目（CIP）数据

拒日图存：中国对日"二十一条"交涉及其影响 /
李斌著. -- 北京：社会科学文献出版社，2018.10
ISBN 978 - 7 - 5201 - 3677 - 8

Ⅰ.①拒…　Ⅱ.①李…　Ⅲ.①《二十一条》（1915）-
研究　Ⅳ.①D829.313

中国版本图书馆 CIP 数据核字（2018）第 240188 号

拒日图存
　　——中国对日"二十一条"交涉及其影响

著　　者 / 李　斌

出 版 人 / 谢寿光
项目统筹 / 李期耀
责任编辑 / 宋　超　赵　晨

出　　版 / 社会科学文献出版社·近代史编辑室（010）59367256
　　　　　　地址：北京市北三环中路甲 29 号院华龙大厦　邮编：100029
　　　　　　网址：www.ssap.com.cn
发　　行 / 市场营销中心（010）59367081　59367083
印　　装 / 三河市东方印刷有限公司

规　　格 / 开　本：880mm × 1230mm　1/32
　　　　　　印　张：9　字　数：207 千字
版　　次 / 2018 年 10 月第 1 版　2018 年 10 月第 1 次印刷
书　　号 / ISBN 978 - 7 - 5201 - 3677 - 8
定　　价 / 55.00 元